JN098256

ライブラリ 経済学15講 **APPLIED編 ❹**

実験経済学・行動経済学 15講

和田 良子 著

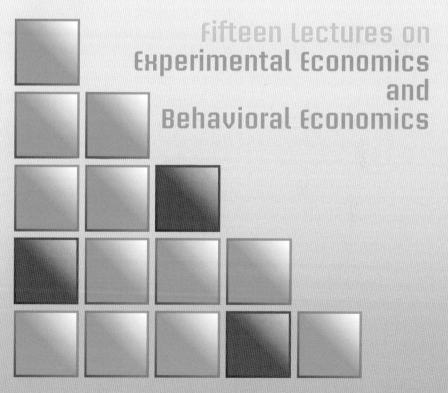

fifteen Lectures on
Experimental Economics
and
Behavioral Economics

新 世 社

編者のことば

『ライブラリ 経済学 15 講』は，各巻は独立であるものの，全体として経済学の主要な分野をカバーする入門書の体系であり，通年 2 学期制をとる多くの大学の経済学部やそれに準じた学部の経済学専攻コースにおいて，いずれも半学期 15 回の講義数に合わせた内容のライブラリ（図書シリーズ）となっている．近年では通年 4 学期のクォーター制をとる大学も増えてきているが，その場合には，15 講は講義数を強調するものではなく，講義範囲の目安となるものと理解されたい．

　私が大学生のころは，入学後の 2 年間は必修となる語学や一般教養科目が中心であり，専門科目としての経済学は，早目に設置・配当する大学においても，ようやく 2 年次の後半学期に選択必修としての基礎科目群が導入されるというカリキュラムだった．一般教養科目の制約が薄れた近年は，多くの大学では 1 年次から入門レベルの専門科目が開講されており，学年進行に合わせて，必修科目，選択必修科目，選択科目といった科目群の指定も行われるようになった．

　系統だったカリキュラムにおいて，本ライブラリは各巻とも入門レベルの内容を目指している．ミクロ経済学とマクロ経済学の基本科目，そして財政学や金融論などの主要科目は，通常は半学期 15 回で十分なわけではなく，その 2 倍，3 倍の授業数が必要なものもあろう．そうした科目では，本ライブラリの内容は講義の骨格部分を形成するものであり，実際の講義の展開によって，さまざまに肉付けがなされるものと想定している．

　本ライブラリは大学での講義を意識したものであるのは当然であるが，それにとどまるものでもないと考えている．経済学を学んで社会に出られたビジネスパーソンの方々などが，大学での講義を思い出して再勉強する際には最良の復習書となるであろう．公務員試験や経済学検定試験（ERE）などの資格試験の受験の際にも，コンパクトで有効なよすがになると期待している．また，高校生や経済学の初心者の方々には，本ライブラリの各巻を読破することにより，それぞれの分野を俯瞰し，大まかに把握する手助けになると確信している．

　このほかの活用法も含めて，本ライブラリが数多くの読者にとって，真に待望の書とならんことを心より祈念するものである．

浅子　和美

はじめに

　本書は実験経済学と行動経済学という，本来一冊ずつの入門書となりうる幅広い内容を含んだ学問の入門書として書かれています．この2つの学問は互いに市場のメカニズムや経済主体の意思決定を明らかにする共通の目的や実験という共通の手法を持っていますが，分析のときにかけている眼鏡が異なります．

　実験経済学はミクロ経済学の実証ツールとして歴史がありますが，2002年にノーベル賞を受賞したバーノン・スミスが，実験参加者のリスク選好の違いをコントロールできる報酬の与え方を導いたことで，飛躍的に発展しました．一方，行動経済学は，心理学者のダニエル・カーネマンと数理経済学者のエイモス・トヴェルスキーがタッグを組んで，経済学が永らく仮定してきた経済主体の整合性や合理性そのものに疑問を投げかけることで始まりました．第1講ではこれら金字塔といえる研究の紹介をします．第2講では，オークション市場における価格決定の理論について論じ，行動経済学を浸透させたリチャード・セイラーが紹介したパラドックスを紹介します．第3講では，個人の選好の系統的な揺らぎやエラーと見える選択がいかなるメカニズムで起きてくるのかを，カーネマンとトヴェルスキーによる理論に沿って紹介します．第4講から第5講は不確実性下の意思決定の理論と検証です．第4講では確率がわかるくじを，第5講では，確率がわからないくじをどのように私たちが評価しているのかについて，ある理論の反例がパラドックスとして提示され，それを包含する新しい理論が考えられ，その反例がまた見つかる，という科学的検証の歴史とともに紹介します．

　第6講から第8講は資本市場における株価や投資家のふるまいを，実験経済学と行動経済学がそれぞれどのように理解し検証したかを論じます．第6講は投資家の合理的でない年金の運用について，セイラーらのフィールド実験の結果を紹介しています．第7講では有名なスミスによるバブルの実験を

紹介し，第8講ではバブルが投資家の自信過剰によっても起きるなど行動ファイナンスの見地が示されます．

　第9講は，将来の価値を現在の価値にする時間選好率が，時間に依存して変化することについての実験による検証を紹介します．

　第10講は，市場の失敗として起きてくる環境問題を解決する鍵となる環境評価や，地球の気候変動リスクを減らすための国際的枠組み作りへの実験経済学の貢献を述べています．

　第11講から第13講はゲーム理論に基づいた議論を紹介します．第11講は互いに利害が対立するゲーム理論の実験による検証を紹介します．第12講は，個人が利己的なら起きえないゲーム結果を，利他主義によるものと解釈できるかを検証する実験と議論を紹介します．第13講は，社会選択制度の一つである学校選択制度など社会全体のできるだけ多くの主体にとって最も納得がいく制度を作るための理論と検証を紹介します．

　第14講は，より良い選択を優しくうながす働きかけ"ナッジ"を解説します．事例として確定拠出年金の運用を紹介します．

　第15講は，心理学や実験経済学で用いる検証について統計的な手法の紹介をしています．

　私が実験ファイナンスを目指すきっかけとなったのは，第9講で扱う時間選好の理論です．25年前，いったい何を専門にするべきなのか五里霧中で，大好きなワインを飲む量も日増しに増えていました．ある先輩から「和田さん，それはアディクション（嗜癖）だ．ゲーリー・ベッカーの合理的嗜癖についての論文を読むべきだよ」と教えてもらいました．その1か月後，私は図書館の心理学の棚でジョージ・エインズリーの "Picoeconomics" を見つけていました．心理学ではアルコール中毒などの過度の嗜癖の要因を，時間選好におけるアノマリーに求めますが，ベッカーはそれを合理的な消費行動の結果として叙述しています．一つの現象について分野をまたいだ議論があることを知り，純粋な経済学にいまひとつ興味を持てなかった私はついに求めるテーマに出会ったのです．それから，数えきれないほどたくさんの素晴らしい人たちに出会い，導かれてきました．

そしてこの本を執筆する機会を浅子和美先生から頂戴しました，心からのお礼を申し述べます．また，第 4, 5 講の執筆をご指導くださった林貴志先生，第 6, 7, 8 講の構成をご教示くださった岩壷健太郎先生，ご自身の論文を解説いただいた原千秋先生，安田洋祐先生と小島武仁先生，筒井義郎先生，第 9 講で diminishing impatience の和訳をご提案いただいた竹村和久先生，この場を借りて心から御礼を申し上げます．もちろんあり得る間違いはすべて私の力不足によるものです．経済学の面白さを教えてくださった中澤敏明先生，博士課程の吉野直行先生，そして大学院に戻るように説得してくださった故西川俊作先生，留学中に論文指導してくれたティボール・ノイエバウワー，実験と留学の機会を与えてくれた敬愛大学と外部資金獲得のため尽力してくれる伊藤翔太氏，その他私に出会い指導してくださった人すべてに心から感謝申し上げます．もちろん新世社編集部の谷口雅彦氏の我慢強い校正がなければ本書は完成しませんでした．この場を借りてお礼申し上げます．また優れた書に議論の展開をお借りしました．栗山浩一先生の『環境経済学をつかむ』（有斐閣）と林貴志先生の『ミクロ経済学』（ミネルヴァ書房）は私にとっての辞書，川越敏司先生の『実験経済学』（東京大学出版会）はバイブルです．船木由喜彦先生にはシンポジウムなどを通じてゲーム理論の広がりを教えていただきました．本書でも用語の定義などを，『ゲーム理論講義』（新世社）に依っています．

　この本の執筆のため改めてオリジナル論文を読み感動する発見がいくつもありました．本書を読む方にも僅かでも新しい発見があれば幸いです．またこの本を手に取る若い人のことを思い，その年齢までタイムマシンに乗って 20 代になった気持ちで例を書きました．楽しさを感じていただければうれしく思います．

　　令和 2 年 11 月 22 日

和田　良子

＊なお，本文中に挙げた文献については，新世社ウェブサイト（https://www.saiensu.co.jp）の本書サポート情報欄に「参考文献一覧」として掲載しています．また，本文における敬称は省略させていただきます．

目　次

第1講
イントロダクション
：実験経済学・行動経済学は どのような学問だろうか

■実験経済学は，経済学者が主に不確実性下の意思決定やゲーム理論での戦略や均衡を検証する過程で，目的を達成するために実験手法が開発されて発展してきた分野です．実験結果が理論の予測から乖離したとき，実験経済学者の多くは，実験参加者は合理的または限定合理的に行動しており，乖離は理論値からのエラーであると考えてきました．それに対して行動経済学者は，人はそもそも系統的なエラーをするものであり，規範経済学では説明できないと考えます．そこには観察可能な人々の行動を異なる視点からとらえる実験経済学者と行動経済学者の考え方の違いがあります．

1.1　顕示されたことがらと仮説の検証----------

■ 仮説の検証とは何か

　経済学部に進学した皆さんは毎日，理論という言葉に触れていると思います．理論とは一体何でしょうか．物理学や数学であれば，オームの法則やオイラーの法則などの公式が知られています．こうした法則を発見するきっかけは自然界で観察されたことがらであり，その原理を客観的に証明することができたものが，法則と呼ばれています．ところが，経済活動を行う人の行動原理について知ろうとしても，頭や心を観ることはできません．私たちが他人について観察できるのは行動だけです．そこで，顕示された（おもてに出ている）行動から，頭と心による意思決定がどのように行われたのかを推測するという行為が必要になります．このことを端的に表す，百人一首に選ばれている平兼盛の歌があります．

1

「忍れど　色にでにけり　わが恋は　ものや思ふと　人の問うまで」

　超訳すると、「隠しているけど、恋していることがばれちゃったみたいだ。誰か好きな人ができたの？　って、たずねられちゃったよー」というところでしょう。行動から思っていることがわかりやすい人だとこうなりますね。しかし私たちは嘘をつくこともあります。

　また嘘をついていなくても、選好が真の選好から確率的に揺らぐこともあるでしょう。選好が問題の提示のされ方によって確率的な揺らぎを超えて大きく変わってしまうということを明らかにし、フレーミング効果と名付けたのが、行動経済学のパイオニア、エイモス・トヴェルスキー（Tversky, A.）とダニエル・カーネマン（Kahneman, D.）です。彼らの論文は世の中に行動経済学を浸透させるきっかけとなりました。彼らは、経済学の骨格を揺るがす論文を次々に発表しました。

　従来の経済学は、私たち人間は心の中に確固たる選好を持っていて、しかもその思考過程に整合的な体系があると仮定することによって、観察できることがらと心の動きの間にあるブラックボックスを読み解く作業をしてきました（ここで想定されている「合理的な」人物像は、“ホモ・エコノミカス”と呼ばれています）。なぜならば、私たちの心があまりにもぶれやすいものであるならば、分析することにあまり意味がなくなってしまうからです。ミクロ経済学では個人や企業の行動原理について、マクロ経済学では、市場取引の統合された姿の観察・分析において、その背後にあるプロセスやメカニズムに“ホモ・エコノミカス”を仮定して、仮説を立てて検証してきました。

　ところが、現実の人々の行動やその結果としての市場での取引や価格の動きが、理論の帰結として観察されるはずの値から乖離する場面がよく見られました。これらは平均的な行動からの確率的な乖離、つまりエラーであると長期間とらえられてきましたが、リチャード・セイラー（Thaler, R. H.）に代表される行動経済学者は、それらはランダムなエラーではなく、法則性のある系統的エラーであることを示しました。行動心理学者のダン・アリエリー（Ariely, D.）の著書『予想どおりに不合理』というタイトルはそれを物語っ

ています.

　しかし，古典的な経済学者も行動経済学者と同じように，仮説からの逸脱を抱合するような新しい仮説（たいていは仮説を緩めることで得られます）を立てることによって，現実に寄り添おうとしてきたのです．実験経済学は，そうした流れの中で洗練されてきた手法です．顕示された行動から心の動きを判断することは簡単ではありません．さらに，近年は個体差にも大きな関心が集まっています．一人ひとりの意思決定をたった1つの仮説で説明することには限界があるからです．本書の**第4講**および**第5講**では，不確実性下の行動について論じていますが，最近では実験結果を分析して，データ（母集団）全体を最もよく説明するモデルはどれか，ということを明らかにすると同時に，各個人について，どのモデルのあてはまりが最もその行動をうまく説明するのかということを明らかにしています．

■ 顕示選好の理論：観察できることがらから好みを推測する

　社会科学では，観察される行動から個人や社会の選好を知る必要があります．しかしそのためには最低限，満たされていなければならない仮定があります．それは多くの教科書において「経済主体は合理的に行動する」と集約されています．消費者理論であれば，個人が何かを選ぶときに，心の中に矛盾しない（合理的な）選好を持っていると仮定しています．つじつまが合う行動をする人でなければ，観察された選択行動からその人の好みがわからないので，他の条件の下での行動を予測することができないからです．言い換えれば，観察された観察行動が，最も良いものを選んだ結果として整合的に説明できることが重要なのです．これを，選好関係が合理化可能であるといいます．

　私たちは行動するときに意思決定をしています．それは例えば，今日のおやつに自分を最も幸せにしてくれるケーキはどれか，といったことです．ケーキ屋さんはたくさんありますが，自分が実際に目で見て選べるケーキを全部挙げてみると，それは有限な集合になります．ここから，数学の表記を用いて説明していきます．

　X を，潜在的に選択可能なすべての集合とし，それを有限であると仮定し

ます．X のうち，意思決定者にとって実際に選択することが可能な集合で，空でないものを S とします（消費者理論であれば S は予算制約集合です）．S は X の部分集合なので，すべての $S \neq \phi$（ϕ：空集合）で構成される集合を考えることができます．X の部分集合の全体を $\mathcal{S}$ とすると，$S \in \mathcal{S}$ と書くことができます．部分集合の全体 $\mathcal{S}$ のうち，さらに特定の領域（消費者理論において，例えば機会集合が凸集合であっていかなる 2 つの点の内分点もとることができるなど，選択領域が満たしていると理論を展開するうえで都合がよい特定の領域があります）K から選択された部分集合を $C(S)$ で表します．このとき，S から $C(S)$ を特定する関数を，選択関数といいます（K 内で S を変数とした関数 $C(S)$ として表現することもできます）．集合 S から選ばれた点 $C(S)$ への対応は，写像ともいわれます．

《定義》 すべての非空の集合 K について $S \subset K$ となる非空の S を特定する関数 $C(\cdot)$ は K 上に定義される選択関数であるという．

例えば，X が $\{x, y, z\}$ であれば，S は $\{x\}\{y\}\{z\}\{x, y\}\{x, z\}\{y, z\}\{x, y, z\}$ のどれかであるということになり，（$\mathcal{S} = K$）の場合，X の部分集合の全体を含んでいる集合は $K = [\{x\}\{y\}\{z\}\{x, y\}\{x, z\}\{y, z\}\{x, y, z\}]$ となります．S はその中で選択しうる K の部分集合 $\{x\}\{y\}\{z\}\{x, y\}\{x, z\}\{y, z\}\{x, y, z\}$ となります．より一般的に消費者理論においては，X は非空の 2 次元ユークリッド空間となり，K は財の価格ベクトルと予算（所得）を変化させたときの予算集合の全体となります．そして，S は特定の価格と予算の下での予算集合となります．

さらに選択関数から，選好についての二項関係（2 つの選択肢についての，好き，嫌い，どちらかといえば好き，同じ，の関係）を以下のように定義します．

今，K が集合 X のすべての部分集合を含んでいるケースに制約します．X におけるすべての x, y について

1. （弱選好）ある $S \subset K$ について，$x \in C(S)$ かつ $y \in S$ であるとき，またそのときに限り，$x \succsim y$.

2. （強選好）$x \succsim y$ かつ $x \precsim y$ でないとき，またそのときに限り，$x \succ y$.

3. （無差別）$x \succsim y$ かつ $x \precsim y$ のとき，またそのときに限り，$x \sim y$.

この二項関係は，弱選好を Relative Prefer のイニシャルを用いて R，強選好を Prefer の P，無差別を Indifference の I とも表現します．

《定義》 選択写像が選好によって合理化可能であるとは，X 上に完備性（$x \succsim y$ または $y \succsim x$ である）および推移性（$x \succsim y$ かつ $y \succsim z$ であれば $x \succsim z$）を満たす選好関係が存在し，あらゆる K 上の $S \in \mathcal{S}$ について，

$$C(S) = \{x \in S : \text{あらゆる } y \in S \text{ について，} x \succsim y\}$$

となることをいう．

あらゆる $S \in \mathcal{S}$ について，$C(S)$ は S における選好関係に関する最大元（一番良い点）の集合に等しいことを意味します．これをサミュエルソン（Samuelson, P.）による「顕示選好の弱公理」といいます．それは，客観的に観察できることから個人の心の中に存在する選好を知ることができるとしたら，成立していると仮定されなければならない条件です．公理を導くときに使った完備性とは，2つの選択肢 x と y のどちらが良いのか（または無差別なのか）を決められる，という仮定です．そして推移性とは，選好の順序についての論理が破綻していないことの仮定です．例えばケーキ屋さんに行き，モンブランにイチゴショート，ミルフィーユ……どれも好きなケーキだと迷いますね．このように3つ以上の選択肢に直面したら，モンブランとイチゴショートならイチゴショートが良い，イチゴショートとミルフィーユならミルフィーユが良い，と2つずつを比べることで一番を決めることができます．ところがミルフィーユを買った後で，ミルフィーユよりモンブランが良かった！ となれば推移性は破綻していて，一番を決めることができないのです．

《顕示選好の弱公理：縮小性》 $S \subset T$ となるようなどのような2つの選択集合 S と T についても，S に含まれるいかなる点（元）$x \in S$ についても，それが T における最も好ましい点 $x \in C(T)$ であるならば，$x \in C(S)$，すなわち集合 S の最も好ましい点である．

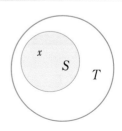

これは選択が合理的であり，個人の観察可能な選択が，最も良いものを選択してきていることを意味することになる一つ目の条件で，"縮小性"という条件です．以下の2人の会話を見てみましょう．

> ケンジ「今日どこでごはん食べる？」
> なつな「ケンジのおすすめのところがいいな．ケンジが東京で一番好きなレストランてどこ？」
> ケンジ「恵比寿の，"いまり"っていうお好み焼き屋さん」
> なつな「じゃあ今から恵比寿行くのね！」
> ケンジ「待てよ，恵比寿に行くなら，"イル・デルチオーゾ"行こう！　恵比寿で一番好きなんだよ」
> なつな「……？　ケンジ，あのね，私のことどれくらい好き？」
> ケンジ「もちろん，世界で一番好きだよ」
> なつなの心の声（大丈夫かなこの人……信用できないかも）

　ケンジの選好は壊れています．逆に，"拡大性"は次の通りです．

> 《顕示選好の弱公理：拡大性》　$S \subset T$ となるようなどのような2つの選択集合 S と T についても，および S のいかなる点（元）$x, y \in S$ について，もしも，それがいずれも S の最も好ましい点 $x, y \in C(S)$ であり，$x \in C(T)$ ならば，$y \in C(T)$ である．

xとyがどちらも同じぐらい好きということになりますので，実はケンジにとって恵比寿のいまりとイル・デルチオーゾが2つとも最も好きな店であり，いまりが東京で一番美味しい店ならば，イル・デルチオーゾも東京で一番美味しい店のはずである，となります．

　顕示選好の弱公理が満たされない例については，レオナルド・サベージ（Savege, L. J.）やアマルティア・セン（Sen, A.）らの数理経済学者が議論を重ねてきています．それについて考え方を紹介しましょう．

　2つの選択肢xとyを比較して，xが選ばれたことが観察されたとします．すなわち$x \in C(x, y)$であり，xとyの選好について，$x \gtrsim y$または$x > y$を予想できます．ところが，関係のない選択肢zが加わると，xとyの選好関係が逆転することがあります．例えば，消費集合をカフェのドリンクメニューとし，xをコーヒー，yをカフェモカとしましょう．

　ユウナは普段カフェではカフェモカ（y）があっても頼まず，ブラックコーヒー（x）を飲みます．ところがある日，ミルクココア（z）が黒板のメニューに「本日のおすすめ」としてイラスト付きで出ていました．そのせいか，店内にはミルクココアの香りが漂っています．「わあ，猛烈にココアを飲みたい．でもコーヒーを飲みにきたのだからココア味も楽しめるカフェモカにしよう」と思ったユウナは，普段は頼まないカフェモカ（y）をオーダーしてしまいました．

　ここでは小さい選択集合$S = \{x, y\}$からはxが選ばれたのに，より大きい選択集合$T = \{x, y, z\}$からはyが選ばれたので，縮小性が満たされていません．普段はストイックにコーヒーを頼むのですが，今回はミルクココア（z）を飲まなかったことからの後悔が最大になるため，それを回避しようとして，カフェモカ（y）にしたと説明できます．

　Hayashi（2008）は，合理的に説明できる選好であるのに，顕示選好の弱公理における縮小性が成立しなくなる，最大後悔の最小化理論を展開しています．

　500円が確実にもらえる安全資産（x）と，状態1が50％で起き，そのときは300円，状態2が50％で起き，そのときは800円となるような危険資産（y）が選択集合であったとしましょう（$S = \{x, y\}$）．このとき，$x = C(S)$すな

わち S から x を選んでいたリスク回避的な人が，50％で起きる状態1で0円，50％で起きる状態2で1300円が得られるくじ（z）が選択肢に加えられて，選択集合が $S' = \{x, y, z\}$ になると，状態2が出たときに得られうる最も良い結果1300円からの最大後悔が800円となる x ではなく，最大後悔が300円となる y を選ぶならば，縮小性を満たしません．もしリスクを取らなかったら機会を失うと考えてアグレッシブになるタイプの後悔回避になります[1]．

■ 実験経済学者と行動経済学者の仮説の違い

顕示選好の弱公理のように，規範的経済学は厳密な仮定を置いて公理・定理を導き出す方法を用います．その際，本質を観ようとするため，個体差や，特殊なケースなどが排除されます．仮定の群からの帰結を整合的に組み立てていくと，定理が導かれます．その定理の束が理論と呼ばれるものです．導かれた定理が正しいかどうかは，仮定が適切なものであったかどうかによって調べることができます．規範経済学は数学を用いており，すべての定理は数学的に証明されたものです．

これを反映して，例えば検証したいことが環境政策の2つのオプションのうちどちらが良いかを調べるということだとしても，実験経済学の実験においては，その文脈を排して本質のみにフォーカスすることに意義を見出します．ある文脈の下での仮説の検証結果は，他の事象を説明するために応用できない，すなわち汎用性が失われるからです．実験経済学は一般性を持った理論の検証に力を注いできました．これに対し，行動経済学では，本質的には同じことを意味するモデルを，異なる文脈下で実験して，結果を比較するといったことが行われます．行動経済学はファクトファインディングにも力を注ぎます．2つの学問は，どちらも経済主体の行為の背後にある原理を知ろうとするアプローチですが，ときに対立する考えを持っています．

1　この理論は Hayashi (2008) によるもので，詳しい解説は，林 (2013) にあります．

1.2 実験経済学の始まりと--------------------- 選好統制による確立

■ 実験経済学の歴史

　仮説の検証をする際，フィールドデータ（市場での取引によって観察される
データのことです）は様々な要因の影響を受けているために，仮説を検証し
ているかに見えたデータが異なる仮説によっても説明されうるということが
あります．実験は条件を統制することができるため検証したいことがらにダ
イレクトにフォーカスすることができます．

　経済学は仮説検証の手法として，古くから実験を利用してきました．産業
組織論については，1941 年に行われたエドワード・チェンバレン
（Chamberlin, E. H.）の実験がよく知られています．チェンバレンは仮想的な
1 つの財の売り手と買い手を用意し，オークショニア（競売人）がいない分
権的市場においては，取引価格および取引数量が市場均衡から乖離すること
を示していました（Chamberlin（1941））．しかしチェンバレンの弟子であり，
2002 年に実験経済学の分野において初めてノーベル経済学賞を受賞した
バーノン・スミス（Smith, V. L.）[2] はこの実験を改良して，ダブル・オークショ
ンにおいて，買い手と売り手の希望価格を誰にでもわかる条件としたとき，
様々な人数や需要曲線・供給曲線の下で，オークショニアなしで市場の均衡
取引価格と数量が早く達成されることを示したのです[3]．その後スミスは，
株式市場における株価バブルの形成についても，Smith, Suchanek &
Williams（1988）において明らかにファンダメンタルズから乖離した株価形
成を観察できる衝撃的な実験を行っています．

2　スミスは 100 歳を超えて今なお現役．Experimental Finance Association ではおしかけた大勢の
　報告者に，1 人に対して 1 分でコメントをしていました．
3　筆者がこの実験に近い実験を教育的実験としてオープンアウトクライ方式（昔の東京証券取引
　所の取引手法がこれでした）によって，300 人以上の大教室において行ったときも，黒板に次々
　と書かれていく取引価格を見た学生は，自分の需要や供給についての条件に照らし合わせて，教
　室をかけずりまわって相手を探し，なんとか取引をしようとしました．均衡価格に近づくのは自
　分より条件の良い相手がいることがわかっているからです．現在では複数財を同時に売買するダ
　ブル・オークションを zTree という無料のソフト（日本語対応）を用いて体験することができま
　す．

■ スミスの価値誘発理論

　現代的な意味における実験経済学の確立は，スミスが"価値誘発理論"により，実験において異なる選好を持つ個人の選好を統制する手法を確立したことによっています．その手法こそ，実験参加者の利得に応じた金銭的報酬を支払う手法につながっているのです．

　金銭的報酬を与えて顕示させることができるための条件としては，第一に，「いくらお金をもらっても満足しない」という非飽和性（non-satiation）を仮定する必要があります．それは，お金の量を M とすると，そこから得られる満足＝効用 U について，お金の増分で効用を微分すると正になるという仮定となります．この条件は，

$$U(M) > 0 \quad \text{について，} \quad \frac{dU(M)}{dM} > 0$$

と表現できます．

　Smith（1976）は市場における競争均衡についての実験を行い，個々の被験者に需要と供給を誘発することができることを明らかにしました．実験市場において，買い手には（仮想的に）得る財 q_i 単位の価値表が与えられます．つまり，q_i 単位購入するともらえる金額を $R_i(q_i)$ とするのです．このとき，選好の単調性（取引量 q_i が多ければ多いほど幸せになる）も仮定します．さらに，買い手の報酬（Smith（1976）における Reward）$R_i(q_i)$ からの効用は限界逓減（買えば買うほど報酬は増えるが増え方は減る）が仮定されています[4]．被験者が価格 p の下で q_i 単位を購入するとき，M からの効用 $u(M_i)=u(R_i(q_i)-pq_i)$ を最大化することになります．

　効用関数 $U(M)$ が線形なら，お金の量がそのまま効用になりますが，個人によって M がどの程度効用 U に影響するのかがわかりません．でも大丈夫なのです．このことが実験のインセンティブに異なる影響を与えないことが，取引が，取引を限界的に（つまりほんのわずかに）増やしても，お金（実験から得られる報酬）からの効用がこれ以上増えないところまで行われると

　4　効用 $R(q_i)$ は q_i の凹関数になります．凹関数になるとは，2つの取引量 q_1 と q_2 の内分点の効用が，それぞれの取引量からの効用の内分よりも高くなることを指します．$q_1=0$ とすると，取引量が増えることによって効用の増え方が減っていくことを指します．

いう，効用最大化の1階の条件により導かれます．これは報酬 M からの効用を取引量で微分するとゼロになるという条件となります．$u(M)=u(R(q_i)-pq)$ より，

$$\frac{du}{dq_i}\left(\frac{dR_i}{dq_i}-p\right)=0$$

$du/dq_i=0$ であると仮定すると，選好の非飽和性・単調性を満たすことができないので，

$$\frac{d}{dq_i}R_i=p$$

になるように取引するという条件が導かれます．左辺の1単位余分に取引したときの増加（限界収入）は，市場における財の単価 p に等しくなっています．これは効用最大化の条件であるにもかかわらず，被験者がそれぞれに持っているはずの効用関数 u が消えています．売り手についても収入関数 R の代わりに費用関数 C を導入することで同様に

$$\frac{d}{dq_i}C_i=p$$

が導かれます．

　金銭的報酬を与えて顕示させることができるための条件として，ほかにも実験市場で取引できない財への選好について気にする必要がないという仮定も必要です．これは被験者の選択が報酬以外の要因に影響されてはいけない「優越性」という条件となります．

　また，実験報酬が実験結果を反映したものでなければならず，かつ被験者が実験報酬の金銭での与えられ方と，実験内での利得の関係について理解していることを示す「感応性」が満たされている必要があります．

　感応性に関して，次項で説明する選好統制方法の一つである Becker=DeGroot=Marchack 方式（以下，BDM 方式）があり，理論的には正しいのですが，複雑であるため被験者が理解していないとする研究成果もあります．そのため感応性が満たされているかどうかをチェックするための試験を行います．

　また，被験者が自分の利得に関して得た情報をほかの被験者に知られては

ならないという「情報の秘匿」があります．情報の秘匿が守られないと困る例として，利他主義を計測するときがあります．実験後に互いの選択や利得を話し合い，他人に対してどのような選択をしたのかがわかるならば，本当は「利己的」な選択をしたくても，ほかの人に利己的だと思われたくないために利他的な選択をする可能性があります．また，ゲーム理論を検証する実験においても，自分のみならずほかの人の意思決定も自分の利得の大きさを決めるため，情報の秘匿は重要な要件となります，このため，実験経済学が行われている大学において，コンピューターの周りが壁で取り囲まれている独立したブースがある実験ラボが作られています[5]．

　スミスは最後の条件として，「類似性」を挙げており，被験者が実験において行った意思決定やふるまいを，現実の経済事象にあてはめることが可能でなければならないとしています．

■ BDM 方式とその仮定

　オークション（第2講で詳述），マッチング（第13講），また時間選好率（第9講）を顕示してもらうための実験において，被験者の行動の結果が保証されていないという意味でリスクを取らなければならないことがしばしばあります．例えばオークションであれば，入札金額が低すぎれば落札できませんが，できるだけ安く落札したいと考えれば，落札できないリスクを少し取りながら入札していくことになります．そうした行動には必ず被験者のリスク選好，すなわち所得（報酬）の変動をどのくらい許容できるかが影響します[6]．リスク選好の違いを統制する方法として，先述した BDM 方式が 1964 年に開発され，実際に多くの実験で採用されています．

　BDM 方式では，くじ（確率 p_1 で x_1 円，確率 p_2 で x_2 円など複数の結果に対して，それが起きてくる可能性を足しあげると1になる証券）に対する選好の完備性，推移性，連続性および，確率密度関数について1階の確率支配公理（first

---

5　そうしたラボがない場合には，段ボールなどで周りを覆って，ほかの人から情報を遮断して行います．またラボを借用することが可能です．一方で関西大学では，被験者の成績などの属性も登録されており，被験者のどの性質が意思決定に影響したのかがわかるようになっています．

6　リスク選好を測定するのには効用関数の3階の微分がプラスになる慎重（prudence），4階の微分がマイナスになる節制（temperance）定義もありますが，効用関数の2階の微分までのリスク選好を扱うと，分散が証券のリスクに対応します．

degree probability dominance axiom)[7] が満たされ，一定の選好についての仮定を置くことができれば，手に入れたくじ X を実験者に対して売ることができた場合に，その売値が実験への参加報酬となるようにすることで評価対称についての確実性等価（Certainty Equivalent, CE）と呼ばれる価値（そのリスク資産を売買するとしたら一体いくらの値段を付けるか）を，正しく顕示させることが可能であると考えます．以下に詳細を記します．

あなたが，あるくじの売値を s_x 以上であると表明します．

すると実験者は，例えば [a, b] という一定の値の間隔のどこかからランダムに「オファー価格[8]」（これを W としましょう）を与えます（通常の実験では面数の大きいサイコロなどが用いられますが，BDM 方式のオリジナルな論文では 100 分の 1 の確率の刻みです）．

実験者のオファー価格 W が，被験者の販売価格 s_x を超えるか等しい場合，被験者はオファー価格で宝くじを販売して W を手にします．これに対し，オファー価格 W が販売価格 s よりも低い場合は，意思決定者はくじを保持して，自分でくじを引きます．

このメカニズムによって，被験者はくじ X の真の CE を明らかにするように強要されます．これを真の価値を表明しないケースを考えることで明らかにします．

今，あなたがくじをより高く売りたいと考えて，$s_x > \mathrm{CE}(X)$ と表明したとしましょう．例えば $\mathrm{CE}(X) = 8$ であるのに売値 $S_x = 10$ と回答したとします．オファー価格 $W = 11$ であり S_x よりも高い場合は，S_x より高くくじを売ることができ $W - \mathrm{CE}(X) = 11 - 8 = 3$ より，3 も得をします．ところが，オファー価格 $W = 9$ であり $\mathrm{CE} < W < S_x$ となった場合，あなたはく

7 　X と Y を 1 段階くじとします．結果の確率を与える確率密度関数を $F(\cdot)$ とします．くじのすべての結果 x について，くじ Y の確率密度関数 $F_X(x) \geq F_Y(x)$ よりも大きいならば，くじ X はくじ Y を確率的に（弱）支配するといいます．例えば，くじ X は 1000 円が当たる確率が 10％，500 円当たる確率が 30％で，何も当たらない確率が 60％であるのに対して，くじ Y は 1000 円が当たる確率が 5％，500 円が当たる確率が 25％，何も当たらない確率が 70％であるようなときをいいます．
8 　オファー価格とは購入希望価格です．メルカリなどではオファー価格というボタンを押すと値下げ交渉ができるようになっています．

じ X を引くことになりますが，本当は CE(X)＝8 よりも高い 9 で売れたので損をしたと思うことになります．

W が 7 で CE(X)＝8 よりも低くなった場合には，くじを保有します．

今度は，より確実に売ろうとして，自分の CE(X) よりも低い S_X＝6 を表明するとします．例えば W＝7 であれば，S_X＝6 で売ることになり，自分にとっての真の価値 CE(X)＝8 よりも低い価格で売らなければならず，損をします（W＜S_X＜CE(X)）．

したがって，意思決定者の最適な戦略とは，CE(X)＝S_X となるように真の確実性等価を表明することになるのです．

BDM 方式において嘘をつくことは良い戦略ではなく，正直に CE を表明することが最も賢明な結果をもたらします．このような戦略を誘因両立的（インセンティブ・コンパチブル）であるといいます．そして，そのような戦略をもたらすシステムは耐戦略性を持つシステムであるといえます．

このように BDM 方式は理論的には良い方法なのですが，実際に用いてみると被験者に理解してもらうのがかなり難しく，被験者が様々な証券の価値評価に対して同じ回答をしてしまうことが観察されます（「感応性」が失われやすい）．

ところで，BDM 方式が目的としている意思決定者の真の選好がわかるならば，2 つの異なるくじ X と Y についての選好が，確実性等価においても保持されるはずです．すなわち，X＜Y であれば，CE(X)＜CE(Y) であるはずです．ところが，Lichtenstein & Slovic（1971）（1973）による実験結果では，選好が逆転すること（preference reversal）を観察したのです．

Lichtenstein & Slovic[9]（1971）では，被験者は 1 つのくじの結果得られる可能性がある 2 つの賞金において，（大きいほうの，いわゆる当たりとなる）ペイオフを得る確率が高い "P-bet" くじと，得られる可能性のあるくじの賞金のうち，望ましいほうの金額が比較的大きいものの，それを得る確率が小さい "$-bet" の 2 つのくじが，被験者に与えられました．具体的には，

---

9 Lichtenstein & Slovic（1971）では，3 番目の実験が実際にラスベガスのカジノで実験が行われたので，確率がルーレットの 36 分の 1 の刻みになっているのです．驚きますね．Grether & Plott（1979）は，カジノには行きませんでしたが，確率を同じにしています．

$$X\left(16 : \frac{11}{36}, \ -1.5 : \frac{25}{36}\right) \quad \text{と} \quad Y\left(4 : \frac{35}{36}, \ -1 : \frac{1}{36}\right)$$

について，X と Y への選好と，それぞれの売買価格をたずねられました．X の 16 ドル得られる確率は 36 分の 11 なので 30% 程度ですが，Y の 4 ドル得られる確率は 36 分の 35 で 97% を超えています．このときほとんどの被験者が \$-bet のくじ $X\left(16 : \frac{11}{36}, \ -1.5 : \frac{25}{36}\right)$ よりも P-bet のくじ $Y\left(4 : \frac{35}{36}, \ -1 : \frac{1}{36}\right)$ の CE を高く評価しているのに，多くの被験者がくじ Y により高い販売価格を付けたのです．つまり P-bet くじを \$-bet くじよりも望ましいとしながらも，\$-bet により高い売値を付けたのです．その一方で，買値では選好の逆転が起きませんでした．

　これについて，Grether & Plott (1979) は，実験の過程で生じる所得効果や，選好を強要された可能性，洗練されていない被験者の存在などに加え，\$-bet におけるあいまいさが相対的に P-bet より大きいことなど様々な仮説を検討し，Lichtenstein & Slovic (1971) の 3 番目の実験と同じ数値を使って，様々な条件を制御してもなお，選好の逆転がなくならないことを発見しています．そもそも選好の逆転があるならば，BDM 方式は選好を明らかにするという目的を達成しません．

　リスク選好については**第 4 講**で詳しく取り上げます．くじを保有していることからの効用を考えると，くじへの選好を効用の大小で置き換えることが可能になります．効用は，本来消費から得られる幸せのレベルを表す概念であるのに対し，くじの結果はお金ですから，厳密には例えば x_1 および x_2 という 2 つの賞金の金額があるとき，それぞれの金額で購入して消費することから得られる幸せについて議論する必要があります．しかし，今後の議論では，何かを購買して消費するところを省いて，お金の量からの効用を消費からの効用と代用することで議論をしていきます．さらには不確実性を伴うくじを評価するために，期待効用理論の考え方を用います．実は，期待効用理論によって意思決定者の行動が説明できる場合には，BDM 方式によってくじ（オプションの場合もあります）などの確実性等価（CE）を得ることでリスク回避度を測定できることが保障されます．期待効用理論がどのようなものなのか，さらにその理論の限界については**第 4 講**で取り上げます．

■ 附与効果の実験がもたらした衝撃

　あるくじに対する売値を回答してもらうと同じくじの買値よりも高くなるという現象は広範にみられ，ある財への支払意思額（Willingness to Pay, WTP）とその財が失われることへの受入補償額（Willingness to Accept, WTA）の乖離の問題として，環境評価などにおいて重要視されています（詳しくは**第10講**を読んでください）．

　特定の財に対する WTA と WTP の違いの一部は，2つの財の量の組合せにおいて，同じ効用となる点の集合である無差別曲線（Indifference Curve, IC）の形状によって説明できます．例えば，無差別曲線が強凹性を満たしていて，したがって無差別な2つの財のうち，どちらか片方だけの財の量が多いよりも，その内分点となる財の組合せのほうが効用が高く，さらにその凹性が強いようなとき，どちらかの財の消費量が減るとその財の相対的希少性が急速に高まるために，WTA＞WTP となることがあります．また代替財がない場合，WTA は無限大になることもあり得ます．これは古典的経済学の予測するところです．

　ところが無差別曲線という概念を保証する選好の合理性がそもそも成り立たない可能性があることを示したのが，Knetsch & Sinden（1984）による附与効果の実験です．

　実験では被験者を3つのグループに分けて，1つ目のグループには大学のロゴ入りのマグカップを，2つ目のグループには飴を，そして3つ目のグループには何も与えません．

　何も与えられなかったグループにおいて，マグを飴より選好する人は55人中56%だったのに対し，はじめにマグをもらったグループでマグを手放して飴をもらおうとした人は76人中11%のみでした．逆に飴を先にもらったグループでは，飴を手放してマグを手に入れようとした人は10%のみでした．

さらに，この実験において，持っていないものを買うための WTP と，すでに持っているものを売るときの WTA を表明させると，その間には大きな乖離がありました．被験者は今持っているものを売るときは高く評価し，同じものを持っていなときに買う立場になると低く評価したと考えられ，この効果は愛着効果（attachment effect）または附与効果（endowment effect）といわれます．この効果が，何かをもらったことによる所得効果である可能性がHaneman（1991）によって指摘されましたが，Knetsch, Thaler & Kahneman（1991）では，付与効果が取引費用を考慮しても成立し，さらにもらったものの価値による所得効果を排除してもなくならない乖離であることが確認されました．同様の結果が，ペンとチョコレートバーを用いて Loewenstein & Kahneman（1991）によって確認されています．

さらに，Tversky & Kahneman（1991）において，"人は無差別曲線上での移動をすると，移動後には同じ無差別曲線上にいない"という選好の理論そのものを覆す驚くべき理論が提示されました．第1財と第2財の所有量について，同一の効用をもたらす x_1 と x_2 の集合である無差別曲線を描きます．第1財を売って第2財を増やすどのような移動でも無差別曲線上の移動であれば同じくらい好きなはずです．ところがこの移動を分解し，まずは第2財の量はそのままで持っている第1財を失うと，失う悲しみが得る喜びよりも大きいため，第2財を与えられても以前の無差別曲線上に戻れなくなってしまうというのです（！）．ここでは初期保有量が参照点となります．この現状維持（status quo）をもたらす心の理論は，Gain-Loss 関数として知られることになりました（第4講を参照）．

図 1-1 を見てください．$A(x_1, x_2)$ から $B(x_1-\Delta x_1, x_2)$ にまず移動すると，その不効用は，A 点からの効用と B 点からの効用の差としてもたらされるのではなく，A 点を参照点とした B への移動によってもたらされます．そして，B 点から，もともと A 点と同じ無差別曲線上の点 $A'(x_1-\Delta x_1, x_2+\Delta x_2)$ に到達したとき，A 点から B 点からの移動で感じた喪失感を第2財を Δx_2 だけ得ることでは埋められないというのです！ もはや同じ効用の等高線上にはいないなんて，エッシャーのだまし絵の中にいるみたいです．ということは，元の効用の高さに戻るためにはもっと多くの財かお金が必要になりま

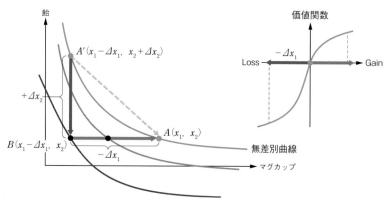

図1-1　付与効果：損失回避と現状維持

す．これを恋愛で例えてみましょう．

　あめみにとって付き合う前はどちらと付き合ってもいいと思っていたA君とB君がいます．しかし実際に先にA君と付き合ってから別れたら，その喪失感は大きく，それを埋めるためにB君と付き合ってみたものの，付き合う前とは違って常にA君を基準にしてしまいます．
　逆に先にB君と付き合っていれば，A君の価値は下がるかもしれません．

■ 数理経済学者トヴェルスキーと心理学者カーネマン

　マイケル・ルイス（Lewis, M.）の著書『かくて行動経済学は生まれり』によると，トヴェルスキーは楽天的な数理経済学者，カーネマンは悲観的な心理学者でした．2人は共同研究を始めたころ非常に仲が良く，祖国イスラエルのために一緒に戦場で戦う経験もしています．2人の共同作業は大きな実を結び，2013年に共同編集された "Choices, Values and Frames" に凝縮されています．トヴェルスキーとカーネマンの問題提起は，経済学の常識が現実とは異なっているという驚きをもって受け入れられました．ここではフレーミング効果を取り上げることで，実験経済学者との違いを紹介しましょう．

■ ２つのシステム

カーネマンは，"*Thinking, Fast and Slow*"（『ファスト＆スロー』）という著書において，私たちはシステム１とシステム２の２つのシステムを利用しており，その２つは相互に関係していると論じています.

> **「システム１」** 自動的に高速で働き，努力は全く不要か，必要であってもわずかである. また，自分のほうからコントロールしているという感覚は一切ない.
>
> **「システム２」** 複雑な計算など頭を全く使わなければできない困難な知的活動にしかるべき注意を割り当てる. システム２の働きは，代理，選択，集中などの主観的経験と関連付けられることが多い.

システム１とシステム２は問題の解き方が異なりますが，それ以前に，解くべき問題を自分で編集する作業が加わります. これがフレーミング（両手の人差し指と親指で絵画を描く前に四角い枠を作る，あれです）です. 行動経済学では，私たちが判断すべき物事をどうやって編集するかが，意思決定に重要な役割を果たすとし，問題の提示の仕方を変化させると，人々の回答の分布が変わってしまうと考えます. 私たちの脳がいつもフレーミングを利用するならば，メニューが２つのときには厳然たる選好に基づくが，３つあると中庸のものを選んでしまう，ということも起こりえます. レストランの高いメニューは，そのほかのメニューを相対的に安心な値段に見せるためかもしれませんし，逆に一番安いメニューは，自尊心からそれより一つ上のものを選ぶためのものかもしれません. さらには単純に中庸のメニューを選ぶという行為がシステム１によってなされることが多いといわれます[10]. 顕示選好の理論が利用できないかもしれないのです.

■ 選択肢が多いと選べない

x と y の二択のときには x が好きと決めることができたのに，x と y に z と

---

10 誤解を恐れずにシステム１を使ってしまうことによる系統的な間違いを述べると，ピザピザピザ……と10回いわされた後，肘を指されて「ここは？」といわれると「膝」と答えてしまうようなことです.

いうオプションが増えると何が起きるのか，Tversky & Shafir（1992）による問題[11] に回答することで理解しましょう．学籍番号が偶数の人は質問1に，奇数の人は質問2に回答してください．

[質問1]　低葛藤グループ（Low Conflict Group）（$N=121$）

　あなたはワイヤレス・イヤホンを買おうとしています．1日クリアランスセールを行っている店の前を通りました．人気のあるソニーのイヤホンが99ドルでした．あなたはどうしますか？

(1)　買う

(2)　ほかのモデルを待つ

回答　⇒　_____

[質問2]　高葛藤グループ（High Conflict Group）（$N=124$）

　あなたはワイヤレス・イヤホンを買おうとしています．1日クリアランスセールを行っている店の前を通りました．人気のあるソニーのイヤホンが99ドル，トップラインのBOSEが169ドルでした．あなたはどうしますか？

(1)　SONYを買う

(2)　BOSEを買う

(3)　ほかのモデルを待つ

回答　⇒　_____

　Tversky & Shafir（1992）の結果によると，「SONYを購入する」と回答した人は，低葛藤グループ（選択肢が2つしかない）では66%だったのに対し，高葛藤グループでは27%に減り，「ほかのモデルを待つ」と回答した人は，低葛藤グループでは34%だったのに，高葛藤グループでは46%と12%も増えてしまっていました[12]．

11　原文の問題設定がCDプレイヤーで，SONYと，昭和の人に懐かしいAIWAです．

12　日本でも大和証券の広告で，「選択肢が増えると選べない」というテレビCMが打たれたことがあります．ファイナンスの中心的プレイヤーは，市場に直面しているため経済主体をヒューマンと考えていたようです．

1.4 "エコノ" と "ヒューマン"

■ 限定合理性とルービンスタイン

アリエル・ルービンスタイン（Rubinstein, A.）は，早くから限定合理性について言及した理論経済学者であり，合理性が制限されている場合のモデルを作っています．その中で類似性がもたらす影響についても言及しています．例えば私たちにとって，「今と明日以降は類似していないが，明後日と明々後日は類似している」，「確率 1 と確率 0.999 は類似していないが，0.999 と0.998 は極めて類似している」といったことです．この考え方は，カーネマンによる，システム 1 によって私たちが，似ているものと似ていないものを分離する傾向があることに似ています．ルービンスタインの視点は，不確実性下における意思決定（**第 4 講**）や，異時点間の意思決定（**第 9 講**）において重要な役割を果たします．

■ リチャード・セイラーの登場とヒューマン

リチャード・セイラーは，経済学における経済主体の合理性や整合性に大きな疑問を投げかけ，トヴェルスキーとカーネマンによって切り開かれた行動経済学を世に広めました．セイラーは経済学が仮定する合理的な人物に「エコノ」（ホモ・エコノミカス）と名付ける一方で，現実の人間を「ヒューマン」と呼びます．実験経済学者は，現実におけるアノマリー（理論では説明できない事象）を，既存の経済学が説明しうる予測からの外れ値や確率的エラーとみなしてきましたが，セイラーは，市場のアノマリーは起きるべくして起きてきた系統的なエラーであると考えたのです．それは例えば月の大きさが空の上のほうでは小さく見え，地平線に沈むときには大きく見える目の錯覚のようなエラーです．セイラーの著書『市場と感情の経済学』には，付与効果，平均への回帰，勝者の呪い，双曲割引などすべての行動経済学のテーマが網羅されています．またセイラーはアメリカの 401k プラン（確定拠出年金）運用についてのフィールドワークにおいて，人々の運用がいかに安易な間違いに満ちているのかを示す業績を残しています．

■ ダン・アリエリーによる行動心理学

　行動心理学をポピュラーにした著作に，心理学者ダン・アリエリーの『予想どおりに不合理』があります．彼は努力と評価が成果に与える影響などについて，興味深い実験を行っています．

　被験者は，ブロックのレゴを使って1つ人形を作ったら3ドルで買い取るといわれ，もう1つ作ったら今度はそれに対して2.7ドルで買い取るといわれます．被験者にとっては0.3ドルずつ限界収益が減っていき，何個まで作るかを実験するのですが，途中で作ったレゴを壊されたグループはやる気が下がってしまいます．ここで作業をしたことについて，① 監視員がチェックして認知する，② チェックして無視する，③ チェックしないで破棄する，の3つのケースでどれくらい早く被験者がやる気を失い作業をしなくなるかを調べます．すると，② のチェックして無視するケースと ③ のチェックしないケースが同じだったという結果を得ています[13]．

1.5　行動ファイナンスと実験ファイナンス·····

■ シラーによる行動ファイナンスと予測

　フィールドデータを利用して仮説を分析する行動ファイナンスと呼ばれる分野は，実験ファイナンスに先んじて発展しました．この分野に大きく貢献したのが，2013年にノーベル経済学賞を受賞したロバート・シラー（Shiller, R. J.）です．彼は，株価の理論値であるファンダメンタルズ（株主にとって投資の見返りとなる，現在から将来までの配当の合計の割引現在価値）を様々なやり方で試算したものと，実際の株価を比較する研究を行い，実際の株価が理論値からかけ離れて高いことについて警告を発しました．

　シラーは，日本の証券経済学の第一人者である筒井義郎，紺谷典子とともに，1980年代後半の日本のバブルも測定しています．Shiller, Kon-ya & Tsutui（1996）では，1989年第二四半期から1994年第一四半期において，

13　職場でのモチベーションの与え方についての示唆に富んだこの実験内容は TED で紹介されています．NHK の白熱講義でも取り上げられており，行動経済学の範囲の広さを教えてくれます．

機関投資家に対して今の株式市場の水準が，ファンダメンタルズを反映した適切なものだと思うか，高すぎると思うかどうかをたずねています．興味深いことに，1989年の第二四半期，つまりバブルが崩壊する半年前には，アメリカの回答者は73.5%が「日本市場の株価は高すぎる」と回答しているのに対して，日本の回答者で株価は高すぎると回答したのはたったの26.6%だけでした．回答者はプロの投資家であるため，情報を交換し合うことができるのにもかかわらず，です．このようなバイアスをドメスティック・バイアスといいます．このテーマは，**第5講**における「あいまいさ回避」でも考察します．

また，彼らのサーベイはプロの投資家の一部がバブルを認識しながら売り抜けるという意味で戦略的であることも浮き彫りにしています．「最終的には株価下落が予想されるが，しばらくは値上がりする可能性が高いと思うので，当面は比較的多額の投資を行うことをお勧めする」というアドバイスが正しいかどうかについて，日経平均が暴落する直前の1989年の第二四半期では「正しい」と回答した投資家は日本では39.1%，米国では34.4%でした．その時期「1日で価格が3%上がれば翌日市場が上がる」と考えていた日本の投資家は42.8%にまでのぼり，株価形成のメカニズムに期待が与える影響を示唆しています．この回答は，**第7講**で論じる株式市場の効率的市場仮説（株式市場ではすべてのニュースはすぐに株価に反映されているためバブルはないとする仮説）があてはまらないことをも意味しているのです．

行動ファイナンスは市場における人間的なふるまいを理解することに注力し，それを包含した理論が生まれました．理論を検証する際，フィールドデータでは調べたい仮説以外の要因によって動いてしまい，調べたい内容を制御できないことがあります．そこで条件を統制するために，実験を行ってデータを集め，ファイナンスに関する仮説を実証する方法が，実験ファイナンスです．筆者の専門分野でもあります．

《ダイエットの仮説検証のための実験を考えてみよう》‥‥‥‥‥‥‥‥‥‥‥‥‥

　ダイエットの仮説として，現在，糖質制限仮説，カロリー制限仮説，断食によるホルモン仮説の3つがあると考えられています．どれが最も正しいか検証する方法を考えましょう．その際，糖質を減らすと同時にカロリーも減るなどの問題に気を付けてください．

第2講
オークションによる
資源配分

■ 高校の経済学の授業で，アダム・スミス（Smith, A.）の「見えざる手」と
いう名前の市場の資源配分機能について勉強したのを覚えていますか？ そ
れは私たちが他人のことを考えず，自分だけのために選択をしても，最も必
要な人に資源が分配されるという，厚生経済学の第一命題です．「見えざる
手」はどんな条件下で働くのか，2002年にノーベル経済学賞を受賞した
バーノン・スミスは様々な需要曲線と供給曲線を与えて実験を行いました．
ポール・ミルグロムらにより発展したオークションの理論もまた，スミスを
含む実験経済学者のオーソリティによって検証されてきました．

2.1　市場の役割と種類：オークションの種類-----

■ 身近になったオークション

ミクロ経済学が最も重視しているテーマの一つが，市場の資源配分です．
というのも，私たちは生きていくためには必ず何らかの資源を利用しており，
資源は希少だからです．希少という意味は，需要に対して供給が相対的に少
ないということです．そのような場合，通常は価格によって資源配分が行わ
れます．正の価格は，その財やサービスに対する需要のほうが供給よりも多
いことの証拠です．

市場は資源配分のための交換の場であり，そこには資源を分配するための
様々なルールがあります．かつて私たち一般の個人が市場で行う意思決定と
いえば，生産者から財を購入した小売業者が付けた価格を，受け入れるか受
け入れないかだけでしたが，今世紀に入り，インターネットの発展によって，

誰でもがオークションに参加できるようになりました．

　日本におけるインターネットオークションの歴史は 1999 年ごろからの 20 年余りで，「Yahoo! オークション」（以下，ヤフオク！）のほかに，「楽天オークション」（2016 年サービス終了）と携帯電話を用いたモバイル・オークションが一定のシェアを持っていました．モバイル・オークションはスマホの利用が一般的になる前に利用されており，パソコンを持つことがない小・中学生の割合が高かったことがわかっています．その後，2013 年に異なる市場制度を持った「メルカリ」がインターネットを用いた市場として参入し，利用者数においては最も大きな市場となったと考えられます．

　豊洲などの卸売市場のオークションでは，参加できる業者は認可を受けているため，落札後に決済がなされない危険性や，売り手が代理入札を使って価格を自分で吊り上げるなどの不正は排除されています．また取引者同士の顔が見えるのも特徴です．マグロの"競り"は有名ですが，ライバルがわかっていたら，相手を知らない場合よりもヒートアップしそうですね．

■ ヤフオク！とメルカリ

　会員制の市場が事前の審査で守られているのに対し，ヤフオク！やメルカリなど不特定多数同士の取引の質を支えているものは，実際に取引した人による評価です．例えばヤフオク！であれば買い手について，落札したにもかかわらず対価を支払わなければ，売り手によって「非常に悪い」という評価が付けられることは不可避です．売り手については，買い手が取引後に評価を行います．例えば，落札したものが記述されているほどの品質でなかった，取引についての対応が悪かった，送り方が悪くて財が破損していた，などは買い手から「悪い」と評価されます．このシステムにより何％の人が売り手や買い手を「良い」と評価しているかは取引前に一目瞭然となっています．

　ヤフオク！には大別して 2 つの出品の方法があります．一つは，価格が入札者によって決定される手法です．多くのケースでは財の入札価格は最低価格入札または 1 円から開始されるもので，結果的に，買い手によって価格が決定されます．売り手は価格を決めないので片側オークションです．もう一つは，"即決価格"が提示されている場合です．この場合は，売り手によっ

て価格が決定されているのです.

　メルカリは市場としてはフリーマーケットと呼ばれる不特定多数による売買が行われる場所に最も近いものです. メルカリ市場では, 同質のものを持つ売り手が即決価格を決定しており, 買い手による競り上げはありません. さらに, メルカリでは, 市場に財を出品しているものの, 始めから特定の取引相手に対して出品することができるので, 不特定多数に対する市場ではなく相対取引市場となっている場合も多々見受けられます.

　ヤフオク！の売り手はメルカリと比較すると, より希少な財を売る業者が多く, 一部の業者では値下げ交渉を3回まで許していることがあります. これに対しメルカリは基本的に価格の値下げを依頼することができます. 値下げ交渉を断って他の買い手を待つこともできますし, 応じることもできます. 交渉が可能な場合には供給サイドからも需要サイドからも価格の希望を出すということになりますので, ダブル・オークションとなります.

■ オークションのルールと価格形成

　オークションには, 入札対象, 入札者の保有する情報, 入札制度について歴史的に様々なルールがあり, ルールの違いがどのように価格形成に影響するのかが議論の的となってきました.

　オークションにおける入札者同士は互いに競争することになり, 入札者同士の非協力ゲームととらえることが可能なため, ゲームの理論における最も重要な均衡概念であるナッシュ均衡が存在するか否かを調べることができます. さらに市場における資源配分の効率性の基準であるパレート基準で評価することにより, どちらのルールが好ましいかを評価することもできます(第11講を参照).

　対象となる財についての入札者の価値が金銭的に評価できて同じ価値である場合を共通価値オークション（Common Value Auction）といいます. 代表的な例としては, 石油やガスの採掘権への入札などが挙げられます[1].

1　共通価値オークションでは事後的に落札対象物が同じ価値になることはわかっていても, 事前にはっきりとわからない場合もあります. つまり競りが終わるまで価値がはっきりとはわからないケースです. 企業価値を入札にかける株式市場もインサイダー情報を持っている主体がいなければ, 共通価値オークションと考えることができるでしょう. ある企業を買収したいと考えてい

これに対して，各自の評価が他人とは異なる場合を私的価値オークション（Private Value Auction）といいます．私的価値オークションは，絵画や古美術などについて最もよくあてはまります．ポール・ミルグロム（Milgrom, P. R., 2020 年ノーベル経済学賞受賞）は，より厳密に独立私的価値オークション（Independent Private Value Auction）と表現しています．「独立」とは私的価値がほかの人の評価に影響されないということであり，例えば自分がある絵画を良いと思っており，SNS（ソーシャルネットワークサービス）に挙げてみたところ，「いいね！」が全く付かなかった……としても自分の好みが揺るがないということです．

また，入札者が保有する情報の質や所有量の違いは，市場における価格形成に影響すると考えられます．入札参加者の持つ価値情報について，参加者全員が知ることができる場合を完全情報市場といいます．それはさすがに現実的でないとしても，入札者全体としての評価分布（ライバルがどう思っているのか）を知ることができれば，各入札者は自分にとっての最適戦略を決めることができます[2]．

入札の途中で入札額の推移を参加者が観察できるかどうかも，入札価格に影響します．入札価格が公開される場合を公開価格オークションといい，公開されない場合を封印入札オークション（Sealed Bid Auction）といいます．公開価格オークションにおいて，貴重な美術品や有名人の持ち物が競売にかけられるサザビーズや，魚および花き市場の卸市場のように入札価格が人前で完全に公開されて行われ，入札が連続的に行われるケースがあります．これらの市場は口頭により価格の競り上げが行われるため，オープンアウトクライ市場と呼ばれています．口頭ではないですが，連続的な公開での入札制度はヤフオク！でも採用されています．自分以外の落札者の ID も部分的にわかり，その入札履歴も，誰でもリアルタイムで見ることができます．

これに対し，封印入札オークションというやり方は，入札価格を封印して

る企業が複数ある場合，その企業の価値が，買収元にとってのシナジー効果は別として同じ価値を持つことがわかっていても，実際に公開市場における買い付けが始まってみないとその価値が実現しないということはあるでしょう．

2　もちろん，落札すべき価値がわかっていたとしても，どのくらい自由になるお金があるかという問題がありますから，価値と入札額が一致しない場合もあります．需要とは，選好に基づいて所有量と予算により決まるものです．つまり需要は常に選好と所得の両方を反映しています．

一度だけオークショニア（競売人）に提出するものであり，多くは公共事業の下請け工事の請負など一定の品質で工事を行う業者がコストを入札する際に用いられます．入札価格は封印されているのでわからないものの，入札者がほかの入札者がどのような評価を持っているのかについてある程度知っているケースが多いと考えられています．

　第三に，落札者が支払う金額について，ファーストプライスオークションとセカンドプライスオークションという異なるルールがあります．ファーストプライスオークションとは，最も高い価格を付けた入札者が，その価格で落札するものであり，セカンドプライスオークションは，最も高い入札価格を付けた入札者が，2番目に高い価格を付けた入札者の価格で競り落とすものです．ヤフオク！や，eBay などもセカンドプライスオークションです．封印入札オークションにおいては，セカンドプライスオークションのほうが，入札者が自分の評価価値（評価額）について嘘をつく必要がないという耐戦略性（strategy-proof）という観点から資源配分において優れたオークションの制度であることが理論的に証明されています（ただし，この当時はセカンドプライスオークションは封印オークションしかなかったことには留意してください）．これをはじめに提唱したのが 1996 年にノーベル経済学賞を受賞したロバート・ヴィッカリー（Vickrey, R.）であったことから，封印入札オークションのセカンドプライスオークションはヴィッカリーオークションと呼ばれています[3]．

　第四に，入札価格を競り上げるか，競り下げていくかという方向性によっても違いがあります．市場のマグロなどの競りやサザビーズでおなじみなのは，低い価格から始めて高い価格へと競り上げていくやり方です．低い価格

---

[3]　封印入札ファーストプライスオークションと封印入札セカンドプライスオークションの違いは現実社会において大きな意味を持ちます．例えば公共工事の選考基準が価格だけであるならば，最も低い入札価格の企業が落札することになります．すると，その企業の技術力により決まるコストぎりぎりの価格での入札が考えられます．このことが低いコストに見合った質の高くない工事が行われる可能性につながります．さらに利益がないぎりぎりの価格で落札すると利益を確保することができないため，企業間で相談をして，事前に落札する企業を決めておき，輪番で高めの入札額にして落札していくことで利益を分け合うといったカルテルが生じやすくなります．これは「談合」と呼ばれて独占禁止法違反となります．利益がゼロになるのは完全競争の帰結としてミクロ経済学の余剰分析で知られていますが，これは封印入札オークションをファーストプライスオークションで行うために生じており，封印入札セカンドプライスオークションでは落札者の余剰がゼロにならず，（少なくとも理論的には）談合が起きにくいことが予想されます．

から高い価格へと公開で連続的に競り上げていくオークションを総称して英国式オークション（English Auction）といいます．これに対して，高い価格から始まり，オークショニアか，時計システム（時計が一回りしたら次の価格になるしくみ）によって価格が下げられ，はじめに手を挙げた人がその価格で競り落とすルールもあります．これはオランダの花き市場などで見られ，ダッチオークション（Dutch Auction）といいます．入札者はできるだけ安い価格になるまで待ちたい一方で，競争者が落札してしまうかもしれないという恐れと戦いながら，手を挙げるタイミングを計ることになります．

■ 4つのオークションにおける入札支配戦略とメカニズムデザイン

異なる性質の主なオークションは，以下の4つです．

①**ファーストプライスオークション**：封印入札，競り上げオークション

②**ヴィッカリーオークション**：封印入札，競り上げオークション，セカンドプライスオークション

③**英国式オークション**：連続的公開入札，競り上げオークション，ファーストプライスオークション

④**ダッチオークション**：連続的公開入札，競り下げオークション，ファーストプライスオークション

オークションについての理論的分析は，これら4つの制度の違いが，(1)入札者にとってどのような最適戦略をもたらすのか，および，(2)出品者（売り手）に最も利益をもたらす制度設計はどれなのか，の2つの観点から行われます．石油の採掘権など公共性が高いものの資源配分において，制度設計を自ら行うことができる公共団体がオークションを行うことが多く，出品側の利益を確保することも重要だからです．

Vickrey（1961）は，（入札者がリスク中立であることを仮定して）どちらのオークションも入札額の期待値は同じになるものの，ダッチオークションのほうが英国式オークションよりも価格変動は小さくなると論じています．さらに，上記の4つのどのオークションも売り手にとって同じ期待収益をもたらすという収益同値定理を導きました（後述）．その後，1980年代にオーク

ションの制度設計を比較する理論的分析は飛躍的に発展しました．ポール・ミルグロムはオークション理論におけるオーソリティの一人であり，異なる4つのオークションの下での買い手の行動と価格形成について，財の価値が私的に評価される場合および共通価値の場合すべてを含む一般化モデルを提示しています．Riley & Samuelson（1981）は最善のオークションの制度設計はどれかという観点から，以下のような仮定を置いて分析しています．

(a) 評価額 v を持つ売り手が $i=1\cdots n$ 人の潜在的な買い手に直面している．買い手はそれぞれ，v_i の評価額を持っている．

(b) 買い手の評価額はそれぞれ独立である．ただし，それは共通の確率密度関数[4] の分布 $F(v)$ からのものである[5]．最も低い評価額を $\underline{v}$，最も高い評価額 $\bar{v}$ としたとき，そのような評価額が出現する確率密度関数が $F(\underline{v})=0$，$F(\bar{v})=1$ を満たし，$F(v)$ は区間 $[\underline{v}, \bar{v}]$ において厳密な増加関数でありかつ微分可能である．

(c) 入札者は出品者の希望最低価格より高い評価額を持っている．

(d) 最高金額を入札した者が落札する．

(e) 入札額は評価額の増加関数であり，より高い評価額を持っている者がより高い入札をする．その意味での共通の入札戦略均衡がある．

(f) 入札者はリスク中立である．

(g) 潜在的な入札者も含めた参加者は匿名であり，出品者はすべての参加者を同じように扱ってよい（入札者の価値は共通の分布から確率的に出現したものであると考えられる．これを対称性という）．

(h) 出品者もまた入札者から見て対称的である．

---

4 確率密度関数とは，確率分布を生み出す関数です．例えば，一様分布（uniform distribution）のように起こりうる事象が同じ確率となる正規分布（normal distribution）のように，期待値（平均値）が最も高い確率で起き，期待値から離れるほど低い確率で起きてくるというものもあります．

5 これは，ハルサニ（Harusanyi, J. C.）により定義された共有知識（common knowledge）の仮定であり，このゲームは情報完備ゲームです．ゲームの構造およびルール，すべてのプレイヤーの「予想（プライオア，prior）」および利得関数をすべてのプレイヤーが共有していて，かつ，そのことをまたすべてのプレイヤーが知ってます．いい換えれば誰もが入札額の予想（戦略の予想）に基づいて自分の入札額を決め，さらに自分の入札額に基づいたほかの入札者の戦略を考えることができるため，ほかの入札者の戦略に対抗した入札額を選ぶということです．こうすることで，戦略をとることの目的関数として，全プレイヤーが予測と戦略による期待値をとるということが保証されます．

（ⅰ）出品者にとっての財の価値は独立である.

　これらの仮定は Vickrey（1961）によっても導入されていますが，Riley & Samuelson（1981）は改めて入札者間の価値評価予想が確率変数となり，その性質が，独立同分布（Independent Identically Distributed random variables, IID）である仮定を強調しています．この仮定には，"競争相手も自分と同じ価値基準（対象の財を落札したいと考えており，かつできるだけ安く落札したいという目的など）を持っているとお互いに信じている"ということも暗に仮定されています．これらの仮定の下で，オークションはハルサニの定義した不完全情報のゲームとしてとらえることができます[6]．封印入札オークションでは，入札者はほかの入札者が持つ価値に影響されません．しかし連続型競り上げ方式の場合には，入札価格が公開されているのでほかの入札者の価値についての情報を得ることができます．このとき，入札者間の価値評価における独立性の仮定が重要となってきます．インスタグラムで話題だからと本来甘い飲み物は嫌いだがタピオカドリンクを買って飲んでいる，というような性格の人であれば，自分の入札額が他人の入札額によって影響されてしまい，私的価値の独立性はもはや成立しないからです.

　また，入札者がリスク中立であるという仮定も入札者の戦略に影響します．入札者が絶対的リスク回避であるときには入札金額の平均がファーストプライス封印＞英国式＞セカンドプライス封印となることが Milgrom & Weber（1982）により示されています.

6　ハルサニの不完全情報下のゲームの理論では，ベイズの確率モデルを用いて，プレイヤーがゲームにおいて完全な知識を持たない状況を，各プレイヤーの事前の主観的確率分布について，互いに共通の分布を持つと仮定して条件付き確率の考え方を利用することで，不完全情報ゲームを完全情報ゲームとして叙述します．オークションの文脈では，売り手は財の品質について完全な情報を持っていますが，買い手は不完全な知識しか持たないため，財の品質の主観的確率分布を持ちます．売り手が買い手による価値の主観的確率分布について知っているとき，売り手はある条件下（最低入札価格や最低落札価格など）でオークションを行うことで成立する価格が条件付確率として予想されます．このゲームの構造では，売り手と買い手は互いの戦略について完全な知識を持つので，ナッシュの理論が適用可能であり，このゲームのナッシュ均衡を特にベイジアン均衡といいます（ナッシュ均衡については**第11講**を，ベイズの定理と情報のアップデートについては**第8講**を参考にしてください）.

■ 収益同値定理

Vickrey（1961）が明らかにした最も重要なことは，出品者にとってファーストプライスオークションと，封印入札セカンドプライスオークション，英国式（連続競り上げ）オークションと，ダッチ（連続競り下げ）オークションからの，売り手の収入の期待値が同一になることであり，収益同値定理といいます．

この定理がなぜ成立するのか考えてみましょう．まず，ファーストプライスオークションとセカンドプライスオークションでは，出品者にとって，前者のほうが得な気がしますね．この直感に反して，ファーストプライスオークションのときの入札者の最適戦略は，第2位入札者の評価額＋1ユニットだけ高く入札すればよいので，セカンドプライスオークションと入札額は変わらないのです．逆にセカンドプライスオークションであっても，第2位入札者と全く同じ価格を入札すると同率1位となってしまい，くじ引きなどで落札者が決まることになってしまっては身も蓋もありません．

また，入札者が多いときには，ファーストプライスオークションにおける最適戦略も，真の評価額を入札することに極めて近くなります．これを，Riley & Samuelson（1981）に沿って説明しましょう．i番目の入札者が自分の評価額 v_i より低い入札価格 b_i を入札すると仮定します．このとき他の人の最高の入札 b_* が自分の評価額 v_i を超えているのであれば，プレイヤー i は落札できません．もしも自分（i）の入札 b_i が最高額の入札となっていれば，落札して（$v_i - b_i$）を得ることができます．（$v_i - b_i$）を大きくしようとして，自分が戦略的に評価額よりも低く入札しすぎてしまい，$b_i < b_* < v_i$ となってしまうと落札できません．入札者が多いときは自身の入札額の次に高い評価を持っている人との差が小さくなっているので，したがって，評価額を入札することで落札確率を高めることが最適戦略となります．

また，競り上げ方式と競り下げ方式も同じ入札価格となります．ダッチオークションにおいて，自分の評価額が読み上げられたときに挙手をしないでスルーしていたら，そのすぐ後に，第2位の人が手を挙げて落札してしまうかもしれないのです．

ダッチオークションからの収益の期待値は理論上はファーストプライス

オークションと同じですが，現実にはダッチオークションでは入札額および売り手の収入の分散が少ないことが，Riley & Samuelson（1981）によって示されています．

■ 耐戦略性とセカンドプライスオークション[7]

　セカンドプライスオークションの下では，「最高の入札額を提示した者が次点の入札者の価格で落札する」というルールの下で，自身の評価額をそのまま入札することができるため，嘘をつく必要がありません（耐戦略性）．落札者には，入札価格から次点の入札者の入札価格を除いた余剰が常にプラスになることが保障されています．ファーストプライスオークションでは，正直に評価額を入札すると余剰がゼロとなることから，落札後の余剰を確保しうるよう第2位の入札者の評価額＋1ユニットだけ高く入札することが最適戦略となります．したがって，耐戦略性はありません．

　「勝者の支払額がゼロ以上，入札額以下」で「敗者の支払額がゼロ」になるという性質を個人合理性の条件といい（後ほど説明するオール・ペイ・オークションでは敗者も支払います），これを満たしながら耐戦略性があるのはセカンドプライスオークションだけであることが，Sakai（2008）によって証明されています．

■ 出品者は自分のオークションをどのように制度設計するのか

　入札者にとっては意思決定の問題は，「入札するか，入札しないか」「いくらで入札するのが最適か」なのですが，出品者にとっての問題は，与えられた制度の下で，可能な限り高い入札額を得ることです．例えばヤフオク！においても出品者はかなり多くの制度設計をすることができ，「最低入札価格をいくらにするか」「最低落札価格を非公開で設定するか否か」「即決価格を設定するか否か」「何日間の入札期間を設定するか」といった多くのバリエーションを持つことができます．

　まず，即決価格を設定するということは，潜在的入札者を売り手の評価値

7　セカンドプライスオークションの耐戦略性の証明は，講末の**補論**で Cox, Roberson & Smith（1982）によるものを紹介します．

以上の希望価格に設定することを意味します．潜在的入札者は少なくなりますが，入札してきた場合は自分の評価額以上の希望価格ですので，一定の利益を確保することができます．即決価格を付けている出品者は個人よりも業者が多く，仕入れ値に利益を上乗せして即決価格を付ければよいからでしょう．

　次に，最低入札価格を設定することで，明らかに出品者が損をするケースを排除することができます．Myerson（1981），Riley & Samuelson（1981）は，出品者が入札者の評価額の分布を知っている場合（市場に頻繁に出品される定番のような財ではわかりますね）には，最低入札価格をうまく設定することで，出品者が期待収益を最大にすることができる可能性があることを論じています．例えば最低入札価格を高くしすぎると，潜在的な入札者が減ってしまいます．入札者が少ないと第1入札者と第2入札者の差が大きくなることにより落札者の余剰が増え出品者の利益が減ります．できるだけ多くの参加者を集める方法とは，最低入札価格を低くすることなのです[8]．

■ ロレックスの入札開始価格が1円である理由

　ヤフオク！において，非常に高額なはずのエルメスのバッグや希少なロレックスの腕時計などが，しばしば1円から入札可能になっています．新品や美品であれば，落札価格はどう考えても100万円を超えます．それなのに，なぜ1円から開始するのでしょうか？　ビンテージのロレックスや絵画など，

---

[8]　Milgrom & Weber（1982）は，入札者が受け取る情報に留意して，精緻な制度設計の比較を行っています．まず，共通価値オークションにおいても各入札参加者が真の価値に関して，共通した確率分布から互いに独立したシグナルを受け取るのであれば，収益同値定理は私的価値オークションと同様に成立します．ところが，共通価値オークションでは，真の共通価値に関して各入札参加者が受け取るシグナルが互いに正の相関を持つことによって公開型の競り上げオークションと封印入札オークションにおいて期待収益は異なることを示しています．競り上げ方式においては，例えばどの参加者にとっても，真の共通価値が高い場合に，オークションの過程で入札額の表明から，自分以外の入札者も真の共通価値が高そうだということに気が付くので，落札価格は高くなります．したがって，オークション過程が観察不能な封印型のオークションよりも，売り手の得る期待収入は大きくなります．したがって，収益同値定理はもはや成立しません．

　入札者の価値評価が相互に依存する仮定をすると，出品者の期待収益は競り上げ式の英国式オークションが最も高くなります．セカンドプライスオークションが続き，封印入札ファーストプライスオークションとダッチオークションが最も低くなります（ダッチオークションも他人の入札から学ばないからです）．さらに，この論文では，出品者の情報開示戦略について，例えば一般的に必要とされる情報だけを開示するほうが良いのか，可能な限り正直にすべて開示するほうが良いのかについて理論的に考察して，開示は多いほうが良く，正直にすべてを開示する戦略の優位性を導き出しています．

他人がそれをどう評価しているのかは，ある程度しかわかりません．自分の評価はわかっているが，ほかの人の評価がわからない場合を，私的情報オークションといいます．

このとき何が起きるかを Aliprantis & Chakrabarti（2000）の定式化に沿って理解しましょう．全入札者の評価分布が，一様分布であり，その価値が $[\underline{v}, \bar{v}]$ の間であることがわかっているケースを仮定します（最低入札価格と即決価格がわかっている場合にはこのようなことが実際に起きます）．このとき入札者 i は価値 v の確率密度関数を

$$f_i(v) = \begin{cases} \dfrac{1}{\bar{v} - \underline{v}} & \underline{v} < v < \bar{v} \\ 0 & \text{上記以外} \end{cases}$$

と表現することができます．言い換えれば，入札者 i が自分の評価 v が最も高くなっていると考える可能性は，

$$p_i(v_j < v) = \begin{cases} 0 & \text{if} \quad v < \underline{v} \\ \dfrac{v - \underline{v}}{\bar{v} - \underline{v}} & \text{if} \quad \underline{v} \le v \le \bar{v} \\ 1 & \text{if} \quad \bar{v} < v \end{cases}$$

となることがわかります．自分の価値が最高入札価格より上ならば確実に落札できるので，変数として考える必要はありませんので，自分の入札価格は最低入札価格の関数 $b_i(\underline{v})$ となります．n 人の入札者であれば，入札の最少ユニットを w として，

$$b_i(\underline{v}) = \frac{1}{n}\underline{v} + \frac{n-1}{n}(v - \underline{v}) + w$$

となります．次の例において $\underline{v}=0$，$v=100$，$w=0.1$ のとき $n=2$ ならば $b_i(100)=50.1$，$n=3$ ならば $b_i(100)=66.7$ となります（講末の**補論**参照）．

今，入札参加者が 2 人であり，リスク中立であり，入札者の価値が一様分布に従っていることがわかっていると仮定します．1 円から入札できるならば（0 円が最低価格としてもほとんど同じですので），自分が 100 万円と評価しているとき，ライバルは 200 万円の評価をしているか，または 50 万円と評価していることになります．もし，ライバルの評価が 200 万円ならば，落札

することは不可能です．しかし，ライバルの評価が 50 万円ならば，50.1 万円を入札すれば落札できます．そのとき，入札者の余剰は 100 万円マイナス 50.1 万円の 49.9 万円となります．出品者が最低落札金額として 51 万円を設定していたならば，ライバルが 50 万円なら入札してこないので 51 万円で落札します．

　入札者が 3 人になったとしましょう．今度も他の 2 人のうち 1 人でも自分よりも高い評価額を持っているのであれば落札できないので，そのケースを考える必要はありません．自分が 3 人のうち最も高い評価額であった場合，一様分布の仮定から残りの 2 人の評価額は 66.6 万円と 33.3 万円となります．したがって，66.7 万円を入札する必要があります．入札者が 1 人増えただけで，入札価格を，16.6 万円高くする必要があったことに注目してください．出品者の側に立てば最低入札価格を下げることで入札者を増やし，16.6 万円も収入が増えたのです．

　現実の 1 円入札が可能なヤフオク！では，はじめは 5 円，10 円，100 円とそろりそろり価格が上がり，静かに，しかし確実にライバルが増えていきます．入札者が 1 人増えるごとに，入札額は，評価額に近づいていき，入札者の余剰は少なく，出品者の収入は多くなっていきます．このように入札価格を予想するのは相手がどのような戦略をとってきても自分に優位になるように行動する均衡戦略であり，さらにリスク中立的であることを仮定していますので，リスク中立ナッシュ均衡（Risk Neutral Nash Equilibrium, RNNE）といいます．これこそが，1 円から入札させる出品者の目的です．ヤフオク！で出品されているものは，珍しい宝石など希少性が高いことが少なくありません．希少性が高いときには設定されている入札期間も長くなります．出品者は，多くの参加者に評価額を表明してもらい，できるだけ高い金額での取引成立を望んでいるのです．

　ヤフオク！はセカンドプライスオークションですが，封印されておらず，連続入札タイプのオークションです．耐戦略性を満たしていて，入札者の余剰も確保でき，かつ出品者も収入を得やすい制度設計といえるでしょう．

　それに対して，メルカリでは即決となっています．その理由は，誰でもその評価がわかるような日用品が多く，同質の財を出品している人を同時に見

つけることができるからです．メルカリは，ダッチオークションに似ています．なぜならば，出品者は誰からも入札の手が挙がらないならば，即決価格を下げるからです．

■ オール・ペイ・オークション

通常のオークションでは，参加費や時間などを除いて，勝者のみが落札したものに対して対価を払いますが，全員が費用を払うのが，オール・ペイ・オークションです．身近な具体例としては，結果的に敗者となった人も費用を支払う選挙などがあります．実は，ライバルが存在するときの恋愛もオール・ペイ・オークションへの参加です．人気者にアプローチしようとして，ご飯をごちそうしたりするのは，すでにオール・ペイ・オークションに参加している状態です．これを読んでいるあなたが恋愛というオークションの勝者でありますように！

All PAY AUCTION

2.2 勝者の呪いと談合----------------------------

■ オークションされる財の価値が共通だが事前にはわからないとき

あなたが今からファーストプライス封印オークションに参加して，次の出品物を競り落とすことを考えてみてください．

出品物は，15回の講義のうち，1回を堂々と休む権利です．講義資料は配布されます．ただし休める日は先生が決めます．入札はお金ではなく，先生（講師）の授業やその準備をお手伝いしてくれる時間にします．

[質問]　あなたは1回休む権利のために何時間先生のお手伝いをしますか？最も長い時間を回答した人に，その権利が譲られます．

　　　　　　　　回答　⇒　私は＿＿＿＿時間で入札します．

　この場合，その価値はどれくらいになるのか，かなり不確かになります．一日平日を休みにして，混んでいないディズニーランドなどの遊興施設に行くのも良さそうですよね．ただし，休んで良い日は先生が決めるので，晴れた気持ちの良い日になるかはわかりませんし，また期末の試験直前など休むメリットがない日になるかもしれません．したがって事後的にはある日に休む価値は共通でわかるのですが，事前にはわかりません．

　実は，このように価値が事後的には共通だが，事前には不確実なもののオークション（共通価値オークション）では，落札した人が必ず損をするという現象が見られるのです．オークションの勝者が必ず損をするという意味で，「勝者の呪い（Winner's Curse）」と呼ばれています．勝者の呪いに気が付いたのは学者ではなく石油採掘会社に勤める3人のエンジニアでした．

　彼らの論文（Capen, Clapp & Campbell（1971））はオークションで落札した石油採掘権からの収益が年々下がっていることについて問題喚起をするところから始まっています．石油採掘権のオークションにおける採掘権の価値は，事後的には採掘される石油の価値によって決まり，すべての入札者にとって同じであると仮定することができるので，共通価値オークションとなります．それにもかかわらず必ず落札者が損失を被ることになり，その意味で「呪われている」というのです．なぜそんなことになってしまうのでしょう？

　ある企業が入札に参加し石油採掘権を落札できたとしましょう．落札した採掘場からどのくらいの石油が採掘できるかについては不確実性が大きく，採掘権の真の価値の見積もりにはバイアスが存在するうえ，入札者間での見積もりにはばらつきがあります．そのため各社の入札額の平均値こそが，真

の価値に近いはずです．そのうえファーストプライスオークションでは，一番高い価格で落札した企業が落札するしくみですから，入札額が評価額そのものとなっており，落札者は，損をしている可能性が非常に高いといえます．

　日本版の『セイラー教授の行動経済学入門』の表紙には，瓶に入った小銭の写真があります．これは，上記の問題提起を実験室で再現した Bazerman & Samuelson（1983）によるオークションを表現しています．

> 　ボストン大学のミクロ経済学のビジネススクールの大学院生，したがって経済理論にかなり精通している学生を被験者として，8 ドルが入っている（けれど小銭の混合なので正確にはわからない）瓶について，48 回（12 クラス×4 回）のオークションを行いました．
>
> 　彼らの瓶の中身の推定額の平均は 5.13 ドルで 8 ドルを下回っていました．さらに学生はリスク回避的でした．したがって，勝者の呪いは観察されないかと予想されましたが……実際に落札した人の平均価格は 10.01 ドルで，2 ドルも損をしていました．

　Kagel & Levin（1986）では，入札のグループサイズが 3 人から 4 人では勝者の呪いは起きず，6 人から 7 人では起きてくることを発見しました．さらに入札者がその均衡値から推定して高すぎる価格を入札していることが判明しました．勝者の呪いを現実社会にあてはめると，スポーツ選手の高すぎる契約金や，企業買収の取得価格においてしばしば見られる系統的なエラーとなります．社会的重要性が高い問題と考えることができるでしょう．

　冒頭に挙げた授業を休む権利の価値は，完全な共通価値とはいえませんが，多くの学生にとって授業 1 回分 90 分の時間価値は，バイトの時給から概算できます．しかも，休めば 1 回分の授業料を無駄にするので，本当はたとえ 1 分と書いていても損をしています．

2.3 スミスによるダブル・オークション‥‥‥‥‥の実験

■ ダブル・オークションの資源配分機能と神の見えざる手

今までのオークションはすべて片側オークションでした．これに対して，売り手と買い手が互いに価格や個数を交渉する場をダブル・オークションといいます．バーノン・スミスはダブル・オークションの実験を，カードを用いたオープンアウトクライ方式（声に出して希望取引価格を伝える方法です）によって教室で行っています（Smith（1962））．

被験者（大学の学生です）が架空の財の買い手と売り手に分けられ，数字の書かれたカードをもらいます．

買い手はその数字より高い価格で買わないように，売り手はその数字より安い価格で売らないように指示されました．財は 1 ユニットのみ与えられました．

被験者全体には実験室の需要曲線（ある価格の下でどれだけ当該の財を欲しいと思う人がいるか）および供給曲線（ある価格の下でどれだけ当該の財を手放したいと思う人がいるか）が与えられています．

スミスは様々な需要曲線と供給曲線の下で，取引価格が，需要曲線と供給曲線が交わる均衡価格に近づき，取引量も理論が示唆する量に近づくことを観察しました．しかも，中央集権的に取引を成立させるディーラーが存在しなくても近づくことが観察されたのです（スミスはそのことはそれほど論文中で強調していません）．これこそまさに，アダム・スミスが表現するところの「神の見えざる手」であり，市場の資源配分機能が発揮されていることを経済実験によって検証した金字塔的な実験だったのです．

教室でこの実験とよく似た条件で実験をしてみると，実際に均衡価格にあっという間に近づきます．筆者が敬愛大学や慶應義塾大学において，300人以上の授業で行ったときにもそれを観察しました．そしてルールを理解しながらも破って損失を出しながら取引してしまう学生が 1 割程度現れます．とにかく取引をしたいという気持ちが強くなってしまうようです．

■ 収益同値定理の実験による検証

Cox, Roberson & Smith（1982）は実験によって，ヴィッカリーの仮定がもたらす収益同値定理が実現するのかどうか，またどの制度が効率的なのかを評価しました．ヴィッカリーが仮定したように，入札者がリスク中立なのであれば，ファーストプライスオークションの平均値＝セカンドプライスオークションの平均値＝ダッチオークションの平均値となるはずですが，実験で観察された結果は，ファーストプライスオークションの平均値＞セカンドプライスオークションの平均値＞ダッチオークションの平均値となったのです．したがって彼らはヴィッカリーのリスク中立の仮定は強すぎると結論付けています．

さらに彼らは，$N=3, 4, 5, 6, 9$ 人について実験を行い，$N=3$ のとき以外は，リスク中立を仮定したときの理論値よりも有意に高い価格で入札が行われるという頑健な結果を得ています．また同じ実験によって，封印英国式よりもダッチオークションのほうが理論値から外れる頻度が高いという意味で非効率的であることが示されています．後に，McCabe, Rassenti & Smith（1996）はコール市場のように，複数の財が同時にオークションにかけられる場合にも，ダッチオークションの入札価格が理論値より上に乖離しやすく非効率的であることを示しています．

補論 セカンドプライスオークションの‥‥‥‥‥ 耐戦略性の証明

オークション理論では，入札者同士の競争をゲームの理論としてとらえるため，ナッシュ均衡解としてセカンドプライスオークションの優位性を証明している教科書が多いのですが，Cox, Roberson & Smith（1982）では，期待効用理論を用いてそのことを簡潔に証明しています．以下に紹介します．

（主観的）期待効用理論によって個人が入札していると仮定し，入札価格 b_i の下で落札できる主観的確率関数を $F(b_i)$ とすると，効用関数は，入札価格と評価額との差になるので $u(v_i-b_i)$ と表現できます．したがって期待効用は，$U(b_i)=F(b_i)u(v_i-b_i)$ となります．

ファーストプライスオークションでは，効用の1階の微分がゼロであり，2階微

分が負の値になることを仮定すると（つまり効用関数は凹関数でありリスク回避的であるとすると）期待効用が最大化されているときには，1単位入札額を高めて入札の確率を高めることからくる $F'(b_i)u(v_i-b_i)$ の高まりとそれにより減るであろう限界収入の減少 $F(b_i)u'(v_i-b_i)$ が相殺されてゼロになるはずなので，効用最大化の1階の条件

$$U'(b_i)=F'(b_i)u(v_i-b_i)+F(b_i)u'(v_i-b_i)=0$$

を満たすような b_i が存在するはずです.

　ある価格 b_i^* が期待効用を最大化しているのであれば1階の条件から，

$$u(v_i-b_i^*)=-(F(b_i^*)/F'(b_i^*))u'(v_i-b_i^*)$$

を満たします. 効用関数 u の逆関数をとることによって，

$$b_i^*=v_i-u^{-1}((F(b_i^*)/F'(b_i^*))u'(v_i-b_i^*))$$

であることが導かれました. この式から，入札価格と評価額の間には乖離があることがわかります. b_i^* は留保価値 v_i の関数であり，どの程度評価額より低い価格で入札するかについての戦略を表しています. 入札価格を評価額より1ユニット低くしたときに入札確率がどの程度低くなり，それと同時に1ユニット低く入札できたことで高まる限界効用を考慮に入れています. このことから，ファーストプライスオークションは，正直に入札することが保証されておらず，パレート効率性を一般的には満たさないことがわかります[9].

　セカンドプライスオークションでは，もしも自分が落札できたとしても，第2位の入札者の価格を支払えばいいのですが，封印入札オークションであれば第2位の予想が必要になります. 連続価格で入札できるとして，自分が $b_i \in [\underline{Y_i}, \overline{Y_i}]$ で実際に入札した場合の期待効用 V は，落札しうる価格の範囲における最低価格を入札した場合から，入札価格の間の価格を，相手の入札価格 y の予想によって積分した価値になります. 第2位入札者の価格が y_i であることの予想が累積分布関数 $G_i(y)$ で表現されるとすると，自分が b_i で入札したときの期待効用 V は

$$V_i(b_i)=\int_{\underline{Y_i}}^{b}u_i(v_i-y)dG_i(y)$$

によって表されます. 期待効用最大化の1階の条件は，

9　パレート効率性が満たされるときとは，入札者全員が同じリスク選好であり（つまり同じ効用関数で），かつほかの入札者の予想も同じであると考えるときだけとなります.

$$V_i'(b_i^*) = u_i(v_i - b_i^*)G_i'(b_i^*) = 0$$

したがって，効用関数の形状にかかわらず，

$$b_i^* = v_i$$

となります．封印入札セカンドプライスオークションでは，入札者全員が需要を正直に表明することが最適な戦略となり，自分だけ嘘をつくインセンティブがないので，パレート効率性を満たします．オークションをゲームとして叙述したときには，正直に評価額を入札することが支配戦略になることを意味しているので，ナッシュ均衡戦略でもあります．セカンドプライスオークションは理論的に優れた制度なのです．

一方，ダッチオークションはパレート効率性を満たさないことも示されています．それは，ダッチオークションの本質（理論値）が封印入札ファーストプライスオークションと同じになるため，ライバルの入札についての予想に基づいて，本当の評価額より低い価格で競り落とそうとする戦略をとり，需要関数を顕示するような配分にならないからです．

ここまでの理論的な帰結は期待効用仮説を採用した場合であり，ナッシュ均衡による戦略ではありません．ファーストプライスオークションについてのナッシュ均衡戦略（入札価格）は，n 人の入札者がいて，ヴィッカリーが仮定したように，全員がリスク中立であると仮定すると，

$$b_i = ((n-1)/n)v_i$$

となります．ここで n 人のライバルの価値（評価額）が $[\underline{v}, \overline{v}]$ の間の一様分布であると仮定すると，入札額は，以下のようになります．

$$b_i = \underline{v} + ((n-1)/n)(v_i - \underline{v})$$

入札者が全員リスク中立的であるとき，入札者の消費者余剰は

$$v_i - b_i = \frac{1}{n}(v_i - \underline{v})$$

となり入札者の人数 n が増えるほど急速に利益が小さくなります．1円から入札できるように出品者が設定する理由を確認できました．

《勝者の呪いの例を考えてみましょう》・・・・・・・・・・・・・・・・・・・・・・・・・・・・・・・・・・・・

[1]　日常生活において，勝者の呪いが起きていると思われる事例を考えよう．

[2]　企業買収の例を調べて，適切価格であったかどうか株式市場の評価によって検証してみよう．買収後に買収した側の株価が下がっていたケースを探してみましょう．

第3講
確実性下の意思決定理論

■無意識に行っている私たちの選択の中で，選択の結果がわかっていることがあります．例えば，行きつけのカフェでいつもの飲み物を頼んだ場合，そこから得られる満足はほぼ確実にわかります．ところが，このような簡単なはずの選択においても，私たちは間違えてしまうことがあります．行動経済学者は，そのエラーに系統だった特徴があることを発見しました．この講では，確実性下の意思決定について，経済理論の仮定がいかなるケースで満たされないかを明らかにしていきます．

3.1 顕示選好の弱公理と合理的な選好の仮定…

■ 経済学は数学の理論で成り立っている

経済学と経営学は，大きく分けると経済のことを扱っているのですが，その内容はかなり異なります．経営学は経験則を理論にまで高めたものといえるのですが，経済学はより精緻な論理の帰結に基づいた学問です．その証拠にミクロ経済学の講義を1回休んでしまうと，先生が何を話しているのかがさっぱりわからず，授業についていくのが難しくなります．これは，経済学が仮定の積み重ねによる仮説（命題）を導き出し，その命題の束によって，どのような場合にもあてはめることができる，汎用性のある理論を導き出しているからです．ときに抽象的すぎると感じるのもそのせいです．

例えば経済学ではある命題「AならばBである」そして別の命題「BならばCである」といえるのならば，論理的な帰結として「AならばCである」と結論付けます．この条件は推移性（transability）といって，選好の理

論のはじめに習う仮定の一つです．もしもこの推移性が成立しないならば，3つ以上の選択肢があるときに，一番好きなものを決めることができません．経済学では仮定の束から導き出された命題や公理は証明されなければなりません．証明された世界は時に対称性を持ち美しさもあります．実験経済学者はそれが現実世界を十分に表現していないときには，どの仮定が現実的でないのかについて検討し，現実の世界に近づけていく作業を行ってきました．リチャード・セイラーが主張するほど「エコノ」は理論を信じ切っているわけではないのです．

■ 合理的な選好の仮定

　ある人がスターバックスに入って，夏にホットコーヒーを頼んでいるのを見たら，行動に現れた選好，すなわち顕示選好から彼の「紅茶よりコーヒー」「アイスコーヒーよりホットコーヒー」といった選好を知ることができそうです．しかし厳密には，その人の行動のつじつまが合っている，つまり整合的である必要があります．経済学が要請する整合的な選好の仮定は以下の通りです．集合 S からの選択肢 $x, y, \cdots$ について，

【反射性】　どのような $x \in S$ についても，$x > x$ ということはない．

【完備性】　どのような $x \in S$, $y \in S$ についても，$x \succsim y$ または $y \succsim x$ である．

【推移性】　x, y, z について，$x \succsim y$，かつ $y \succsim z$ であるならば，$x \succsim z$ である．

【独立性】　どのような $x \in S$, $y \in S$, $z \in S$ についても，x, y, z について，$x \succsim y$ であるならば，$x + z \succsim y + z$ である．

　反射性は，全く同じものを比較してどちらかが好きということはないという自明なことであり，完備性はどちらが好きか選べるということです．推移性は論理の破綻がないということです．独立性とは，x と y についての選択が，関係のない選択肢に影響されないことを意味しています．

3.2　合理的な選好の仮定とその破れ・・・・・・・・・・・・・

■ 選べない！

　現代では 30 代以上の男女の間では婚活がブームです．中には，50 人以上とか 100 人以上とお見合いする人もいるようです．婚活には時間もお金もかかるので，早く決めたいところですが，多くの人がなかなか結婚相手を決められないようです．その理由を説明しうるのが，トヴェルスキーとカーネマンの Gain-Loss 関数における参照点という考え方です．

■ エイモス・トヴェルスキーの発見：心の距離

　確実性下の意思決定における選好の理論の破れは，経済学者によっても指摘されてきましたが，心理学者は，選択の背後にあるメカニズムについて，より少ない先入観によって理解しようとしてきました．

　マイケル・ルイスの著書『かくて行動経済学は生まれり』の中に，トヴェルスキーが，類似性における対称性の破れについての観察を通じて，「人の心は距離で測れない」ということを発見したとあります．人の心が距離では測れないとはどういうことなのでしょう．トヴェルスキーの例を現代風にアレンジして提示すると，あなたの友人の一人が，歌手の "あいみょん" に似ている，ということはいえますが，"あいみょん" が友人に似ているとはいいません．またドバイは東京に似ているんだといわれれば「へえそうなの」と納得できますが，東京はドバイに似ているといわれると，先入観が東京にあるため違和感を覚えます．このケースでは比較における対称性が失われているのです．

　2 つの選択肢について考えるとき，どちらを基準（ベンチマーク）とするかによって意思決定が変わってしまうならば，"駅から家までの距離と家から駅までの距離は同じ" であることを保証するユークリッド空間上において選好を定義する規範的経済学から得られた帰結は全否定されます．ところが，現実には例えばある環境が 10% 悪くなることを受け入れるための補償額（WTA）をたずねると，その環境を 10% 改善するために支払ってもよいと考

える金額（WTP）の数倍になるといったことが観察されています（**第10講**で解説）.

　経済学が依拠している数学は美しい対称性を持っており，プラスの象限とマイナスの象限で，ものさしの目盛りが異なることはありません．しかし，私たちの心の目盛りは決して対称的ではなかったのです．行動経済学者が経済学にもたらしたもので，最もインパクトがあった発見は，Tversky & Kahneman（1979）のプロスペクト理論（詳しくは**第4講**参照）によるものであり，私たちがある量のお金を得たときの喜びと，同じ量を失ったときの悲しみは異なり，悲しみは喜びの 2.25 倍になるというものでした．Gain-Loss 関数といって，損得の量と，それによる価値（効用）を図にすると，第一象限に描かれる利得の増加による喜びの大きさの増加を表す正の傾きと，第三象限に描かれる，損失の増加による悲しみの増加を示す負の傾きとは同じではないことがわかったのです（図4-8参照）．恋愛についてあてはめると，過去に付き合った人や，今までに出会った一番素敵だった人が参照点になり，今日の相手が見劣りする可能性がありそうです.

3.3　数理経済学者による解釈--------------------

■ 文脈に依存する選択

　個人の選択において観察される推移性の破れは「エコノ」の考えだと「例外」となります．例外的と思われるような選択はアノマリー（anomaly）と呼ばれ，行動経済学者による研究の対象となりました．しかし選択のアノマリーについて熟考してきたのは，行動経済学者ばかりではありません．1998年に貧困に焦点をあてた研究でノーベル経済学賞を受賞したアマルティア・センは，顕示選好の公理が破れる例についての仮説を提起しています.

　Sen（1997）では，時として人々が意欲的な選択として（経済学が通常仮定するような）最大化をしておらず，（仕方なく）最適化をするケースを提示しています.

あなたはガーデンパーティに着きました．招待されたパーティ会場で，素晴らしい座り心地のソファを見つけたものの，パーティのホストが勧めてくれないため，遠慮をしてそれほど好きでない椅子に座るという決断をすることにしました．

　つまりパーティのような他人の評価や他人への思いやりが重視される場所では最大化できないというのです．これをセンは，「選択者依存」と呼んでいます．

　一番素敵な椅子に座らなかった理由としては，①思慮深い人であるという「評判」を得るため，②社会的なコミットメントと道徳的な欲求，③もしも一番良いソファにダッシュしてなだれ込んだら人々がその行為を見てどう思うかを考える，④単なる慣習により適切と判断した，⑤進化論的な選択である，などの様々なものを挙げています．センはこのほかにも，選挙において投票に行くことは，政治にどれくらい参加できるかということと関係なく，果たさなければならないという「責任感」からの選択行動であるといった事例も紹介しています．

　私たちの選択がいつも自分の欲求（選好における最上位のもの）に従っているわけではなく，社会の中では「評判」「倫理」「慣習」といった様々な要素に影響を受けながら，選択をしているという考え方によるものであり，「集団的選択」や「社会選択」の理論へとつながっていきます．

　また職業倫理については同じ“サボる”という行動を観察したとしても，①意識的に仕事を減らす，②周りに同調して何となく怠ける，のどちらなのかわからないが，同調して怠けるのは，強い意志がいらないという意味で，行いやすいという興味深い指摘をしています（なんと同論文の中で日本の職業倫理は働くことに喜びを感じると言及されています）．①は**第1講**で紹介した行動経済学における**システム2**に，②は**システム1**に対応していますね．

　Sen（1997）においてはさらに，「選択のメニュー依存」があるとき，サミュエルソンによる顕示選好の弱公理すら満たさなくなる例を挙げています．

　パーティではお皿のフルーツを1個ずつ取ることができます．あなたは，

もう一人を含めた最後の2人となりました．マンゴーは1個，リンゴは2個あります．あなたはリンゴとマンゴーを比較すると絶対的にマンゴーが好きです．もちろんマンゴーを取りたいのですが，紳士なので涙を呑んで（ほかの人もマンゴーが好きだろうという考えもあり）リンゴを取ります．もしも皿の上に，マンゴーが2個，リンゴが2個乗っていたら，あなたはマンゴーを選ぶでしょう．だって，あなたがマンゴーを選んでも，次の人もマンゴーを選べますもんね．

これはマンゴーを x，リンゴを y としたとき，$C(x, y, y)=y$ でありかつ $C(x, x, y, y)=x$ となる例ですから，大きい集合から選ばれたものはより小さい集合からも選ばれるはずであるという選択の縮小性を満たしていません．また小さい集合から選ばれたリンゴが，それを含む大きい集合から選ばれないという意味で拡大性も満たしていません．

繰り返しになりますが，センの解釈の特徴は，ある個人の選択行動が非合理的に「みえる」すなわち選好理論から外れるときにも，その人が「熟慮」を行った末であるという点にあります．これに対して，行動経済学者は脳の中の近道的な反応である「システム1」が非整合的な行動を引き起こすとしている点で異なります[1]．

■ セルフ・コントロール

顕示された行動から本当の選好がわからないもう一つの例として「セルフ・コントロール」の問題があります．「セルフ・コントロール」は心理学のテーマとしては長い歴史があります．ジョージ・エインズリー（Ainslie, G.）は，その著書 *"Picoeconomics"*（1992）や *"Breakdown of Will"*（2001）の中で心理学者がいかにそれらの問題に向き合ってきたのかについて述べていま

1　また，経済学者が信頼を置いている「インセンティブメカニズム」について，行動経済学者は，それがすべてではない（またはそれほど機能しない）と考えています．何故ならば，インセンティブメカニズムは，熟考が必要なシステム2を利用している人には機能するものの，システム1を利用している人にはそれほど機能しないかもしれないからです．経済学と心理学の違いについての端的な評価は心理学者のエインズリーを含む Ross, Ainslie & Hofmeyr（2010）の表現 'incentives are a subset of the set of psychological factors' に見ることができます．経済学者は問題を絞り込みすぎており，心理学者はもっと広い意思決定の要因にフォーカスしていると彼らは示唆しています．

す．"*Picoeconomics*" の中に 'economics' が入っているように，彼は心理学者と経済学者のモデルの橋渡しを早くからした人物であり，例えばゲーリー・S・ベッカー（Becker, G. S.）の嗜癖モデルにおいて，煙草の価格が安くなれば多く煙草を買い，高くなれば節約することなど一定の合理性を持ちながらも，嗜癖財を楽しむ人が，嗜癖から逃れられないケースを導いていることなどを評価しています．Becker（1988）は嗜癖財を消費する人の効用が消費が過去からの消費のストックの量にも影響されており，効用が嗜癖財の消費からのみならず，嗜癖財の蓄積量からも得られるが，嗜癖財が蓄積すると，以前と同じ消費量では満足できないという性質を持っているため，自分の意思と関係なく以前よりも多く消費しなければならなく感じる「強制的消費（compulsory consumption）」などの側面を整合的選好の下で説明することに成功しています．こうした嗜癖以外の文脈でセルフ・コントロールが経済学において注目されるようになったのは，経済学の歴史の中で比較的最近です．

　Gul & Pesendorfer（2001）は，私たちがセルフ・コントロールを難しく感じるからこそ，大きな選択肢の集合からの選択よりも，小さな選択肢の集合から選ぶことによって効用が高まるということをモデル化し，経済学の世界を驚かせました．彼らの論文はこんなふうに始まります．

> 「ある女性がランチを選ぼうとしています．彼女はベジタリアン料理かハンバーガーにしようと思っています．午前中はそんなにお腹が空いていないので，健康的なサラダがいいと思うのですが，昼食時にはハンバーガーにかぶりつきたくなります．」

　ランチタイムのレストランに $\{x, y\}=\{$サラダ，ハンバーガー$\}$ の両方がある店に行くと，ハンバーガーすなわち y を選び，食べ終わって体重計に乗ってから後悔することになるでしょう．"彼女"がサラダを食べる意思を貫くならば，メニューに y がない店に行き，ダイエットに成功したほうがうれしい．このセルフ・コントロールへの選好は $\{x\} > \{x, y\}$ と表現することができます．ハンバーガーしかない店に入ればダイエットの機会がありませんから，朝の彼女にとって $\{x, y\} > \{y\}$ となることは自明です．したがってセルフ・コ

ントロールをしたい彼女の選好は

$$\{x\} \succsim \{x, y\} \succsim \{y\} \ ^2$$

となります。このようなセルフ・コントロールを伴う問題は，コントロールするためのコミットメントを含めて以下のように表現できます。

$$U(S) : \max_{x \in S} u(x) - \left\{ \max_{y \in S} v(y) - v(x) \right\} \tag{3.1}$$

u と v は，フォン・ノイマン=モルゲンシュテルン（von Neumann-Morgenstern, vNM）効用関数（経済学で最もよく用いられる効用関数。vNM の効用関数を導くための公理については**第5講**参照）です。(3.1) 式において，1つの最大化問題の中に，u と v という2つの関数があります。関数 v はお昼になったときの彼女の誘惑のランキング，つまり実際に食べたときに感じる幸せのランキングを，関数 u はダイエットのためのコミットメントの関数で，サラダとハンバーガーについて誘惑を回避できる朝のうちに感じている選好です。しかもサラダだけの店に行くことができる場合の，サラダとハンバーガーのセルフ・コントロールのコストになるのです。つまり，サラダを食べることそのものの幸せから，本当だったらハンバーガーを食べることもできたのにその誘惑を退けて誘惑に負けたい自分との間で妥協する，ということが U に取り込まれています。ここで y の誘惑の存在は常に彼女の効用を低下させることに気を付けてください[3]。効用の低下はハンバーガーを食べて満足したい自分と，痩せて満足したい自分の2人の自分の内的なバトルからきます（サラダを食べるよう勧める天使とハンバーガーを勧める悪魔のささやきですね）。この選択では，自分の中の別人格のアンビバレント（ambivalent）な戦いに常に勝っている人の顕示された u に主導された選好（サラダ）は，ハンバーガーを食べたときの本当の好みによる心の満足度 v を隠してしまうので，他人から見ると，この人はハンバーガーが嫌いなのかな？　と判断される事態

2　この条件はより一般的に集合 A と B について set betweenness という仮定（axiom）として表現できます。すなわち，$A \succsim B$ であれば，その集合の結びである $A \cup B$ は A と B の間に入り，$A \succsim A \cup B \succsim B$ が成立するという仮定です。

3　これが成立するためには，もし A が B に対して弱選好されるのであれば，$A \cup B$ が A と B の中間に位置付けられるという set betweenness の仮定が必要になります。

が生じるからです．その意味で顕示選好の弱公理が満たされていません．

　モデルには明示されていませんが，自分の中に自分を制する天使と自分を
甘やかす悪魔がいるならば，2つ以上の基準を持っていることによって起き
てくるアンビバレントな感情がついてまわります．そして天使が悪魔に敗れ
たとき，「後悔」がやってきます．後悔を引き起こしうる選択には，現代の
ように誘惑が多い社会では，ゲームのしすぎ，買い物のしすぎ，SNSへの
依存のしすぎなどいろいろとあります．「後悔」を予測して先回りし，悪魔
を眠らせることができるように，私たちは毎日意識的にセルフ・コントロー
ルをします．セルフ・コントロールは今と将来の選択という時間選好率の問
題と深く関わっており，**第9講**で再論します．

■ ナッジ：セルフ・コントロールにも助けが必要

　カーネマンは，その著書『ファスト＆スロー』の最終章で，「行動経済学
者が人間は非合理だということを示した」という記事にうんざりしたと書い
ています．そうではなく，ヒューマン（彼らによる普通の私たちの定義）はそ
れなりに合理的だが，頻繁に利用する**システム1**のせいで，合理的な選択
（本当に自分を利する）をするためには助けが必要であるといいたいだけだ，
と不十分な理解を嘆いているのです．この助けとはナッジ（nudge，優しく肘
を押す）と呼ばれています．最近，筆者が感動したナッジは，アメリカで最
も有名なチョコレートブランド「**GHIRARDELI**（ジラデリ）」のチョコレー

ト裏にあるカロリー表示です.

1個70 kcalの「70」の数字だけがでかでかとプリントされています. その警告はとっても親切で, セルフ・コントロールを助けてくれそうです. ところが, サンフランシスコの本店に行くと, そのチョコレートが一袋50個ぐらい入っている袋が山盛りに積み上げられて40ドルくらいで売られており, しかも, 「1個買えばもう1個タダ!」(これは欧米人が好きな「フレーミング」です)と書いてあります. 50個食べるんだったら100個食べても同じじゃない? という逆方向のナッジです.

ジラデリからのメッセージを要約すると, 「自制できるようにちゃんとカロリーをお伝えしていますが, たくさん食べることは自由です」という感じでしょうか.

ナッジという緩い制度設計のしくみについては**第14講**でお話しします.

3.4 行動経済学者による意思決定理論----------
: 典型的な行動経済学の問題

ここでは, 行動経済学における典型的な問題をいくつか挙げておきましょう. 原典のままの問題もありますが, 現代風にアレンジしたものもあります.

■ **アジア病問題** (Tversky & Kahneman (1981))

[質問1] 学籍番号の末尾が奇数の人はこの問題に回答してください.

アメリカで, 600人が死亡すると予測できるアジア病が発生しました. それに対して2つの選択肢があります.

①プログラムAが採用されると, 200人の人が助かる.

②プログラムBが採用されると, 3分の1の確率で600人が助かるが, 3分の2の確率で誰も助からない.

あなたならばどちらのプログラムが良いですか?

回答 ⇒ _____

> **[質問2]**　学籍番号の末尾が偶数の人はこの問題に回答してください.
>
> 　アメリカで，600人が死亡すると予想できるアジア病が発生しました. それに対して2つの選択肢があります.
> 　①プログラムCが採用されると，400人が死亡する.
> 　②プログラムDが採用されると，3分の1の確率で誰も死なないが，3分の2の確率で600人が死ぬ.
> 　あなたならばどちらのプログラムが良いですか？
>
> 　　　　　　　　　　　　　　　　　　回答　⇒ _____

　この「アジア病問題」は，問題の提示の仕方が異なると，全く同じ問題なのに回答が異なってしまうことを示す例であり，*Science* 誌に載ったものです. 生き残る確率によって表現された質問1では回答者152人のうち72%がプログラムAを選び，死ぬ確率によって表現された質問2では回答者155人のうち78%がプログラムDを選んだとあります. よく似た問題が，術後5年以内の生存率と死亡率の2つのフレームを用いて Tversky & Kahneman (1989) にも見られます.

　医療現場において，手術を受けるかどうかについての同意を得る際，「失敗する確率が p% あります」と告げると，「成功する確率が $(1-p)$% あります」と告げるときよりも，患者が手術を受けない決断をすることになるでしょう. このように，問題の提示の仕方（フレーミング）で問題の受け止め方が変わってしまい，意思決定に影響を及ぼすことは少なくありません.

■ 代表性（リンダ問題）(Tversky & Kahneman (1983))

　次の質問は，トヴェルスキーとカーネマンによる「リンダ問題」をアレンジしたものです. 以下に「あきら」さんについての記述があります. よく読んでください. あきら，は女性にも男性にも用いられる名前です.

> ・あきらは一人っ子です.
> ・あきらは通学の電車では動画でアニメを毎日観ています.

・あきらはアニメでは新海誠監督の作品がお気に入りです.

・あきらは将来アニメ雑誌の編集者になりたいと考えています.

・あきらはスマホゲームのロールプレイングゲームが好きです.

・あきらは深夜2時まで起きていて朝が苦手です.

[質問3] 次の記述のうち,どちらがより正しい可能性がありますか?

A. あきらは男性です.

B. あきらは男性で眼鏡をかけています.

回答 ⇒ ＿＿＿＿＿

　代表性は,何らかの問題を与えられたときに,人が直感のシステム1を駆使した結果,起きてしまう問題です.ここで,Bを選んだ人が多かったのではないでしょうか.しかし,Bの事象はAの事象の部分集合であり,あきらが男性である可能性より,男性でさらに眼鏡をかけている可能性は明らかに小さいのです.これは,アニメオタクのような人について代表的な人物像を思い浮かべたためで,「代表性ヒューリスティック」と呼ばれています.ここでヒューリスティックとは,判断をするときに用いる簡便法を指しています.こうした思い込みによる間違いは日常生活では繰り返されています.

■ 心 の 会 計 (Tversky & Kahneman (1981))

[質問4] 学籍番号の末尾が奇数の人はこの問題に回答してください.

　入場するのに1000円かかる劇場での演劇を観ることにしていたとします.劇場に来たとき,あなたは1000円札を一枚失くしていたことに気が付きました.あなたはチケットを買いますか?

回答 ⇒ ＿＿＿＿＿＿＿＿

[質問5] 学籍番号の末尾が偶数の人はこの問題に回答してください.

　入場するのに1000円かかる劇場での演劇を観ることにしていたとします.劇場に来たとき,あなたは買っておいたチケットを失くしていることに気が付きました.あなたはチケットを買いますか?

席は予約されておらず，払い戻しはできません．

回答 ⇒ ＿＿＿＿＿＿＿

原典では 1000 円が 10 ドルです．あなたの回答はどうだったでしょうか？実際に行われた実験では質問 4 において「買う」と回答した人は 183 人中 88％であるのに対し，質問 5 では「買う」と回答したのは 200 人中 46％だったのです．質問 5 では，チケットをすでに購入したために，チケットに 2000 円払わなければならないと感じることになるという心理会計（mental accounting）が働いたのです．

筆者は食べ物以外ほぼネットで買い物をするのですが，輸送費がある金額以上だと無料になるとき，支払金額は同じになるか，ほかの商品を追加したことで増えてしまうのに，何か買いたいものを一緒に購入して輸送費を無料にしようとする傾向があります．輸送には明らかにお金がかかるものなのに，なぜかそこにお金を払いたくないと考える心理会計が働きます．海外から輸入している場合など，自分が飛行機に乗って買いに行ってそれを持ち帰る費用を考えたら安いものですし，国内の商品でも，電車賃を使って買いに行き，荷物を持って帰宅することを考えると輸送費は決して高くないのに，無料がうれしいのは不思議です．

心理会計は，家計のポートフォリオ選択において，負債と貯蓄を同時に所有したり，株式保有などのリスクを嫌う一方で，宝くじを楽しんだりと矛盾して見える行為を説明するのにぴったりな理論であり，広くいたるところで観察できます．

《代表性ヒューリスティックスや心理会計の問題を作ってみよう》・・・・・・・・・・・・・・
　[1]　「リンダ問題」とよく似た代表制の問題を体育会に所属している人につい
　　　て作ってみましょう．
　[2]　意思決定におけるあなたにとっての心理会計は何でしょうか？　お金の使
　　　い方について書き出してみましょう．

第4講
リスク下の意思決定理論と行動経済学

■私たちの意思決定の結果の多くは確実ではなくリスクを伴います．リスクがある場合とは，将来起きる可能性がある事象が複数あり，それぞれの事象について生起確率および確率分布がわかっている場合を指します．そのような状況下での意思決定について，経済学はいくつかの仮説を提案してきました．一つの仮説に対して矛盾が提示され，それを説明できる新しい仮説が生まれると，さらにその理論における矛盾が示されました．行動ファイナンスおよび実験ファイナンスの分野は，それぞれの理論が説明しきれない現実を説明しようと追求する作業の中から生まれてきました．

4.1 セントペテルスブルグのパラドックス・・・・・

■ セントペテルスブルグのパラドックス

次の質問をよく読み，図4-1をよく見て回答してください．あなたは，このくじにいくら払うことができますか？

[質問] はじめに200円もらえます．コインを投げて，表が出たら（つまり2分の1の確率で）200円の2倍の400円となります．しかし，2分の1の確率で裏が出たら，200円をもらって終了です．表が出た人は，またコインを投げて，また表が出たら，400円の2倍の800円がもらえます．裏が出たら，400円もらって終了です．表が出た人は，もう一度コインを投げて，表が出たら800円の2倍の1600円がもらえます．裏が出たら800円で終了です．コインの表が出続ける限り，このゲームを続けることができます．i回表が出て終わったなら，もらえる金額は$2^i \times 200$円となります．

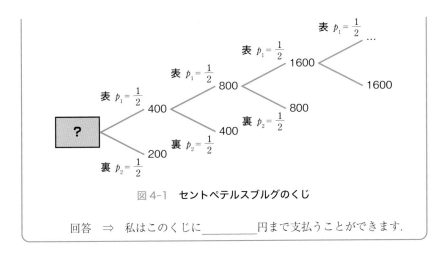

図4-1 セントペテルスブルグのくじ

回答 ⇒ 私はこのくじに＿＿＿＿＿＿円まで支払うことができます.

　あなたはこのくじに何円までならば支払うことができると回答したでしょ
うか？ 私の経験では, この問題に対してほとんどの人が400円までと回答
しています. 大学によって回答は多少異なるものの, 勝ち続ければ大きなリ
ターンが得られるくじを購入する権利に対して, 1000円以上支払うという
回答の人はほとんどいません.

　このくじをどのように評価するのか, その一つの回答として, 期待値（EV）
の考え方が利用されているかどうかを調べてみましょう. 期待値とは, 何度
も投資をすることができたときに得られる可能性のある価値（金額）の平均
値です. これから起きてくる状態が $i=0, 1, \cdots, n$ 個, 各状態において手に入
る金額が x_i, 各状態 i が起きる確率が p_i であれば,

$$EV = \sum_{i=1}^{n} p_i x_i$$

と表現できます. 問題としたくじの期待値を計算すると,

$$\frac{1}{2} \times 200 + \frac{1}{2} \times \frac{1}{2} \times 400 + \frac{1}{2} \times \frac{1}{2} \times \frac{1}{2} \times 800 + \frac{1}{2} \times \frac{1}{2} \times \frac{1}{2} \times \frac{1}{2} \times 1600 + \cdots$$

$$= 200 \left\{ \left(\frac{1}{2} \right)^1 \times 2^1 + \left(\frac{1}{2} \right)^2 \times 2^2 + \left(\frac{1}{2} \right)^3 \times 2^3 + \cdots \right\}$$

$$= 200(1 + 1 + 1 + \cdots)$$

$$= \infty$$

となって無限大となります。つまり何回も何回もこのくじを引くことができれば、平均して無限大のお金が得られます。例えば、9回続けてコインの表が出ると、このくじから得られる金額は、$2^9 \times 200 = 102,400$ 円と10万円を超えます。19回続けて表が出ると、$2^{19} \times 200 = 104,857,600$ 円となり1億円を超えます。23回続けて表が出ると、16.7億円となって2019年現在売られている年末ジャンボ宝くじの前後賞含めた1等10億円を超えます。

宝くじを購入してそのチャンスを手に入れるためには、1枚300円のくじを少なくとも10枚、3000円は購入しなければなりませんし、宝くじに当たる確率は（何人購入するのかがわからないため）事前にはわかっていないのに、多くの人が購入します。それなのに、図4-1の質問への回答の最頻値は筆者の経験上400円以下なのです。これは、セントペテルスブルグのパラドックスと呼ばれる謎であり、リスク下の意思決定理論はここから始まります。

■ 期待効用理論

ベルヌーイ（Bernoulli, D.）は、セントペテルスブルグのくじにおいて、表が何度も出続けたときの大きな金額の当たりを、小さな金額の当たりと比較したときと同じようには評価していないのではないかという仮説を立てました。例えば、19回続けて表が出たときの1億485万7600円のうれしさは、1回表が出たときにもらう400円のうれしさの262144倍（＝1億486万円／400円）よりずっと小さいのではないかと考えたのです。賞金が増えた分に対して喜びが増加する分が、賞金が増えるにつれてだんだん減っていく、そのような性質を包含する理論が期待効用理論（Expected Utility Theory, EUT）です。期待値によるくじの評価では、当たりの金額をそのまま評価しますが、期待効用では当たりの金額からの効用を客観的確率によってウエイト付けします。効用が限界的に逓減するという性質（消費が一単位増加するにつれて、効用の増加が減る、という性質で限界効用逓減の法則といわれます）を満たしている効用関数の一つとしてべき関数を仮定し、その一つとして $u(x) = \sqrt{x}$ と仮定すると、このくじの評価は、

$$EU = \frac{1}{2} \times u(200) + \left(\frac{1}{2}\right)^2 \times u(400) + \left(\frac{1}{2}\right)^3 \times u(800) + \left(\frac{1}{2}\right)^4 \times u(1600) + \cdots$$
$$+ \left(\frac{1}{2}\right)^{10} \times u(102400) \cdots + \left(\frac{1}{2}\right)^{24} u(1677721600) + \cdots$$

となります. 今, くじの評価は,

$$EU(x) = \frac{1}{2} \times (14.142) + \left(\frac{1}{2}\right)^2 \times (200) + \left(\frac{1}{2}\right)^3 \times (28.284) + \left(\frac{1}{2}\right)^4 \times (400)$$
$$+ \left(\frac{1}{2}\right)^{10} \times (56.568) + \cdots + \left(\frac{1}{2}\right)^{24} \times (40960) \cdots$$

となり, 22 回勝った時点で 8 億円手にしていて, 23 回勝った時点で約 16 億円を手にしますが, その効用の増え方は, 線形の効用 $u(x) = x$ のときには $u(16\,\text{億})/u(8\,\text{億}) = 16\,\text{億}/8\,\text{億} = 2$ 倍となりますが, $u(x) = \sqrt{x}$ のときには 8 億円増加するときの "喜びが増える増え方" が $u(8\,\text{億}) = \sqrt{8\,\text{億}} = 28284$, $u(16\,\text{億}) = \sqrt{16\,\text{億}} = 40000$ より, $u(16\,\text{億})/u(8\,\text{億}) = 0.41$ となり 0.41 倍にしかなりません. つまり, 大きく減っています. 例えば 200 円から 400 円に賞金が増えたときの "ヨロコビ" は, 1.41 から 2 にしか増えません. 賞金が 2 倍になっても, $\sqrt{2}$ 倍にしかならないからです. すると大きい賞金をあまり高く評価しないので, くじ全体の評価が高くならない, ということになりそうです.

　受け取る金額が 1 円増えると効用はどのくらい増えるのかについて知るためには, 効用をくじの結果の大きさで微分します. $u(x) = x^\alpha$ を仮定すると効用の増分は,

$$\frac{d}{dx} u(x) = \frac{d}{dx} x^\alpha = \alpha x^{\alpha-1} > 0$$

となります. もう一度微分をすることにより, $0 < \alpha < 1$ という条件から,

$$\frac{d}{dx} u'(s) = \alpha(\alpha-1) x^{\alpha-2} < 0$$

となって, 喜びの増え方は減っていることを確認できました.

　期待効用理論においては, 意思決定者による確率の評価は客観的な確率を用いていることを仮定しています. したがって, 各結果 (outcome) $(x_1, \cdots, x_2)$ が出現する可能性を足しあげると必ず 1 になります. つまり, $\sum_i p_i = 1$ です.

$$EU(x_i : p_i) = \sum_i p_i u(x_i)$$

■ 期待効用理論の数理的定義

　期待効用理論が成立するためには，いくつか意思決定者が満たしているべきくじへの選好と整合性についての仮定（公理）が必要となります．①ある事象の結果 x の集合 X を考えます．結果の集合 X が出る確率の集合を $\Delta(X)$ と表現します．②各 x に対して"くじ"が紐づけられており，それらの集合 L を考えます．③各結果に対して選好を考えることができるならば，それらの結果をもたらしうるくじに対する選好を考えることが，一定の条件の下で可能になります．くじの集合 L は空間 Σ において考えることができるとすると，$\Sigma(L)$ 上で選んだ P と Q というくじに対して「どちらかのくじがより好きか，どちらでもいいか」という選好を考えることができます．ここでは，有限個の結果に対して正の確率を与えるくじを離散的に考えます[1]．くじの結果が，$x_1, x_2 \cdots x_n$ であり，それぞれが起きる確率は $p_1 + p_2 + \cdots + p_n = 1$ を満たす $p_1, p_2 \cdots p_n$ によって与えられるとき，このくじを，フォン・ノイマン=モルゲンシュテルン（vNM）くじと呼びます．その選好が満たしていなければならない公理は以下の通りです．

(1) **弱順序**：選好関係≿は完備性および推移性を満たす．

　　完備性：任意の P と Q について，P が Q より弱選好されるか，Q が P より弱選好されるかを決めることができる．すなわち $P \succsim Q$ であるか，または $Q \succsim P$ であるかを決められる．

　　推移性：任意の P, Q, R があり，もしも $P \succsim Q$ かつ $Q \succsim R$ であれば $P \succsim R$ となる．

　さらに集合 L 上で複数のくじを組み合わせる"混合くじ"（compound

1　有限個の結果に対して正の確率を与えるくじの集合 L は，確率測度 P を用いて，$\sum_{x \in X} P(x) = 1$ と表現できます．#は濃度という概念で，集合の元の個数に近い概念です．$\#\{x \mid P(x) > 0\} < \infty$ とは，ある結果 x をもたらす確率が 0 よりも大きいような（起こり得る）結果 x が無限ではないことを意味しています．これを有限の台を持つといいます．

$$L = \left\{ P : X \to [0,1] \, \middle| \, \begin{array}{c} \#\{x \mid P(x) > 0\} < \infty \\ \sum_{x \in X} P(x) = 1 \end{array} \right\}$$

lottery）を取ることができると仮定します．あらゆる $P, Q \in L$（くじの集合 L の中から適当に取ったくじ P とくじ Q という意味です），あらゆる $\alpha \in [0, 1]$ に対して，混合くじ $\alpha P + (1-\alpha) Q \in L$ は，あらゆる結果 $x \in X$ に対して，

$$(\alpha P + (1-\alpha) Q)(x) = \alpha P(x) + (1-\alpha) Q(x)$$

によって与えられます．意思決定者が L 上のくじ P, Q, R に対して選好を持つと仮定し[2]，選好を二項関係 $\succsim$ によって表します．選好関係は以下に述べる合理性を満たすものと仮定し，それによって得られるくじへの選好と評価の関係をフォン・ノイマン=モルゲンシュテルン（vNM）の定理といいます．

(2) **連続性**（continuity）

任意の $P > Q > R$ となる $P, Q, R \in L$ について，

$$\alpha P + (1-\alpha) R > Q > \beta Q + (1-\beta) R$$

となるような $\alpha, \beta \in [0, 1]$ が存在する[3]．

(3) **独立性**（independence）

任意の $P, Q, R \in L$ および $\alpha \in [0, 1]$ について，

$$P \succsim Q \iff \alpha P + (1-\alpha) Q \succsim \lambda Q + (1-\alpha) R$$

選好関係 $\succsim$ が公理 (1)〜(3) を満たすとき，またそのときに限って，関数 $u : X \rightarrow R$ が存在して，$\succsim$ という選好で表現される関係が，（4.1）式の形式で表現できます．

$$\mathrm{EU}(x_i : p_i) = \sum_i p_i u(x_i) \tag{4.1}$$

《フォン・ノイマン=モルゲンシュテルンによる期待効用理論》

以上の 3 つの公理が成立するとき，またそのときだけ，くじの結果の

---

[2] くじの集合 L 上で定義をしていますが，この段階では客観的なくじへの選好の話なので，くじの結果がもたらす集合 $\Delta(X)$ 上で定義をするのと同じであることに注意してください．

[3] 同じことですが，任意の $P > Q > R$ となる $P, Q, R \in L$ について，$\lambda P + (1-\lambda) R \sim Q$ となるような $0 \leq \lambda \leq 1$ が存在する，と書くと理解しやすいです．

集合 X から実数への写像 $u : X \to \mathbb{R}$ が存在して，

$$p \succsim q \iff p\, u(x) \geq q u(x)$$

がいえる．

　左側の関係を顕示された選好によって観察したとき，右側のような，確率と効用を加重平均する関数を持っていると考えることができます[4]．右辺のくじへの好き嫌いを示す選好関係は効用水準では大小に置き換えられています．序数で表現できることは効用の便利な性質ですが，期待効用の大きさそのものは単体では重要な意味を持ちえず，あくまで選好の順序を知るための関数であることに注意してください[5]．これで客観的確率がわかっているときの，vNM の定理について理解しました．

　(4.1) 式の表現では，くじの結果起きてくる事象が離散的です．集合 X から連続的に起きてくるような事象 x が生起し，それが生起する p という客観的確率が与えられているときは，(4.2) 式のようになります．

$$U(x) = \int_x u(x)\, dp(x) \tag{4.2}$$

　事象 x から，ユークリッド空間 $\mathbb{R}$ 上の効用への対応（$U : x \to \mathbb{R}$）を考えることができて（つまり 1 つの事象へのくじを保有することからの効用を考えることができて），x という事象に対して，$p(x)$ というくじがあるならば（例えば 1 万円もらえるという事象 x に対して，10％ というくじを $p = 0.1$ と書いているので，確率とくじはほぼ同じとみなされます），$\Sigma(X)$ 上の 2 つのくじ f と g の選好関係について，

$$f > g \iff \int_x u(x)\, df(x) > \int_x u(x)\, dg(x)$$

と表現できます．

4　証明は(1)〜(3)を組み合わせたものになります．例えばギルボア（2014）を参照してください．また，Pollack（1967）によって，期待効用関数が加算的（確率が足して 1 になる）になるための厳格な条件も導かれています．
5　期待効用には 2 つの期待効用に同じ効用を加えても大小関係が変わらないという性質（一次アフィン変換が可能）があります．

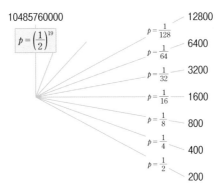

$$p = \left(\frac{1}{2}\right)^{19}$$

10485760000

$p = \frac{1}{128}$ — 12800

$p = \frac{1}{64}$ — 6400

$p = \frac{1}{32}$ — 3200

$p = \frac{1}{16}$ — 1600

$p = \frac{1}{8}$ — 800

$p = \frac{1}{4}$ — 400

$p = \frac{1}{2}$

200

図 4-2　還元されたセントペテルスのくじ

■ くじの還元

　セントペテルスブルグのくじにいくら払うかを考えるとき，何回もじゃんけんに勝ち進めるかどうかという考えが必ず頭をよぎり，2 回も連続で勝てないと考えて 300 円支払えないという人は少なくありません．セントペテルスブルグのくじでは，勝てばゲームが続くので，1 回勝つごとに 2 段階，3 段階のくじ（これを混合くじと呼びます）が無限に現れます．このくじを一段階の（つまり 1 回で結果が決まる）くじに直すと，1 等が∞の金額，参加賞が 200 円の 1 本のくじが出来上がります（図 4-2）．もしも意思決定者が混合くじを正しく還元できないならば，くじの価値を正しく評価できません．

　1 等が無限大の価値があるセントペテルスブルグのくじに 200 円しか支払えないと回答するのに，そのような人が前後賞含めて 1 等 10 億円の年末ジャンボ宝くじを 1 枚 300 円で 10 枚購入する矛盾のひとつの理由は，セントペテルスブルグのくじにおいて折りたたまれた確率を理解していないか，計算に失敗している可能性に求めることができます．

■ リスク選好と効用関数の形状

　結果が 2 つであり，当たりが出た場合には正の結果が得られるが，外れたら何ももらえない，というくじは，ケネス・アロー（Arrow, K. J.）にちなん

でアロー証券といわれます．今，コインの表が出たら10000円，裏が出たら0円となるアロー証券への投資を考えてみましょう．

[質問1] くじ $L_1\left(10000 : \dfrac{1}{2},\ 0 : \dfrac{1}{2}\right)$ を買うとしたら，いくらまで支払うことができますか？（コインの表と裏は同確率で出ます．）

$$p_1 = \frac{1}{2} \quad 10000\text{円}$$

$$L_1 \quad ?\text{円}$$

$$p_2 = \frac{1}{2} \quad 0\text{円}$$

回答 ⇒ ＿＿＿＿＿＿円まで

もしもあなたの回答が5000円であれば，あなたはリスク中立であり，5000円に満たないならば，リスク回避的です．そして，もし5000円を超えてしまっていたら，リスク愛好者と定義されます．このような性質を，リスク選好といいます．リスク回避とリスク愛好にはレベルがありますが，リスク中立者は，期待値によってくじを評価します．これを確認しましょう．くじから効用への対応，すなわち効用関数を u で表します．もしも，このくじ L を保有することからの効用が，2つの結果からのそれぞれの効用に確率をかけた期待効用によって表現されるのであれば，外れたときの効用は0ですから，

$$u(L_1) = \frac{1}{2} \times u(10000)$$

となります．$\dfrac{1}{2} \times u(10000) = 5000$ より，$u(10000) = 10000$ から，5000円と回答した人の効用関数の線形 $u(x) = x$ であり，期待値によって評価していることがわかります．この人は，得られる賞金と得られる喜びが比例的になるので，アロー証券からの効用関数は，横軸に賞金の大きさ，縦軸に効用を描くと，0を原点として，右肩上がりの線形のグラフとなります．これを今から説明します．

　ここで，あなたのリスク選好を確認するもう一つの問題を解いてください．

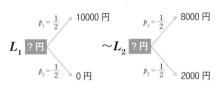

EV（期待値）でくじを評価する
人にとってはくじ L_1 とくじ L_2 は
等価である（無差別）

$p_1 = \frac{1}{2}$ → 10000 円

L_1 [?円]

$p_2 = \frac{1}{2}$ → 0 円

$\sim L_2$ [?円]

$p_1 = \frac{1}{2}$ → 8000 円

$p_2 = \frac{1}{2}$ → 2000 円

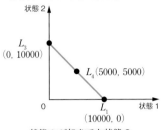

EV でくじ $L = (x_1 ; p_1,\ x_1 ; p_2)$ を
評価する人の無差別曲線

状態2

L_3
$(0, 10000)$

$L_4 (5000, 5000)$

状態1

0

L_1
$(10000, 0)$

状態 1 が起きても状態 2
が起きてもよい

図 4-3　リスク中立者の無差別曲線

[質問2]　2分の1の確立で 10000 円もらえ，2分の1の確率で何ももらえな
いくじ L_1 と，2分の1の確率で 8000 円もらえ，2分の1の確率で 2000 円もら
えるくじ L_2 と，どちらが良いですか？　□の中に選好の記号，強選好＞または
＜，弱選好≳または≲，あるいは無差別〜を入れて回答してください．

回答　⇒　$L_1\left(10000 : \frac{1}{2},\ 0 : \frac{1}{2}\right)$ □ $L_2\left(8000 : \frac{1}{2},\ 2000 : \frac{1}{2}\right)$

　もしもあなたの回答が，$L_1 \sim L_2$ であったならば，あなたは分散の大きさ
に無頓着で期待値にしか興味がないリスク中立者です[6]．

　今，ペイオフだけがくじ L_1 と逆になっている $L_3\left(0 : \frac{1}{2},\ 10000 : \frac{1}{2}\right)$ を考
えると，それらは無差別であり，$L_1 \sim L_3$ と表現できます．この場合，状態 1
と状態 2 の生起確率が等しく，くじの 2 つの結果 x_1 と x_2 の合計が 10000 円
となるくじであれば（すなわち L_1 と L_3 のくじの混合くじであれば），いつでも
L_1 と同じ価値を持ちます．さらに $\frac{1}{2}L_1 + \frac{1}{2}L_3$ により状態 1 と状態 2 のどち
らの場合も 5000 円を結果として得られる無リスク資産（安全資産）

6　例えばファーストリテイリングの柳井正会長は，経営者は 2 回に 1 回投資に成功すればよいと
発言していますが，まさにリスク中立であるといえます．

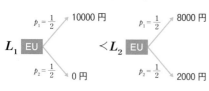

EU（U は concave）でくじを評価する人にとってはくじ L_1 よりくじ L_2 が厳密に好ましい（強選好）

$$L_1 \boxed{EU} < L_2 \boxed{EU}$$

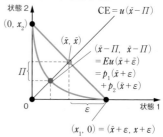

期待効用 EU で $L=(x_1 ; p_1, \ x_1 ; p_2)$ を評価する人の無差別曲線

図 4-4　リスク回避的な個人の無差別曲線 IC とリスクプレミアム

$L_4(5000 ; 1)$ を作ることができ，リスク中立であれば，$L_1 \sim L_3 \sim L_4$ となります．そればかりか，L_1 と L_3 の 3 点を結ぶどの点も同じ価値を持つので，無差別曲線は図 4-3 の線 $L_3 L_1$ となります．

　L_1 と L_2 の期待値は同じですが，2 つの結果 10000 円と 0 円の，期待値からの乖離（これを偏差といいます）が小さい L_2 のほうが好ましい，すなわち $L_1 < L_2$ と回答したならば，あなたはリスク回避的です．質問 1 でたずねた，あなたがこのくじを購入するために支払うことができる最大の金額とは，くじ L_1 と等しい価値を持つ確実な金額であり，これを確実性等価（CE）といいます．$L_1 < L_2$ と回答したあなたの CE は期待値の 5000 円よりも小さかったはずです．例えば，あなたの CE＝2000 であるとき，期待値 5000 円のくじ $L_1\left(10000 ; \dfrac{1}{2}, 0 ; \dfrac{1}{2}\right)$ を買うためには 3000 円分のプレミアムを必要としていると考えることができます（図 4-4 の右図）．同じ価値を持つくじ（点）を結んだ無差別曲線はもはや線形ではなく，原点に向かって凸となります．そして，このカーブの形状を決めているのはリスクプレミアムの大きさ Π であり，Π が大きいほど，リスク回避度が高いことを意味します．リスク回避度が大きくなればなるほど，図 4-4 の中のリスク中立的な線形の無差別曲線から離れていきます．

　では，リスク回避度が無限大になるとどうなってしまうのでしょうか？

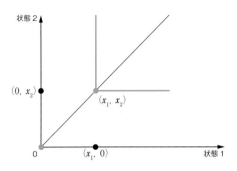

図 4-5　リスク回避度が∞な個人の無差別曲線

無限大のリスク回避度を持っている人は，どの状態が起きても受け取れる確実な金額だけを評価することになります．そのため，効用が状態1が起きたときに受け取れる金額と，状態2が起きたときに受け取れる金額の小さいほうによって効用の大きさが規定されます．すなわち，$u(L_1) = u(x_1 ; p_1, x_2 ; p_2) = \min\{x_1, x_2\}$ となります．どちらか小さいほうの金額によって効用の大きさが決まるため，確率が消えてしまっている点にも留意してください．

■ お金持ちはリスクをとる：限界効用逓減の法則によるリスク回避度の逓減

現代は AI を搭載したアプリなどにより資産管理ができる便利な時代です．企業年金においても，確定拠出年金のように個人で運用方針や給与から年金に組み込む金額を決めなければならないケースも多くなりました．しかし，十分な貯金などの資産を持っていないならば，リスクをとって元手を減らしてしまったときのダメージは計り知れないものがあります．家計は，保有資産が小さいときはリスクをとりませんが，保有資産が増えるにつれてリスクをとることができます．これは限界効用逓減という効用性質の仮定が保有資産からの期待効用関数にも持ち込まれることによって，説明することができます．

個人の限界効用が，運用前の資産の大きさの影響を受けるのであれば，ある人が投資機会とその情報を得たときに，投資をするか否かについて，個人

の資産残高がわからない限り予言できません.

　ところが，ある効用関数を仮定することで，個人が所有している資産の大きさから自由にリスク選好の相対的な大きさの違いを測定することができるのです．この結論にたどり着く前に，ある個人の資産残高を w とした場合のリスク回避度の変化を調べてみましょう.

　例えば，$u(w)=w^\alpha$ という関数を考慮します．このとき，効用関数上の点 w における傾きは，1 階の微分で表現されるので，

$$\frac{du(w)}{dw}=u'(w)=\alpha w^{\alpha-1} \tag{4.3}$$

となります．限界効用逓減の法則があるならば，資産 w が増えると資産からの限界効用の増加分減ると考えることができるでしょう（1000 万円資産を持っている人は 1 円の利息を重視しているはずなので，増えることはうれしいけれども，10 万円しか資産がない人と比較すれば鈍感になるでしょう）．これがどのくらい減るのかを調べるために（4.3）式をもう一度微分して 2 階の微分によるリスク回避度の変化率（効用関数の曲率の変化）を求めると，

$$\frac{du'(w)}{dw}=u''(w)=\alpha(\alpha-1)w^{\alpha-1}$$

となります．今，$u''(w)$ を $u'(w)$ で割ることで資産が限界的に増えることによって，リスク回避度がどの程度変化するのかについての指標，絶対的リスク回避度が得られます．またリスク回避度を $\alpha=1-\gamma$ と表現すると，$\gamma=0$ のときリスク中立であり（リスク回避度はゼロ），γ が 1 に近づくとよりリスク回避的であることを示します．効用が指数関数で表現されるならば絶対的リスク回避度は，

$$\frac{u''(w)}{u'(w)}=(1-\gamma)w^{-1}=\frac{1-\gamma}{w} \tag{4.4}$$

となり，絶対的リスク回避度は資産 w が大きくなればなるほど小さくなることが一目瞭然です．（4.4）式に資産の大きさを乗じると，

$$\frac{u''(w)w}{u'(w)}=1-\gamma$$

となります．これを相対的リスク回避度といいます.

相対的リスク回避度が一定となる関数を，CRRA（Constant Relative Risk Aversion, 相対危険回避度一定）と呼びます．指数関数のより一般的な形 $u(x)$ $= Ax^{1-\gamma}$ であるときには，保有資産のうち何割を危険資産で保有するのかについての最適割合 a^* を求めると，それが運用前の資産（初期資産）の大きさにかかわらず一定であり，安全資産の金利を r とすると，$a^* = r/\gamma$ となることがわかっています．また，絶対的リスク態度が一定になる関数を CARA（Constant Absolute Risk Aversion, 絶対危険回避度一定）といい，

$$u(x) = -1/\gamma Ae^{-\gamma x}$$

が知られています．このとき，自らのリスク選好に合わせた最適投資金額（＝最適投資比率×初期保有資産残高）$a^* W_0$ が初期資産 W_0 の大きさにかかわらず一定となります．

■ ラビーンの期待効用理論批判

　期待効用理論において資産の大きさが増えるとリスク回避度が減るという特徴がありますが，行動経済学者の一人であるマシュー・ラビーン（Rabin, M.）はこの点に関連して期待効用理論が人々のリスク選好を説明するのに十分ではないことについて再考しています（Rabin（2000））．次の質問に回答してください．

[質問 1] あなたは，2分の1の確率で1000円を失い，2分の1の確率で1100円を得るようなくじを引きたいですか？

回答 ⇒ _____

[質問 2] あなたは，2分の確率で100万円を失い，2分の1の確率で1億円を得るようなくじを引きたいですか？

回答 ⇒ _____

あなたの回答が質問1において「くじを引きたくない」であるならば，同

期待効用理論の特徴

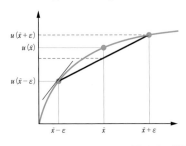

$\bar{x}$ は，$\bar{x}-\varepsilon$ と $\bar{x}+\varepsilon$ の中点（内分点の一つ）
内分点の効用

$$u(\bar{x}) > \frac{1}{2}\,u(\bar{x}-\varepsilon) + \frac{1}{2}\,u(\bar{x}+\varepsilon)$$

期待効用理論の矛盾

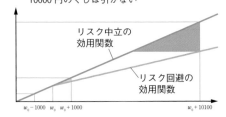

$$u(w_0) - u(w_0 - 1000) > u(w_0 + 1100) - u(w_0)$$

1100 円得ることは 1000 円得ることと同じかそれ以下
⇒ 限界的 100 円の損失に対し 10% の効用低下
⇒ 限界的 10000 円の損失では 100% の効用低下！
⇒ 2 分の 1 でどのような金額が当たっても
　10000 円のくじは引かない

図 4-6　期待効用理論の特徴と限界

じ確率で 1000 円を失い 1100 円を得るくじを退けるということは，今の保有資産 w にプラスされる 1100 円のうちの最後の 100 円を，最大でも（失うかもしれない）100 円の 11 分の 10 だけしか評価していないということになります．そんなあなたがもしも今より 2100 円多く資産を持つとすると，限界（期得）効用が逓減しているならば，その点（$w+2100$）から同じ確率で 1000 円を失い，1100 円得るくじについて考えると，くじを引いて得られるかもしれない 2000 円から 2100 円への 100 円の価値は，$w+2100$ 円の点から，くじを引くことで失うかもしれない 100 円の価値と比較すると，再び 10/11 以下に評価するでしょう．ということは，点 w で 1000 円失うかもしれないくじを退ける人は，1/2 の確率で 3200 円を得るかもしれないくじを退けるはずです．そしてこのとき，3100 円から 3200 円の 100 円の価値は，10/11×10/11＝100/121≈5/6 にまで下がっています．この考え方を 20 回繰り返した $w+21900$ 円から $w+22000$ 円の 100 円は，（$w-100$）円において w 円から失う 100 円の 3/20 となります．繰り返すほどに追加される 100 円の相対的な価値はどんどん減っていき，質問 1 で「くじを引きたくない」と回答した人は，2 分の 1 の確率で無限大の価値が得られるとしても 2 分の 1 で 100 万円を失う確率があるならば，（リスク回避度が高いために）そのくじを引かない

ということになる，つまり質問2で「引きたくない」と答えるという直感に反する帰結が導かれます．この論文は，期待効用理論が中庸のリスク選好を説明できないことを強く主張することで[7]，その限界を再認識させるものとして話題になりました．

期待効用理論の不十分さは，現実の家計の資産保有からも浮かび上がってきます．日本の家計の83％は安全資産と保険しか持っていません（金融庁「家計の金融行動に関する世論調査［二人以上世帯調査］平成30年調査結果」）．その一方で「宝くじ」の公式サイト[8]によると，平成28年4月では，家計において，（非購入者を含めた）全体平均で13550円，購入者だけでは年間平均26650円の宝くじを購入しています．今後起きてくる最悪の事態を回避するために保険[9]に加入し，資産のほとんどを預金で持っている一方で，同時に，期待値が10円以下のくじのためには1等10億円当たるかもと考えて3000円を喜んで払う行為は，期待効用理論では説明がつきません．

こうした期待効用理論への批判として最も有名なものが，次節で解説するモーリス・アレ（Allais, M.）のパラドックスです．行動経済学に多くの功績を残したトヴェルスキーとカーネマンもこのパラドックスに挑みました．

7　例えば実験室で10ドルと20ドルを直接比較させるような実験によってリスク態度を測定することが，線形の効用関数を仮定していることと同じであると説いています．

8　https://www.takarakuji-official.jp/about/research/004.html（2020年6月22日閲覧）

9　保険契約における買い手は固定の確実な金額を失うことで，保険契約にあてはまる事態が生じた場合のみ大きな金額を受け取るのでキャッシュフローは宝くじに似た危険資産です．

4.2 アレのパラドックス----------------------

■ アレのパラドックス

　モーリス・アレは，期待効用仮説において，リスクがある状況下における
私たちの選択における本質を顕示させる質問をしています．オリジナルの論
文（Allais（1952））に沿った数値で同じ質問をしてみましょう．文脈は遺産
を受け取るというものです．

[質問 1]　くじ A とくじ B のどちらが好ましいですか？
　くじ A：1 億円が確実にもらえる．
　くじ B：100 分の 10 の確率で 5 億円がもらえる．
　　　　　または 100 分の 89 の確率で 1 億円がもらえる．
　　　　　または 100 分の 1 の確率で何ももらえない．

　　　　　　　　　　　　　　　　回答　⇒　＿＿＿＿＿＿＿＿＿

[質問 2]　くじ C とくじ D ではどちらが好ましいですか？
　くじ C：100 分の 11 の確率で 1 億円がもらえる．
　　　　　または 100 分の 89 の確率で何ももらえない．
　くじ D：100 分の 10 の確率で 5 億円がもらえる．
　　　　　または 100 分の 90 の確率で何ももらえない．

　　　　　　　　　　　　　　　　回答　⇒　＿＿＿＿＿＿＿＿＿

　くじ A と B では，多くの人が A＞B，すなわちくじ A を好ましいといい，
くじ C と D では，ほとんどの人が C＜D すなわちくじ D をより好ましいと
表明します．しかし，このような選択は，期待効用理論においてどのような
効用を仮定しても説明がつかないのです．
　もしも期待効用理論によってその人の A＞B という選択が説明できると仮
定するのであれば，

$$1 \times u(1) > 0.89 \times u(1) + 0.10 \times u(5)$$

であるはずです。これを変形すると，

$$0.11 \times u(1) > 0.10 \times u(5)$$

となり，これは，C＞Dを意味します。アレは，期待効用理論支持者の考え方では，"現実の人"の選択を説明することはなく"合理的な人"の選択しか説明できないと主張しています。行動経済学者のパイオニアといってもよいでしょう。アレのパラドックスは，期待効用理論が成立するために必要な数理的条件のうち，独立性の破れを明らかにします。

独立性の公理が成立しているならば，ある人が2つのくじ L_1 と L_2 について無差別，すなわち $L_1 \sim L_2$ であるとき，くじ L_3 を同じ比率だけ含むように混合くじを作っても，無差別であるということを意味します。したがって，

$$\alpha L_1 + (1-\alpha)L_3 \sim \alpha L_2 + (1-\alpha)L_3$$

であるはずです。独立性の公理は，無差別な場合だけではなく，選好の逆転が起きないことを意味しています。一見リーズナブルな公理ですね。しかし先ほどの質問では，この独立性の公理が明らかに成立しません。なぜなら，くじCとくじDの両方に，100分の89の確率で1億円がもらえ，100分の11の確率で何ももらえない，というくじを加えると，それぞれ状態Aと状態Bとなるからです。独立性の公理がいつでも正しいならば，Aを選んだ人がDを選ぶことはありえないでしょう。

4.3　客観的確率にウエイトを付ける-----------

アレのパラドックスにおいて，くじAとくじCの1億円当たる確率が以前よりどちらも89％ずつ減少すると，くじへの選好が変わり，1億円が11％でもらえるAよりも，5億円が10％でもらえるDのほうが，魅力的になっています。いずれも100％から確率が89％減少しているのに選好が変わるこ

とをコモンレシオ効果（common ratio effect）といいます．この効果は，私た
ちが客観的な確率をそのまま利用しておらず，何らかのウエイトを付けてい
る可能性を意味します．

　確率評価関数（probability weighting function）の考え方では，個人が客観的
確率をそのまま利用せず，0から1%の増加や100%から99%への変化には
大きなウエイトを付けると考えます．各事象が起きる確率が合計して1にな
ることから，その分，中間の大きな幅を持つ確率を小さくウエイトを付けて
いると考えます．

　確率が（おおよそ）与えられている宝くじを購入するときの気持ちを考え
てみましょう．当たりはすべてうれしい正の事象です．スクラッチくじは1
等30万円のくじの場合，当選確率は0.005%であり，例えば東京ドーム全員
の5万人で10回抽選会をして1回だけ当たりが出る程度です．スクラッチ
を引く人はこの確率を高めに評価し「俺には当たるかも！」と思っているは
ずです．ところで6等200円の確率は10%ですが，この確率はたとえ10%
と知らされても低めに評価することになります．ほかにも負の領域のことが
らだけを考える海外旅行保険契約の事例を考えてみましょう．海外旅行保険
に加入する人は，恐ろしい事故に遭う可能性を過去の確率より大きく考え，
その分無事に帰ってくる確率は小さく評価しているはずです．

　こうした客観的確率へのウエイト付けは，次の節で述べるランク依存効用
理論および，その特殊な例としてのプロスペクト理論で用いられています．
これらの理論で用いられる客観的確率 p をウエイト付けする関数 $w(p)$ には，
①回帰的（最初は $w(p)>p$，次に $w(p)<p$ となる，すなわち戻ってくるという意
味），②S形（最初は凹関数で，次に凸関数となる）③非対称（おおよそ $p=1/3$
において，$w(p)=p$ となる対角線と交差）という特徴があることがわかってい
ます．これらを満たす一般的な式として，Prelec（1998）は

$$w(p)=e\{-\beta(-\ln p)\}^{\alpha},\ 0<\alpha<1$$

という関数を提案しています．ウエイト付けされた確率の図は図4-7のよ
うになります．α が0に近づくほどSの形は $p=w(p)$ から離れ，ウエイト付
けによる影響が大きくなります．客観的確率をウエイト付けしたくじの結果

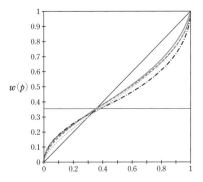

（注）　横軸が客観的確率で，縦軸はそれを評価した値.
（出所）　Prelec（2002）p.498 より，Tversky & Kahneman（1992），Tversky & Fox（1994），
Wu & Gonzalez（1996a）の結果.

図 4-7　**確率評価関数**

の評価によるくじの価値 V を書くと以下のようになります．効用関数が線形であれば，確率評価の形状が効用関数の形状となります．

$$V(p_i, x_i) = \sum_{i=1}^{n} w(p_i)u(x_i)$$

4.4　ランク依存効用理論

■ ランク依存効用（Rank Dependent Utility）関数

　期待効用理論では客観的確率によって効用を評価する関数は（効用を合成する方法が単純な加法になっているという意味で）線形ですが，線形でない効用関数を仮定することもできます．非線形の効用関数のうち，最も有名なものの一つが，Quiggin（1991）によって導入されたランク依存効用理論（Rank Dependent Utility Model，RDU 理論）です．このモデルの本質を Diecidue & Wakker（2001）に沿って解説します．

　RDU 理論では，客観的確率のウエイト付けが，くじの結果の好ましさ（あ

るいは嫌さ）に依存して決まると考えます．楽観的であれば，最も好ましい結果には客観的確率に大きいウエイトを置き（宝くじのときそうしますよね），悲観的であれば，最も嫌な結果に対して客観的な確率よりも大きい主観的な評価を置きます．最良の結果と最悪の結果を大きくウエイト付ける結果，中間の結果はウエイトが低くなります．

　第2の特徴は，くじの結果が3つ以上あるとき，それぞれの生起確率が結果と一対一で対応しておらず，ある結果が入っている一定の範囲をランク付けし，そのランクに対応した1つの確率を与えるというものです．第3の特徴は，くじの結果に対する確率の評価の仕方を，累積的（つまりある事象が起きるまでの確率を足しあげたもの）確率と，その事象が起きる一つ前の累積確率[10]の差として表現した点にあります．RDU理論では，累計確率を主観によってウエイト付けし，一つ前のブロックとの差を，累計確率のウエイト付けの差によって評価したウエイトで加重平均します．具体的にアレのパラドックスのくじBをRDU理論の考え方で表現すると，外れの0円を入れると結果が3つに見えますが，当たりのときだけをカウントすると結果は2つであり，$x_1=5$, $x_2=1$ です．2等1億円がくじBのとらえ方について，「少なくとも1億円がもらえる」というランクを作ります．5億が当たったときは2等プラス4億円当たったと考えるので，

$$V_B = w_1(0.01)\{v(5) - v(1)\} + w_2(0.89 + 0.01)v(1)$$
$$= w_1(0.01)v(5) + \{w_2(0.89 + 0.01) - w_1(0.01)\}v(1)$$

　ここで，1等が当たる確率，最低でも2等が当たる確率を評価した大きさをそれぞれ，$\pi_1 = w(0.01)$, $\pi_2 = w(0.01 + 0.89) - w(0.01)$ と置くと，$V_B = \pi_1 v(5) + \pi_2 v(1)$ と表現できます．こうした考え方を一般化したRDU関数は以下の通りとなります．

10　累積確率と一定の範囲についてのランク付けの考え方を説明します．ある高校生が，1年間のうち数日間病欠する確率の主観的評価について，31日以上も休むことは1%，10日から30日が3%，3日から9日が80%，1日か2日だけが10%と考えています．したがって病欠0日は $100 - 3 - 80 - 10 - 1 = 6\%$ となります．このとき0〜2日まで休む事象は累計で $6 + 10 = 16\%$，9日まで休む確率は $6 + 10 + 80 = 96\%$，30日まで休む確率の主観的評価が99%，それ以上休む場合も含めると100%です．

もし，$x_1 > \cdots > x_n$ であれば，

$$\mathrm{RDU} = \sum_{i=1}^{n} \pi_i(p) v(x_i)$$

ただし，$\pi_i = w(p_1 + \cdots + p_i) - w(p_1 + \cdots + p_{i-1})$

RDU 理論を年末ジャンボ宝くじの購入行動にあてはめてみましょう．同じ 10 枚 3000 円の金額でも，連番でなくばら売りを買う人は前後賞を入れた 1 等 10 億円の可能性を捨てていますので，2 等までが当たる累積確率と 1 等が当たる確率の差を大きく見積もっている可能性があります．ほかにも自動車事故の保険契約では，考えやすい事故を起こす確率をベースにして，確率は小さいけれども重大な事故を起こす可能性を考えて，さらなる補償への契約をオプションとして検討する行為は RDU 理論の考え方がぴったりきます．

RDU 理論に，基準となる参照点を導入して，良いことが起きる正の事象と悪いことが起きる負の事象を分けるとプロスペクト理論になります．

4.5 プロスペクト理論と Gain-Loss 関数······

■ 悲しみは喜びの 2.25 倍

経済学者は，理論は必ず数学を用いて証明する必要があるという考えを持っています．そのため理論からの逸脱を発見すると少しずつ仮定を緩めて，逸脱を内包できるように理論の拡張を行ってきました．これに対し，心理学は観察される現実こそがすべてという立場に立っています．同じ世界を異なる目で観てきた心理学者カーネマンと経済学者トヴェルスキーがタッグを組み，経済学に大きな石を投げ込みました．それがプロスペクト理論です．

プロスペクト理論では，私たちが評価したいことがらについて，知覚や心の働きによって「編集」を行ったうえで比較しているという認識があります．さらにその「編集」を行う場所は何も持っていない原点ではなく，今いる場所，参照点だというのです．そして，選択の結果が損失（Loss）となるとき，その悲しみは，同じ大きさの利得（Gain）よりずっと大きいので，意思決定は，

選択の結果を対称的でない大きさで評価することを予想して行われるという仮説です．それが"Gain-Loss 関数"です．このとき RDU の価値関数 $v(x)$ と $w(p)$ を，参照点から正と負の領域に分けて書き換えます．$\alpha, \beta, \gamma, \delta$ のパラメタは関数の形状を決めます．

$$v(x)=\begin{cases} x^\alpha & if \quad x\geq 0 \\ -\lambda(-x)^\beta & if \quad x<0 \end{cases}$$

$$w^+(p)=\frac{p^\gamma}{(p^\gamma+(1-p)^\gamma)^{1/\gamma}} \qquad w^-(p)=\frac{p^\delta}{(p^\delta+(1-p)^\delta)^{1/\delta}} \tag{4.5}$$

Tversky & Kahneman（1979）は 25 人へのくじ選択の実験により，$\lambda=2.25$，$\alpha=\beta=0.88$ と推定しています．図 4-8 の参照点から非対称に，第 1 象限には，得る量とそこから得られる凹関数となる喜びの価値関数が，第 3 象限には，ある量を失ったときの凸関数となる悲しみの価値関数が描かれています．失う悲しみは得る喜びの 2.25 倍もあるのです．さらに参照点から良いことが起きる場合の累積的確率のウエイトを $w^+(p)$，参照点より悪いことが起きるときの累積的確率のウエイトを $w^-(p)$ としたのが 1992 年の累積的プロスペクト理論（Tversky & Kahneman（1992））です．くじを用いた実験の結果，(4.5) 式における $\gamma=0.61$，$\delta=0.69$ と推定しています．

参照点の導入は今までの経済学の仮定を覆すものでした．選好関係[11] は距離空間の上で定義するので，A 点から B 点への移動と，B 点から A 点への移動は対称的でした．しかしプロスペクト理論では参照点から Gain か Loss かになりますので，同じくじへの評価も，そのくじに自分がいくら支払うのかで変わります．セントペテルスブルグのくじに対して 250 円を支払ったときには，コインの表が 1 回出て 400 円を得て 150 円分の"得"をした喜びと，裏が出て 200 円しか得られず 50 円失う悲しみを比較すると，損失 50 円×2.25 倍＜利得 150 円であり，かつ表が出る $p=1/2$ の主観的評価は $w^+(1/2)=w^-(1/2)=1/2$ となるため，250 円を支払うことは可能です（図 4-9 左）．しかし，300 円支払うと，損失 100 円の 2.25 倍＞利得 100 円となってしまい

11　合理的な選好の仮定には，同一のものに対する選好については無差別となる反射性，好きか嫌いか無差別化を決められる完備性，3 つの選択肢について順序を決めることができる推移性，多ければ多いほど好ましいとする単調性などがあります．**第 5 講**で詳細を述べます．

● x を失うことの悲しみは，同じ x を得ることの喜びの 2.25 倍大きい．
● プラス象限とマイナス象限で効用関数の形状が異なる．

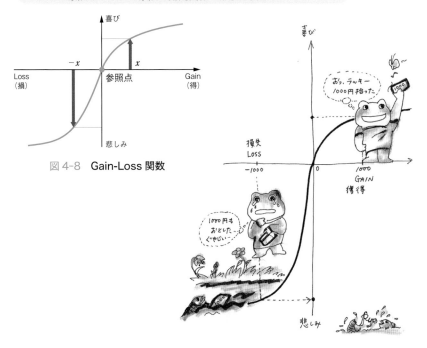

図 4-8　Gain-Loss 関数

● 250 円支払うことを前提とすると，最初に 2 分の 1 の確率で 400 円もらうか 200 円もらうかは，150 円もうかるか 50 円失うかの比較となる　⇒　250 円払える

● 300 円支払うことを前提とすると，最初に 2 分の 1 の確率で 400 円もらうか 200 円もらうかは，100 円もうかるか 100 円損をするかの比較となる　⇒　250 円払いたくない

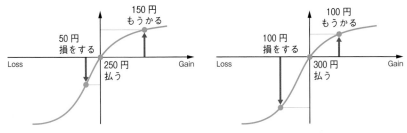

図 4-9　サンクトペテルスブルグのくじに 300 円支払えない理由

悲しみが喜びを上回ります（図4-9右）．プロスペクト理論では，プラスマイナスゼロとなるようなリスクをとると痛みのほうが喜びを上回るため，常に現状維持（status quo）が望ましくなります．

■ ヘイ＆オームによる実験

Hey & Orme（1994）はリスク下の意思決定を説明する理論のどれが説明力が高いかを実験によって調べました．80人を対象に図4-10のような，2つ以上の確率と賞金を示す円グラフをコンピューター上で見せて，「左が良い」，「右が良い」，「どちらでもよい」を様々な確率と金額100問について選択させ，その回答を，リスク中立（線形），期待効用理論，主観的期待効用理論，RDU理論（ここでは扱っていない失望回避理論[12]，後悔回避理論，Quadratic理論，Dual理論[13]なども）を仮定した場合のパラメタを推定して，尤度比検定（**第15講**を参照のこと）によってあてはまりを検証しました．その結果，被験者の39%が期待効用理論によって説明され，残りの61%のうち，最も有力なものがRDU理論とQuadratic理論であることを発見しています．プロスペクト理論はRDU理論の特殊形ですから，期待効用理論に次いで有望な理論だといえるでしょう．実はこれほどに批判のある期待効用理論を強く凌駕する理論がないことは驚くべき結果でした．Hey & Orme（1994）による実験後も，ポートフォリオ選択の手法を用いたChoi, et al.（2007）など様々な実験が行われましたが，期待効用理論の説明力が高いことがわかっています．

12　Gul（1991）は失望回避理論を導入しました．期待効用理論に，ある基準値以下の結果であるときにはがっかりするというベンチマークを導入した理論となっています．確率と事象の結果のみからなる期待効用理論に，1つパラメタを増やすことで現実を説明しやすくした理論です．実験経済学の結果によりあまり有望でないことがわかっています．
13　保険理論で有名なヤアリ（Yaari, M. E.）により定式化された理論で，RDU理論の主観的な確率の評価はそのままだが効用関数を線形で評価するものです．

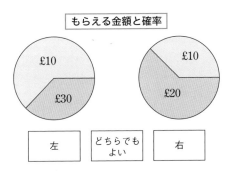

（出所）　Hey & Orme（1994）Question1 を筆者和訳.

図 4-10　**Hey & Orme（1994）の実験**

■ **Active Learning**

《期待値，期待効用を計算しよう》・・・

　次のくじを引いたときの期待値，期待効用を計算してください．賞金 x からの効用関数として，A：$u=\sqrt{x}$，B：$u=x$ を用いてください．

① $L_1\left(400:\dfrac{1}{2},\ 0:\dfrac{1}{2}\right)$　　② $L_1\left(250:\dfrac{1}{2},\ 160:\dfrac{1}{2}\right)$　　③ $L_1\left(250:\dfrac{3}{4},\ 160:\dfrac{1}{4}\right)$

《Gain-Loss 関数の理論的帰結を考えてみよう》・・・・・・・・・・・・・・・・・・・・・・・・・・・・・・・

　何かを始めようと思っても，なかなか始められないことはありますか？ それを始めたときに予想される Gain と Loss を比較して，始めない理由を考えてみましょう．

第5講
ナイト流不確実性下の
意思決定理論と実験経済学

■第4講では，確率がわかっているリスク下での意思決定について考察しました．しかし日常生活の中には，大地震などの天変地異のように，起きる可能性がわかっていても確率が予測できない場合があり，これをナイト流不確実性といいます．ナイト流不確実性の下で，私たちはどのように意思決定しているのでしょうか？ 数理経済学によって様々なモデルが提示され，実験経済学者が検証に取り組んできました．

5.1 あいまいさ回避 -------------------------------

■3色のエルスバーグパラドックス

エルスバーグ（Ellsberg, D.）は，確率の情報が不十分なときに起きるパラドキシカルな思考実験を示しました（Ellsberg（1961））．まずは一緒に考えてみましょう．

赤，青，緑の3色のボールが合計で90個入っている箱があります．赤は30個，青と緑は合計で60個入っているということ以外はわかりません．青は0個かもしれませんし，60個かもしれません．緑も同じです．箱の中身は外側からは見えません．

[質問1] あなたは，A，Bどちらかのくじをもらうことができます．どちらのくじが欲しいですか？

　A：箱から1つのボールを取り出し，赤が出たら，10000円もらえる．

　B：箱から1つのボールを取り出し，青が出たら，10000円もらえる．

回答　⇒　私は_____のくじが欲しいです.

[質問2]　あなたは，C，D どちらかのくじをもらうことができます．どちら
のくじが欲しいですか？
　C：箱から 1 つのボールを取り出し，赤か緑が出たら，10000 円もらえる．
　D：箱から 1 つのボールを取り出し，青か緑が出たら，10000 円もらえる．

回答　⇒　私は_____のくじが欲しいです.

　質問 1 では A を，質問 2 では D と回答した人が多かったのではないで
しょうか？　青と緑については合わせて 2/3 という以外確率がわからないの
で，それぞれに"主観的確率"を置くしかありません．実は，この回答のパ
ターンは，青が出る可能性と緑が出る可能性に，どのような主観的確率を仮
定しても説明がつかないのです．

　今，客観的確率を p，主観的確率を v で表します．赤が出ることを R，青
が出ることを B，緑が出ることを G と記述していきます．

　質問 1 の回答から，A を選んだ人について $p(R)>v(B)$，つまり青が 30 個
以下，$v(B)<1/3$ という青についての主観的確率を持っていることが推測さ
れます．それに対して，質問 2 の回答が D であれば，$p(R)+v(G)<v(B)+$
$v(G)$ を意味するので，$p(R)<v(B)$ となり矛盾します．

　さらに，$p(R)+v(G)<v(B)+v(G)$ の両辺の一部をわかっている客観的確
率に書き換えると $1/3+v(G)<2/3$ となるため，$v(G)<1/3$ と考えているこ
とになります．一方で $v(B)+v(G)=2/3$ と $v(G)<1/3$ からは，$v(B)>1/3$ が
導かれ，どのような主観的確率を置いたとしても，2 つの質問の選択を矛盾
なく説明することができません．

　この解説において，心に引っかかった場所はありませんでしたか？　そう，
A を選んだ人の青の主観的確率 $v(B)$ は赤の客観的確率 1/3 よりも小さいは
ずだと回答したところです．確率は合計して 1 になる（確率の加法性，
additivity）ことを仮定しているからこそ，このような推論となったのです．
したがって，主観的確率の加法性の仮定を外すことが，不確実性下における

主観的確率評価と密接に関係していることが予想できます.

■2色のエルスバーグパラドックス

エルスバーグはもう一つパラドックスを提示しています.

　赤と青のボールが合計100個入っている箱Ⅰと箱Ⅱがあります. 箱Ⅰは, 赤50個, 青50個の内訳がわかっていますが, 箱Ⅱの内訳はわかりません. 箱Ⅰからまたは箱Ⅱから, あなたが賭けた色が出た場合だけ1万円もらえます.

　賭けるべきイベントは4種類あります.

箱Ⅰから赤が出る：ⅠR　　　箱Ⅰから青が出る：ⅠB

箱Ⅱから赤が出る：ⅡR　　　箱Ⅱから青が出る：ⅡB

　ⅠRとⅠBの間でどちらに賭けるかに関しても, ⅡRとⅡBの間でどちらに賭けるかに関しても, どちらでもいいはずです（赤が俺のラッキーカラーだから赤に賭ける！ などは例外とします）. 期待効用理論に従って箱からの賭けを選ぶのであれば, 確率のわからないほうの箱Ⅱからの2つのイベント（ⅡRとⅡB）の両方に1/2ずつ賭ければ, その混合くじからの期待効用と, 箱ⅠRと箱ⅠBとのイベントの両方に1/2ずつ賭けた混合くじからの期待効用は同じになります. そうであれば箱ⅠRと箱ⅡRへの賭けは無差別のはずです. ところが, 箱ⅠRに賭けることを箱ⅡRに賭けることよりも, また箱ⅠBに賭けることを箱ⅡBに賭けることよりも好む人が多いのは明らかです. これをどのように理解, 定式化できるのでしょうか.

■ 主観的期待効用仮説

　アレのパラドックスにおいては, 客観的確率が与えられていましたが, 3色のエルスバーグパラドックスの問題における青と緑の数, および2色のエルスバーグパラドックスの箱Ⅱでは青と赤の数については確率（分布）がわかりません. さらに確率分布を与える確率密度関数もわかりません. このような状況をナイト流不確実性（Knightian uncertainty）と呼び, 確率または確率

分布がわかっている「リスク」と区別します．ナイト流不確実性がある状態を避けようとすることを，「あいまいさ回避（ambiguity aversion）」と呼びます．

主観的期待効用（Subjective Expected Utility, SEU）を定義するには，**第4講**で確認した期待効用理論が成立するのに必要な仮定に加え，さらなる仮定が必要になります．確率がわからない不確実性下で，私たちがどのような意思決定をするのかを Anscombe & Aumann（1963）および Schmeidler（1989）に従って整理しましょう．

■ サベージアクト（Savage act）

前例がないなどの理由で客観的確率がわかっていないものの，ある結果の集合が与えられたときに，私たちは自分で予想（プライオア（prior）とこれから呼びます）を割り振ります．意思決定者が結果の集合に確率を自分で主観的に与える関数を f として，その性質を考えてみましょう．

例えば年末ジャンボ宝くじの売り場に並んでいる人は，日本全体で何人が購入するかわからないため，客観的確率を持っていません．しかし，並んでいる人はいくらか当たると考えているはずです．「10億円がきっと当たるに違いない，当たるかもしれない」と思うから買い，「10億円なんて絶対当たらないに決まってる」と思うから買わない，というように，「10億円が当たる」という結果に対して予想を与えるのが f です．したがって，関数 f を選ぶことが，賭けをする，しないなどの行為を決めることと同じことになります．今考えたことを逆にすると，他人がある事象についての確率をどのように描いているかについて，宝くじ売り場に並んでいる行為から，ある程度わかるということです．

客観的確率やその分布が与えられていないときの自分の行動を自分の予想に基づいて決めることを，Savage（1954）の定義に従ってサベージアクト（Savage act）といいます．その行動の決め方を，Anscombe & Aumann（1963）は競馬になぞらえられています[1]．

競馬では馬に賭けないと結果 x を得ることができません．そして自分が賭

---

1 現実の競馬のように，自分以外の人の行動が関与してきてオッズ（買ったときに掛け金の何倍になるか）が直前まで決まらないという意味ではありません．

けた馬（ワカランテイオーにしましょう）が1位になるときには最善のxや次善のx'が得られますが，賭けなければいかなるxも得られません．今，賭けるか賭けないかという行為の集合Aから自分がアクト（行為）a（$a \in A$）を1つ選ぶと，それに対して初めて1つの結果xが得られます．もちろんそれはアクトに対応した結果の集合Xからの1つの結果です（$x \in X$）．このとき，結果を決めるのは世界の状態sです．状態とは，あるレースでのワカランテイオーの着順です（ここではワカランテイオーが1位になる状態から10位になる状態まであるとします）．この状態の集合Sからsが現れたときにはx円が得られます．したがって，1つのアクトaと状態s（a, s）が決まると，それに対応してxが決まるため，あるアクトaを選ぶことは，状態sから結果xへの対応$S \to X$を決める関数fを選ぶことと同じになります[2]．

コラム　確実性原理

　2色のエルスバーグパラドックスにおいて，箱Ⅱの赤と青の2つの色のいずれに賭けるかについての選好は，ある人が赤に賭けていたら，彼が赤のほうが多く出ると考え，結果として得をする可能性が大きいと思っていることを示唆します．恋愛に例えると，相手がYESといってくれそうなら告白したいし，NOといいそうなら告白しないという行動をとると考えるのです．しかし，相手の気持ちを全く考えずに告白する場合が確実性原理（sure thing principle）が成立する場合となります．この仮定は，期待効用理論の仮定で最も疑わしいとされています．

　ある青年が競馬場にいます．その独白を聞いてみましょう．

　「ワカランテイオーは，先週は2着だった．僕は今日の第1レースでは単勝でワカランテイオーにバイト代全額を賭ける．彼女は，先週1位になったシランプリンスにも少し賭けておけという．今日は彼女がバイトを早く上がれるかもしれないから，ワカランテイオーが勝てば，彼女と豪華なディナーに行ける．勝てなければディナーには行けない（だから彼女は心配しているんだ）．彼女の予定は，今日のレースがすべて終わってからじゃないとわからないけど，僕がワカランテイオーの単勝に全額賭ける決心は変わらないぞ」

　彼は彼女と会えても会えなくてもワカランテイオーの単勝を買うと決めています．ここで，彼女と会うという事象をA，彼女と会えないという事象をA^cとします．ワカランテイオーの単勝に賭ける行為をすると決めているということは，彼女と会えるかどうかについて全く知らなくてもいいということになり，この仮定を確実性原理といいます．定式化すると，任意のアクトf（ワカランテイオーに賭ける），f'（ワカラ

2　また，行為するかしないかをバイナリ（二項）に考えるとSの状態があれば結果は2^Sだけ存在するような，Sという集合の「冪集合A」（Xの集合全体を含む集合で，Xの族の中の最大のもの）を考えることができます．

ンテイオーに賭けない），g（シランプリンスに賭ける），g'（シランプリンスに賭けない）$\in \mathcal{F}$と事象$A \subset S$について，

$$\begin{bmatrix} f & s \in A \\ g & s \in A^c \end{bmatrix} \succsim \begin{bmatrix} f' & s \in A \\ g & s \in A^c \end{bmatrix} \Longleftrightarrow \begin{bmatrix} f & s \in A \\ g' & s \in A^c \end{bmatrix} \succsim \begin{bmatrix} f' & s \in A \\ g' & s \in A^c \end{bmatrix} \quad (5.1)$$

ということがいえます．gは，fと直接関係がない選択肢のことです．

■ アンスコム=オーマンによる主観的確率測度の定義

サベージアクトが定義できたので，主観的確率測度を定義していきます．主観的期待効用（SEU）は Savage（1954）によっても定義されていますが，ベイズ的意思決定モデルと整合的で便利という理由からここでは Anscombe & Aumann（1963）による定義を用います．

サベージアクトでは，アクトと結果がそのまま結びついていたので，アクトそのものが状態（への信念）を直接表していると仮定していました．しかしアンスコム=オーマンの定義では，アクトの結果それ自体が，再びくじとして与えられます．アクトとその結果上のくじを，vNM くじの空間に写像するという形をとるのです．例えば明日のデートについて，天候によって行き先も，そこで楽しむことの結果も確率的に与えられると考えられる場合です．金欠だけど彼女と週末デートをしたいアキラは，彼女にこんな提案をしました．

　明日，雨が降った場合，映画館に行きますが，そこでコイン投げをして，表が出たら彼女が僕の映画代 1800 円を払います．逆に裏が出たら僕が自分と彼女の映画代 3600 円を支払います．
　晴れたらドライブに行き，車の中で 2 つのコインを投げて，2 枚とも表が出たらランチの代金とガソリン代金の合計 3000 円を彼女が出し，1 枚でも裏が出たら僕が彼女に 2000 円のランチをごちそうして代金とガソリン代 1000 円も出します．

彼女が明日は雨になると思うならデートをする約束をしてもよさそうです．

■ アクトの集合

くじの集合は凸空間にある特徴を持っていると仮定します．これによって"アクト（行為）"によって表される"くじ"を組み合わせることができます．vNM くじとは異なるので，f と g というアクトによって定義します．任意の $\alpha \in [0, 1]$ が与えられたとき，いかなる状態 $s \in S$ についても

$$(\alpha f + (1-\alpha)g)(s) = \alpha f(s) + (1-\alpha)g(s)$$

となるような混合アクト $\alpha f + (1-\alpha)g$ を考えることができます．

次に，リスク選好とナイト流不確実性選好を分けるための設定をします．ここで，アクトが有限個の結果しか生まないと仮定して（そのような行為をシンプルアクトといいます），その行為の集合を $\mathcal{F}$ と書きます．すなわち集合 $\mathcal{F}$ を，状態の集合 S からくじの集合 L への（可測性の適切に定義された）有限値関数の全体として定義します．意思決定者はアクト f, g への選好を集合 $\mathcal{F}$ の上に持つと仮定します．

さらに，ある $R \in L$ について，どのような状態 $s \in S$ に対しても $f(s) = R$ となるようなコンスタントアクトという概念を定義しておきます．いかなる状態 s についても $f(s) = P$ かつ $g(s) = Q$ となるようなアクト $f, g \in \mathcal{F}$ をとると，コンスタントアクトにおいては，客観的確率の集合 $\Delta(X)$ 上の任意のくじ $P, Q \in \Delta(X)$ に対する選好 $\succsim_\Delta$ と，アクトへの選好が対応します．

$$P \succsim_\Delta Q \iff f \succsim g$$

ここでは神様によってどのような s が選ばれるのかについての客観的確率が与えられないため，f と g は s についての主観的確率を置くことと同じ意味を持っています．それにもかかわらず，客観的な確率 p, q への好みと選好が整合的に対応していることに注意してください．

準備ができたので，アンスコム=オーマンによる主観的確率を定義すると，意思決定者と自然による二重の賭けとなります．まずは離散型の結果 x からの効用 $u : X \to \mathbb{R}$ について，確率 $P \in L$ に対して

$$E_p u = \sum_{x \in X} P(x) u(x)$$

と書くことができるとき，意思決定者が，アクト$f \in \mathcal{F}$を選び，自然が$s \in S$を選ぶことは，その期待値が，

$$E_{f(s)}u = \sum_{x \in X} f(s)(x)u(x)$$

となるようなくじ$f(s)$を得るということを意味しています．

　あるくじを買うfという行為をとるのは，自然がsを選ぶというビリーフ（信念）を持つことと同じです．すなわち，あるルーレットsが回ったとき，その下ではXのうちの結果xがある確率の下で得られるのですが，どのsになるかは客観的確率を持てないため主観的なビリーフを持つのです．宝くじ売り場を選ぶ人や，その前に神社に行ってお参りをする人は，それらの行為によって，自分では操作できないsの実現性について，影響を及ぼすことができると考えているのかもしれません．

　さらに事例を挙げると，例えばカイジ[3]が，xという結果（大金がもらえる）を望んでいます．xをもたらすルーレットが複数あり，ルーレットそのものは選べません．例えば，ルーレットが目の前に2つあり，カイジから見て左のルーレットsはxが出やすく，右のルーレットs'はxが出にくいことがわかっています．しかし，どちらのルーレットが回されるかは自分で決められないというケースです．カイジはxを得るためsがどれくらいの確率で選ばれるのかについてのビリーフの下にfというアクトを決めます．それがきっと得られるという主観的な確率をもってアクトfをとったとしても，自分では選べないルーレットsが集合Sの中から選ばれます．ルーレット（状態）がsかs'かによって，結果xを得る確率が変わりますから，カイジが結果xを手にする確率は，合成関数の$f(s)(x)$で得られる確率となります．あらためて，一つ目は，自分がfというアクトを選ぶかどうかというくじ，もう一つは神様が選んだルーレットsの結果が（客観的な）vNMくじにより与えられると考えるのです[4]．各ルーレット（状態）sにそのルーレット下での結果

3　福本伸行の漫画『賭博黙示録カイジ』の主人公で，様々なギャンブルに命がけで挑戦します．
4　ほかにも株への投資を考えると，例えばワインの株について1月から12月の平均収益率はわかっているのですが，天候によってその収益率全体が変わってしまうというようなケースです．自然（神様）がs（晴れ）という天候を選んだ場合には，1月から12月のどの月の収益率も高くなるようなケースを考えてみるとわかりやすいでしょう．神様がどうするのかについて自分のビリーフに基づいてワインの株を買うかどうかを決める行為がfです．fが状態sへのビリーフを

$\{s_1, \cdots, s_n\}$ を割りあてるアクトとは，ある s に 1 つのくじを割りあてることになります．この状態 s の集合 S から結果の集合 X への対応のことを，アインスコム=オーマン（A-A）アクトといいます．

準備ができたので，アンスコム=オーマンの定理について述べます．

(1) **弱順序**（weak order）

  $\mathcal{F}$ 上での選好 $\succsim$ は完備性と推移性を満たす．

(2) **単調性**（monotonicity）

  任意の $f, g \in \mathcal{F}$ について，各 $s \in S$ についても，$f(s) \succsim_\Delta g(s)$ がいえるならば，$f \succsim g$ である．

(3) **独立性**（independence）

  任意の $f, g, h \in \mathcal{F}$ について，いかなる $0 < \alpha < 1$ を満たす α についても，$f \succsim g$ ならば，$\alpha f + (1-\alpha)h \succsim \alpha g + (1-\alpha)h$ がいえる．

単調性は，どのような状態についても，状態ごとに行為 f が行為 g よりも低いリスクのくじ結果になる場合に，f が g より好まれるというものです．また独立性は，関係がない共通のアクトを足しても，元のアクトへの選好が壊れないというものですが，実は強い仮定です．この仮定において，すべてのアクトが状態に依存しないコンスタントアクトであるならば，期待効用理論の仮定と同じになります．そのほかにも，以下の仮定が必要です．

(4) **連続性**（またはアルキメディアン（Archimedean））

  任意の $f, g, h \in \mathcal{F}$ について $f > g > h$ であるならば，$\alpha f + (1-\alpha)h > g > \beta f + (1-\beta)h$ を満たすような $\alpha, \beta \in (0, 1)$ が存在する．

(5) **非自明性**（Non-degeneracy）

  $f > g$ であるような $f, g \in \mathcal{F}$ が存在する（すべての f, g について $f \succsim g$ ではない）．

《アンスコム=オーマンの定理》 (1)から(5)が成立するとき，S 上の確率測度 $\mu : S \to [0, 1]$ となる非定数関数 $u : X \to \mathbb{R}$ が存在し，あらゆる

反映している点はサベージアクトと同じです．

> $f, g \in \mathcal{F}$ について $f > g$ であれば，またそのときに限り
>
> $$\sum_{s \in S}(E_{f(s)}u)\mu(s) \geq \sum_{s \in S}(E_{g(s)}u)\mu(s)$$
>
> となる．ただし，$E_{f(s)}u$ は $\sum_{x \in X}^{n} f(s)(x)u(x)$ を指す．

　アンスコム=オーマンの定理が成立するならば，主観的確率測度 μ によって，賭け f と g への選好を賭けについての自分の評価値として表現できます．アンスコム=オーマンの定理では，主観的確率測度が $f(s)$ と $\mu(s)$ の二重積分となっていて，結果の分布をもたらす状態について，自分のビリーフ $\mu(s)$ を置いたとしても，s によってもたらされる結果に対する選好は，ビリーフから分離されているのです．

■ 非加算的確率測度とショケ積分

　本節のはじめに，エルスバーグのパラドックスを証明するアイディアとして，主観的確率の加法性の仮定を外すことが予想できると述べました．箱の中の3色のボール R と B と G に賭けるときに，それらが箱から出る主観的確率を，例えば $\mu(R) = 1/3$，$\mu(B) = \mu(G) = 1/4$ と考えるようなことです．箱の中には3つの色しかないので，$\mu(R \cup B \cup G) = 1$ と考えるのが普通でしょう．しかし主観的確率においては加算性が失われています．

$$\mu(R \cup B \cup G) \neq \mu(R) + \mu(B) + \mu(G) = \frac{5}{6}$$

　主観的確率は，キャパシティとも呼ばれ，直感的に理解しやすい次の性質を満たしています．キャパシティを v と表記すると，

(i)　$v(\phi) = 0$

(ii)　$A \subset B$ は，$v(A) \subset v(B)$ を満たす．

(iii)　$v(S) = 1$（全集合の確率は1である．）

　このような主観的確率すなわちビリーフ（信念，belief）を用いて起きてくる事象全体を評価するには，ショケ積分という積分を用います．ショケ積分では，ある事象に対する賭けを評価するときに，一番望ましくない事象から，

一番望ましい事象へと主観的確率を足しあげていく方法で計算します．例え
ば3色のエルスバーグパラドックスにおける確率について，

$$v(R\cup B\cup G)=1 \qquad v(B\cup G)=p(B\cup G)=\frac{2}{3}$$

となります．$p(R)=1/3$ はわかっていますが，ほかの箱についてはわかって
いません．今，主観的に $v(B)=v(G)=1/4$，$v(R\cup B)=v(R\cup G)=1/2$ という
確率を置くと，キャパシティの性質 (ii) の，$B\subset R\cup B$ ならば $v(B)<v(R\cup B)$
が成立します（ほかの性質もすべて確認してみましょう）．少し奇妙な感じがし
ますが，性質を満たす確率測度をうまく見つけてくればよいのです．上記の
主観的確率を持っているならば，赤が出たときのショケ積分によるショケ期
待効用（Choquet Expected Utility, CEU）は，効用関数を $u(x)=x$ と仮定すると，
賭けた色が出たときの賞金が x 円ならば，賭け $f(R)$ と $f(B)$ に関する評価は，
$\mathrm{CEU}_{f(R)}=v(R)x=x/3>\mathrm{CEU}_{f(B)}=v(B)x=x/4$ となり，赤に賭けるほうが良く
なります．青か緑が出る賭けの評価についても考えてみて，エルスバーグパ
ラドックスが解消しているのを確かめてください．

　さらに，**第4講**で解説したセントペテルスブルグのパラドックスに非加算
的確率測度をあてはめてみます．セントペテルスブルグのパラドックスでは，
無限に勝ち進めば，無限大の賞金が得られるのですが，コインを投げて n
回表が出るには，$n-1$ 回まで表が出ているという前提が必要になります．
ここで，人は表が出続けたことを連続で見た場合には，次にまた表が出る確
率について，$1/2$ ではなく裏が出やすいと思いこむと仮定します[5]．すなわ
ち n 回目まで続けて表が出るという（累積的）確率の主観的確率と，$n-1$ 回
目まで続けて表が出たという（累積的）主観的確率は，客観的確率 $1/2^n$ より
も小さくなると仮定します．すると，セントペテルスブルグのくじへの評価
は効用関数が $u(x)=x$ でも有限となります．以下にそれを示します．

　応用的には，非加算的な"測度"による積分は，非線形な確率評価 w の差，
$w(p_1+\cdots+p_n)-w(p_1+\cdots+p_{n-1})$ を用いて表すことができます．n 回表が出
たときの賞金 2^n を，主観的確率を用いた確率測度 $\mu_n : w(p_1+\cdots+p_n)-$

────────────
5　ショケ積分とエルスバーグパラドックスおよびセントペテルスブルグパラドックスとの関係性
　の説明は，成川（2004）によるものです．大学院で勉強したい方にお勧めです．

$w(p_1+\cdots+p_{n-1})$ で評価したものを，$n=1$ から足しあげていくので，ショケ積分を用いたショケ期待効用（CEU）関数は，

$$\mathrm{CEU}=\sum_{n=1}^{\infty}2^n(w(p_1+\cdots+p_n)-w(p_1+\cdots+p_{n-1}))<\sum_{n=1}^{\infty}2^n\frac{1}{2^n}=\infty$$

となって，セントペテルスブルグのくじに ∞ より低い評価を与えます．

　ところでこの CEU における確率測度 $\mu:=w\circ P=\mu(w(p_1+\cdots+p_n)-w(p_1+\cdots+p_{n-1}))$ には見覚えがあるはずです．そう，ランク依存効用関数（RDU）の確率測度および，ランク依存効用関数の特殊形としてのプロスペクト理論も，ここで用いている非加法性を仮定した確率測度と，それを用いたショケ積分を用いた理論なのです[6]．

5.2　MaxMin 期待効用モデル------------------

■ マルチプライオアモデル

　エルスバーグパラドックスを説明しうる理論を進展させたのが，Gilboa & Schmeidler（1989）によるマルチプライオア（multi-prior）モデルです[7]．プライオアという言葉は，将来の起こりうる出来事を意味しており，マルチプライオア理論は，複数の起こりうる出来事があるとき，それぞれの生起確率が与えられていないときの極端な行動を予見するモデルです．3 色のエルスバーグパラドックスにおける青のボールの可能性は 0 から 60 なので，$0\leq p_s(B)\leq 2/3$ ですが，最悪のプライオアを想定するならば，青が出たら 1 万円もらえるくじのときには 0 個を想定し，くじ A（赤が出たら 1 万円）を選んだと考えられます．そして，くじ C と D を比較したときには，緑のボールの可能性も 0 から 60 なので，$1/3\leq p_s(B)+p_s(G)\leq 1$ となります．しかし最悪のプライオアを想定して，青か緑が出る 2/3 の確率がわかっているくじ D を選択します．簡単にいうと，確率分布が与えられないときに，個人は主観的確率を持つわけではないということになります．この行為は，最悪の

6　ショケ積分の解説は，ギルボア（2014）224 頁〜227 頁に詳しいので，それを見てください．
7　論文のタイトルでは "non-unique priors" モデルですが，俗にそう呼ばれています．

プライオアを想定して最善の行動をとることで最大の結果を得ようとする MaxMin 期待効用（MaxMin Expected Utility, MMEU）モデルによって，すっきりと理解することができます．MaxMin 期待効用モデルでは，選好は

$$\min_{p \in P} \sum_{s \in S} E_{f(s)} u p(s)$$
$$E_{f(s)} u = \sum_{x \in X} f(s)(x) u(x) \tag{5-2}$$

の形式で表現されます．P は主観的信念（belief）の集合です．3 色のエルスバーグパラドックスでは（赤，青，緑）のボールについて，アンスコム=オーマンアクトを用いてすべての可能な組合せに対してくじを割りあてます．そのとき自分にとって最も望ましくない結果をもたらすプライオア $p \in P$ を持ってきます[8]．

$\min_{p \in P}$ とは，情報集合 P のうち，最悪なプライオア p を想定して，それに対応したアクト f をとることによって u が決まることを意味します．エルスバーグの 3 色のパラドックスでは，青が出ることに賭けるならば，青の数がゼロであると考え，赤か緑が出ることに賭けるならば，緑の数はゼロであると考えるのです．

■ MaxMin 期待効用モデルの仮定

MaxMin 期待効用が定義できるためのいくつかの仮定を紹介していきます．(1)弱順序，(2)単調性，(3)独立性，(4)連続性，(5)非自明性については，アンスコム=オーマンの定理の仮定と同じです．これらの仮定のうち，最も厳しい仮定である独立性を緩めます[9]．

---

8 「予測」prior の p を数理経済学者の方はプライオアと呼んで訳していません．ぴったり対応する日本語がないのでしょう．

9 ここでの仮定の緩め方は，Schmeidler（1984）とは異なるものです．Schmeidler（1984）では，青に賭けるくじ f と緑に賭けるくじ g を考えると $f \sim g$ です．赤に賭けるくじを h としたとき青と緑はヘッジ（リスクを相殺する投資契約をすること）できるので $1/2h + 1/2f < 1/2g + 1/2f$ となります．しかし独立性は $1/2h + 1/2f = 1/2g + 1/2f$ を要請します．ところが独立性の公理は賭けにおけるヘッジを許さないことから，独立性の公理にかえて，互いをヘッジする関係にない賭け $f, g \in \mathcal{F}$ について，$f(s) > f(t)$ かつ $g(s) < g(t)$ となる s, t が存在しないことを示す共単調性（comonotocity）という概念を導入しました．そのうえで，アンスコム=オーマンの定理の仮定を共単調独立性という仮定に入れ替えています．それによって，エルスバーグパラドックスを説明しうる，あらゆる状態の下での効用を（非加法性を満たす）主観的確率測度でショケ積分することで得られた効用の大小によって，f と g のアクトへの選好を示す定理を導き出しています．

(3′) **C-独立性**

　任意の $f, g \in \mathcal{F}$，任意の s と s' に対して $h(s) = h(s')$ となるコンスタント

アクト $h \in \mathcal{F}$，およびあらゆる $\alpha \in [0, 1]$ に対して，$f \gtrsim g$ であるとき，

またそのときに限り

$$\alpha f + (1 - \alpha)h \gtrsim \alpha g + (1 - \alpha)h$$

(6) **不確実性回避**

　任意の $f, g \in \mathcal{F}$ に対して，もし $f \sim g$ ならば，あらゆる $\alpha \in [0, 1]$ に対して，

$$\alpha f + (1 - \alpha)g \gtrsim f$$

　不確実性回避の仮定は，意思決定者が混合したくじをより好むということ
を意味しています．これにより，3色のエルスバーグパラドックスにおいて，
青または緑のどちらかが出たら賞金が得られるくじを，赤または青のどちら
かが出たら賞金が得られるくじよりも好むという行為が，背反する事象への
ヘッジへの選好を導入することによって正当化されています[10]．

《ギルボア=シュマイドラーの定理：MaxMin 期待効用モデル》

　$\gtrsim$ が，(1) 弱順序，(2) 単調性，(4) 連続性，(5) 非自明性に加え，(3′)
C-独立性，(6) 不確実性回避を満たすとき，またそのときに限って，閉
かつ凸の状態集合 S 上にある確率の集合 $P \subset \Delta(S)$ と非定数関数 $u : X$
$\rightarrow \mathbb{R}$ が存在し，あらゆる $f, g \in \mathcal{F}$ について，$f \gtrsim g$ が

$$\min_{p \in P} \sum_{s \in S} E_{f(s)} u p(s) \geq \min_{p \in P} \sum_{s \in S} E_{g(s)} u p(s)$$

の形で表現される．ただし

$$E_{f(s)} u = \sum_{x \in X}^{n} f(p)(x) u(x)$$

である．なお，この場合，P は一意で，u は正のアフィン変換に対して
不変である．

　上記の定式化において一意な確率測度が消えています．それは確率の集合

10　注9にあるように，シュマイドラーの定理を導き出す際には，ヘッジするような賭けを除いて
いたのですが，ここではヘッジへの選好を仮定しています．

P の中から自分の選択に依存して最悪の事態が起きる確率 p に基づいた測度関数を持ってくるからです[11]．この定理があることによって MaxMin 期待効用モデルを導入することができたのです．

MaxMin 期待効用モデルにより説明できる社会現象はたくさんあります．例えば 1992 年には狂牛病といわれる BSE 問題がピークを迎えたことで日本の社会を大きく揺るがす選択が行われました[12]．どの程度，牛肉を食べると BSE に罹患してしまうのかについて，前例がなくわからなかったため，少しでも危険性のある牛肉を食べることを避ける動きが広がりました．日本ではアメリカのカンザス州の牛肉を輸入していた吉野家の牛丼の販売が停止されました．その後も日本では牛の全頭検査が行われるというコストの高い対応が行われ，検査済みの和牛には個体識別番号が付けられています．これは最悪のケースを想定した人々のあいまいさ回避を顕著に表しています．

5.3　α–MaxMin 期待効用モデル--------------

MaxMin 期待効用モデルでは情報集合 P のうち，最悪の状況を意味する端点ただ 1 点 p の主観的なプライオアしか情報を利用していません．これから起きることについて，最悪のケースが頭をよぎるのは海外旅行に行くときなどです．保険会社のウェブサイトには，海外旅行先で腰の骨を折ると何千万円かかるなど，まさに最悪のケースが描かれています．ただしそこには確率の記述はありません．飛行機が墜落する確率は自動車事故に遭う確率よりもずっと小さいのですが，飛行機に乗ることを拒絶する人もいます（筆者も離陸時に死ぬことを一秒ぐらい考えます）．MaxMin 期待効用モデルは，このような人の行動を説明するのにぴったりなモデルであるといえます．しかしその一方で，世の中には，何をするにも非常に楽観的な人がいます．楽観的

11　例えば先物で株を買うならば，株価が下がることが最悪の事態ですが，売っておいたならば，株価が上がることが最悪の事態になるということです．

12　牛海綿状脳症（BSE）は，牛の病気の一つで，BSE プリオンと呼ばれる病原体に牛が感染した場合，牛の脳の組織がスポンジ状になり，異常行動，運動失調などを示し，死亡するとされています．ハンバーガーを食べていた英国のティーンエイジャー数人が BSE に罹患し死亡したことで知られることになりました．

な人は，最も良いケースを考えるでしょう．また，ほとんどの人は，最悪の
ケースと最良のケースの中間を考えている可能性が高いでしょう．このよう
な考え方をモデルにしたのが，Ghirardato, Maccheroni & Marinacci（2004）
の α-MaxMin 期待効用モデルです．あいまいさ回避度を示すパラメタ $\alpha=$
$[0, 1]$ が加えられています．

$$U(P, f) = (1-\alpha)\max_{p \in P} E_p[u \circ f] + \alpha \min_{p \in P} E_p[u \circ f]$$

起きうる事態の最悪と最善のケースの内分点を想定し，その内分点におけ
る効用を最大にするというモデルです．$\alpha=1$ のときは MaxMin 期待効用モ
デルになります．このモデルは個人のあいまいさに対する選好の違いを表現
できます．

このほかにも，確率がわからないとき，赤の確率が 30% なのは 50% だと
いうように，確率の上に確率を置く（確率に賭ける）という考え方を用いた
モデルもあります（Klibanoff, Marinacci & Mukerji（2005））．

5.4 不正確さ回避モデル----------------------------

次の質問に回答してください．

箱 A：赤と青のボールが 90 個入っています．
箱 B：赤と青と緑のボールが 90 個入っています．
[質問]　赤のボールが出たら 10000 円もらえます．箱 A から赤が出ることに賭
けたいですか？　箱 B から赤が出ることに賭けたいですか？

　　　　　　　　　　　　回答　⇒　箱＿＿＿＿に賭けたいです．

あなたは箱 A を選んだのではないでしょうか？　ところが，この問題に対
する α-MaxMin 期待効用モデルの回答は，「どちらでもよい」であるはずで
す．$\alpha=0.5$ の個人を考えましょう．最善のプライオアは赤が 90 個，最悪の
プライオアは赤が 0 個ですから，45 個赤が入っているというプライオアを

持つと予想できます．ところが，箱 B においても，$\alpha=0.5$ の人のプライオアは赤 45 個となります．しかし直感では，箱 B で最も入っていそうな赤の数は 30 個ぐらいと考えるのではないでしょうか？ この直感に反する α-MaxMin 期待効用モデルの帰結は，意思決定者が，「緑もあるよ」という情報を捨ててしまっていることからきています．

　この点を克服したのが，Gajdos et al.（2008）による不正確さ回避理論です．この理論では，くじについての情報を得た個人は，その情報空間の空間的な特徴の焦点（スタイナー点，後述）を想定します．もしもあいまいさに対して特に回避したいと思わないのであれば，個人は焦点そのものを意思決定に使います．しかし，ある程度悲観的な個人ならば，自分の不正確さ回避の程度 ε によって決まってくる焦点と最悪の予想との間の点を意思決定に用います．式は，情報の集合 P の下でアクト f を行ったときの効用 U を求めるので，

$$U(P,f)=(1-\varepsilon)E_{s(P)}[u \circ f]+\varepsilon \min_{p \in P}E_p[u \circ f]$$

　ただし，$s(P)$ はスタイナー点という，客観的な情報空間の「中心」（多角形・多面体について各頂点にかかる重みがその外角に比例する分点）であり，ε が重心 $s(P)$ に向けてどのくらいプライオアを絞り込むかという不正確さ回避度を示しており，主観的な部分はここに反映されます．$\varepsilon=0$ のとき，このモデルは主観的期待効用モデル $U(P,f)=E_{s(P)}[u \circ f]$ となります．そして，$\varepsilon=1$，すなわち不正確さ回避度が最も大きいとき，このモデルは MaxMin 期待効用モデル $U(P,f)=\min_{p \in P}E_p[u \circ f]$ になります．

　$s(P)$ は，情報空間の焦点，"中心" と考えればわかりやすいでしょう．先ほど回答してもらった，箱 A のスタイナー点は（赤，青）$=(45,45)$ となるのに，箱 B のスタイナー点は，（赤，青，緑）$=(30,30,30)$ となります．三角形で表される空間のうち，最悪な点は（赤，青，緑）$=(0,x,90-x)$ となり $0 \leqq x \leqq 90$ の 91 通りあります．その最悪な線からスタイナー点に向かって絞り込んでいきます．$\varepsilon=0.5$ であれば（赤，青，緑）$=(30,30,30)$ と（赤，青，緑）$=(15,60,15)$，（赤，青，緑）$=(15,15,60)$ で囲まれた▲の部分となります．

　このとき，箱 B からボールを引くことより箱 A からボールを引くことを強選好で選ぶという選択を説明することができます．つまり 3 次元以上の空

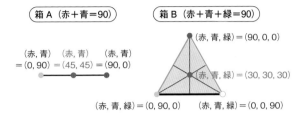

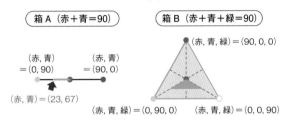

図 5-1　異なる情報空間におけるスタイナー点（上）およびスタイナー点への主観的確率の絞り込み $\varepsilon=0.5$ の場合（下）

間をどのように認識して、その認識を用いていかなる意思決定を下すかということについても説明できるモデルなのです[13].

■ 実験経済学におけるあいまいさ回避度の計測

　今までに、客観的確率にそれぞれウエイトを付ける主観的期待効用（SEU）モデル、最悪のプライオアの下で効用を最大にする MaxMin 期待効用（MMEU）モデル、最善と最悪のプライオアの中間の予想の下で効用を最大にする α-MaxMin 期待効用モデルを学びました。さらに、どのような確率

13　不正確さ回避モデルでは個人が情報空間について3次元以上と2次元を別のものとして認識することが盛り込まれます。これについては、具体的にサイコロを利用し複雑な手続きを用いて、誰に対しても明確にあいまいな状況を作り出すことにより Hayashi & Wada（2010）において検証されました。安定した ε を求めるべく実験を行った Hayashi & Wada（2019）では、計測した ε は、サイコロを使った実験では、2次元の箱の ε と3次元の箱の ε において整合的な結果を得ています。

分布になるかについての確率を置く（例えば，赤と黒のボールが100個入っているとして，赤が20個となる確率が10%など）方法が考えられます（Recursive Expected Utility モデル）．あなたがどのモデルに従っているのか，Halevy（2007）による次の質問に回答してみてください．

［質問］ 以下の4つの箱にはすべて10個のボールが入っています．1個ボールを引いて，赤が出たら1000円もらえます．それぞれの箱に何円まで払えますか？ その最大値を回答してください．

　　箱1：赤5個，青5個
　　箱2：赤＋青＝10（0≦赤≦10，0≦青≦10）
　　箱3：赤の数字のトランプが1からジョーカーまで1枚ずつ11枚入っている．トランプを1枚引いて，出た数字の赤を入れて箱を作る．
　　箱4：（赤10　青0）の箱である確率が1/2
　　　　（赤0　青10）の箱である確率が1/2

　　回答　⇒　箱1＿＿＿＿円，箱2＿＿＿＿円，箱3＿＿＿＿円，箱4＿＿＿＿円

　あなたの回答は，不確実性の下でのくじの価値を確実な価値にする確実性等価（CE）を示しています[14]．箱3，箱4は混合くじによる箱1の再現であり，箱1の価値≠箱4，箱3の価値であれば，シュマイドラーが定義した「確率的に洗練されていない」個人であることになります．Halevy（2007）は実験を行い，被験者のうち二段階くじを正しく還元できる人は，あいまいさ中立[15]であることを発見しました．彼はエルスバーグパラドックスも二段階確

---

[14] 確率 p で x が得られ，$1-p$ で何も得られないアロー証券の（主観的）期待効用は，確率測度を $f:[0,1]\to[0,1]$, $f(1)=1$, $v(0)=0$ を満たすものとして $u(x,p;0,1-p)=u(x)v(p)$ で表されます．今，主観的確率が客観的確率に等しく，$v(p)=p$ ならば，このくじの確実性等価は，効用の逆関数を用いて，$CE(x,p;0,1-p)=u^{-1}(u(x)p+u(0)(1-p))$ となります．同様に箱1は p が与えられていますので，$CE=u^{-1}(u(10)\cdot0.5+u(0)\cdot0.5)$．箱4は，$CE=u^{-1}\{0.5(0.5u(10)\cdot0.5+u(0)\cdot0.5)+0.5(0.5u(0)\cdot0.5+u(10)\cdot0.5)\}$ となります（箱3は長くなるので各自で書いてみてください）．

[15] あなたの回答が，箱1＝箱3＝箱4であれば，あなたは期待効用を最大化しています．箱2＞箱1なら，SEUを最大化している可能性があります．箱1＝箱2であってもあいまいさ中立であり，箱1＞箱2であればあいまいさ回避があります．もしMaxMin期待効用を最大化しているならば，その価値は必ず箱2＜箱1＝箱3＝箱4となります．確率分布に主観的な確率を置くRecursive Expected Utility においては，箱3と箱4は「くじのくじ」，すなわち二段階くじなので，主観的に予想をする2段階のプライオアを持つと考え，例えば箱3でトランプの数字がいくつに

率を還元できないことからくるのではないかと論じています[16].

Ahn et al.（2014）は，Bossaerts et al.（2010）の手法に基づき，（エルスバーグパラドックスに対応した）リスク証券1つとあいまいな証券2つを用意し，証券の価格を変化させることで異なる予算制約下でのポートフォリオ選択を行わせて，あいまいな証券が割安になった場合にそれをどの程度保有するのかを観察することで，各個人の意思決定がどの理論に沿っているのかを説明しています．一つのあいまいな証券が紐づけられている事象と，もう一つのあいまいな証券が紐づけられている事象は互いが余事象となっているため，あいまいさ回避度が高い人にはどんなに片方のあいまいな証券がもう一方より安くても，完全なヘッジ投資となるように両方を同じ量保有するという特徴がみられます．一方，主観的期待値を最大にするのであれば，あいまいな証券が安ければそれを多めに購入します．彼らは被験者の83％があいまいさ中立，10％があいまいさ回避，3％があいまいさ追求であること，そうした被験者の多様性（heterogeneity）を考慮に入れても，主観的期待効用モデル，MaxMin 期待効用モデル，ショケ期待効用モデル，α-MaxMin 期待効用，Recursive 期待効用モデルのうち，主観的期待効用を最大にしていることを発見しています．主観的期待効用モデルの説明力が，MaxMin 期待効用モデルなどの他の理論より高いという結果は，Carbone，Dong & Hey（2017）においても得られています．

一方，Bossaerts et al.（2010）では，あいまいさ回避があるときの市場の価格形成を仮想市場における売買により調べています．あいまいさ回避者はあいまいな証券を全く所有せず市場に参加しないために，あいまいさ回避度が価格に反映されないという逆説的な結果を得ています．

なるのかについて，対称的に5の近くの数字が多めなどのプライオアを持っているケースです．例えばトランプの4, 5, 6が入る確率が20％などと考えるのです（確率は足しあげて1になる必要はありません）．箱2の評価が客観的な50％の箱より低い人は，箱4で確率0の箱が出る確率を大きく感じるため，箱3の評価は箱4より高くなります．

16　そのほかに，Halevy（2007）は35％はあいまいさ回避または愛好を示し，二次分布にもあいまいさ回避があることを発見しています．残り35％は意志決定者がランク依存効用関数を使用して二段階の宝くじ（曖昧な宝くじを含む）を評価する理論（Segals）と一致する選好パターンであることを発見しています．

■ α-MaxMin 期待効用モデルの株式市場への適用例

あいまいさ回避の存在は，投資家が株式を保有する際に，分散で測定できるリスクプレミアムとは別に，あいまいさへのプレミアムを株主が必要としており，その分株価が大きく割り引かれることを意味しています．株価がリスクだけ用いた理論値と比較すると，現実の株価が低いということは，リスクプレミアムパズルと呼ばれてきました．このパズルを解こうとして多くの経済学者が様々な観点から取り組んできました．

Hara & Honda（2018）は，あいまいさ回避モデルとして α-MaxMin 期待効用モデルを用いて，すべての株を効率的に組み合わせて達成できるシャープレシオ（sharpe ratio，詳しくは**第6講**）の最大値を基準にしたとき，現実の市場均衡におけるシャープレシオが最大値の6割程度であり，代表的消費者のあいまいさ回避度を8以上であると推定することで，あいまいさ回避に帰属する部分が説明されるという発見をしています．

5.5　あいまいさ回避と……………………… ドメスティック・バイアス

ナイト流不確実性の下での意思決定とあいまいさ回避については，行動経済学者によっても問題が提起され研究が進められました．次の質問に答えてください．

［質問］ 札幌市とルクセンブルグ市とは，緯度および平均気温がほぼ同じであることがわかっています．以下の賭けに勝てば，1万円がもらえます．あなたはそれぞれにいくらまで支払えますか？

　A：札幌市の今年の8月の平均気温温度が25度を超える

　B：ルクセンブルグ市の今年の今年の8月の平均気温が25度を超える

回答　⇒＿＿＿＿

これは Fox & Tversky（1995）による問題を少し変えたものです（オリジ

ナルでは，サンフランシスコとイスタンブールでした）．Aを選ぶ人が多かったのではないでしょうか．Fox & Tversky（1995）では，カリフォルニア大学バークレー校の学生189人に留保価格をA, B同時にたずねると，サンフランシスコの気温への賭けに40.53ドル支払うのに，イスタンブールへの賭けには24.69ドルしか支払わないという結果を得ています．くじAとBの留保価格を比較対象無しにAだけ，Bだけをたずねた結果の平均は，サンフランシスコが39.89ドル，イスタンブールが38.37ドルであり，統計的に有意には違わないことを発見しています．この回答からは，たとえ収益率や分散からみて同じ企業が2つ選択肢に上ってきたとしても，名も知らぬ海外の企業などに投資をするよりも，国内の名前だけは知っている企業に投資をしたいと思う，ドメスティック・バイアスが浮かび上がります．

■ Active Learning

《海外旅行に行くときの意思決定》‥‥‥‥‥‥‥‥‥‥‥‥‥‥‥‥‥‥‥‥‥‥‥

　行きたい外国を選び，一週間の旅行に行くと考えましょう．保険会社のウェブサイトの事例を見て保険を選んでみましょう．損害に主観的に確率を割りふってみて，選んだプランの価格設定との整合性をチェックしてください．また確率を利用しましたか？

　海外旅行保険についての意思決定は，どのモデルによって説明されるでしょうか？　理由を説明してください．

第6講 ナイーブな ポートフォリオ選択

■個人の資産運用については，ポートフォリオ選択に関して資本資産価格モデル（Capital Asset Pricing Model, CAPM）が 1980 年代に定着しました．ところが「理論から逸脱するアノマリーが観察される」という指摘が相次ぎました．その上，アメリカにおいて始まった確定拠出年金において，個人が自分で行うポートフォリオ選択が CAPM の示唆する帰結からかけ離れていることがわかったのです．フィールドデータの分析により発見されたファクトに基づいた仮説を検証するために，様々な実験が行われました．

6.1　ポートフォリオ理論 -

■ ポートフォリオ選択と投資フロンティア

　読者の皆さんは，年金なんて大分先の話だなあ……と思われるかもしれませんね．でも少年老い易し（ついでに学問は成りがたし）です．国民年金だけでは十分な生活は難しいことは予見されていますし，自分の引退後に送りたい生活に見合った資産を準備するに越したことはありません．

　資産を運用するとき，預金のように，元本が保証されている資産もあります．その一方で，元本が保証されていないものの，平均的にみると（つまり期待値では）高い収益がある証券もあります．株式を一種類だけ所有することは，個人投資家にとっては耐えられないほど高いリスクをとることになりますが，2 種類以上の株式を所有することで，リスクをある程度まで減らすことができます．資産をどのように組み合わせるか，ということをポートフォリオ選択といい，マーコビッツ（Markowitz, H. M.）が 1952 年に確立した

表6-1 ビジネスホテル，スキー場の温泉旅館，海のリゾートホテルの毎月の収益率

(単位：%)

月 業種	1	2	3	4	5	6	7	8	9	10	11	12	期待値	分散	標準偏差
ビジネスホテル	2	2	2	2	2	2	2	2	2	2	2	2	2.0	0	0
スキー場の温泉旅館	40	20	10	0	10	0	−10	−10	0	0	20	40	10	246.2	15.7
海のリゾートホテル	10	20	5	10	20	−30	50	50	20	5	−20	10	12.5	459.6	21.4

モデルです（Markowitz（1952））．

　リスクとは，平均的な収益である期待値からどれくらい乖離する可能性があるかを示すもので，分散またはその2分の1乗である標準偏差によって測られます．今から，業種は同じであるものの，異なる毎月の収益率を持つ3つの証券を考えましょう（表6-1）．

　ビジネスホテルは1年中同じ収益率が得られ，年間の収益率の期待値（平均値です）は2%です．毎期の期待値からの実際の収益率がどれだけ離れたかという偏差は0ですので，分散と標準偏差は0となります（現実にはホテル経営にはリスクがつきものなのですが，例として考えてください）．

　スキー場の温泉旅館と海のリゾートホテルはいずれもハイシーズンとオフシーズンの差が激しいのが特徴です．温泉旅館は，スキーシーズンである11月から2月に収益率が高いものの，オフシーズンである7月と8月にはマイナスの収益率となっており，1年間投資したときの収益率の期待値は10%です．分散は246.2で標準偏差に直すと15.7となります．海のリゾートホテルでは，7月から9月の収益が高い一方，雨季の6月や寒い11月にはマイナスとなっています．リゾートホテルは1年間投資したときの収益率の期待値は12.5%です．ただし分散は高めの459.6（標準偏差21.4）です．

　温泉旅館，リゾートホテルの期待値で見たリターンはいずれもビジネスホテルよりも高い一方，温泉旅館のみ，リゾートホテルのみの証券をそれぞれ単独で持っているとリスクがあるという問題があります．ところが，温泉旅

館とリゾートホテルを組み合わせると，スキーシーズンと海のシーズンのどちらも平均的に儲かるばかりか，リスクを減らすことができるのです．

　理論的な解説の前に，ここで読者の皆さんに質問をします．回答してもらった理由については，後ほど述べます。

[質問1]　あなたは遺産をもらいました．それを用いて温泉旅館とリゾートホテルの2つの株を所有することにします．全資産の何%をそれぞれに投資しますか？　合計が100%になるように回答してください．

　　　　　　　回答　⇒　温泉旅館＿＿＿＿%，リゾートホテル＿＿＿＿%

[質問2]　さらに，ビジネスホテルの債権も組み合わせることにしましょう．どのような比率で投資しますか？

　　　　　　　回答　⇒　ビジネスホテル＿＿＿＿%，温泉旅館＿＿＿＿%，
　　　　　　　　　　　　リゾートホテル＿＿＿＿%

　以下では代表的な一般的に考えられる個人投資家の焦点となる回答に沿って，温泉旅館とリゾートホテルの株を組み合わせた後の期待値と分散がどうなるのかを調べてみましょう．質問1に対してそれぞれの株に50%投資すると回答したと想定し，この組合せをポートフォリオAと呼びます．ポートフォリオAの毎月の期待値は，それぞれの株の中間の数字11.25%（表6-2）です．分散は120.67，標準偏差は10.98となります．おお！温泉旅館だけに投資をするよりもずっと安全です．つまりリスクを小さくしながら，リターンを大きくすることができました．

　ポートフォリオにおける温泉旅館への組み入れ比率をαとすると，リゾートホテルの組み入れ比率は$1-\alpha$となります．表6-2の例は$\alpha=0.5$でしたが，その値を0から1まで動かしていくと，期待値と標準偏差の散布図を図6-1のように描くことができます．0から1まで0.1刻みで動かしたときの期待値を縦軸に，標準偏差を横軸にしたもので，投資フロンティアと呼ばれます．組み入れ比率$\alpha=0.4$の近くでリスクが最も小さくなっていることが

表 6-2　スキー場の温泉旅館 50％と海のリゾートホテル 50％
の場合のポートフォリオと偏差および分散

偏差の表 ＼ 月	1	2	3	4	5	6	7	8	9	10	11	12	合計	株の比率	ウエイト付けした期待値/分散
スキー場の温泉旅館 (A)	30	10	0	−10	0	−10	−20	−20	−10	−10	10	30	0	0.5	5.00
海のリゾートホテル (B)	−2.5	7.5	−7.5	−2.5	7.5	−42.5	37.5	37.5	7.5	−7.5	−32.5	−2.5	0	0.5	6.25
(A) の2乗	900	100	0	100	0	100	400	400	100	100	100	900	3200	C	800
(B) の2乗	6.25	56.25	56.25	6.25	56.25	1806	1406	1406	56.25	56.25	1056	6.25	5975	D	1494
共分散 (A)×(B)	−75	75	0	25	0	425	−750	−750	−75	75	−325	−75	−1450	相関係数	−362.50
														ポートフォリオの分散	1931

（注）　$C=W_1^2\sigma_1^2$, $D=w_2^2\sigma_2^2$, 相関係数＝$w_1w_2\sigma_1\sigma_2$

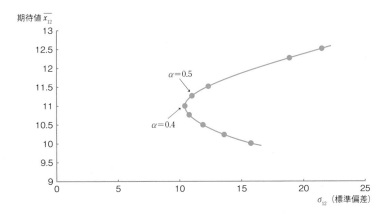

図 6-1　温泉旅館とリゾートホテルによる投資フロンティア

わかります．このような形になるのは，温泉旅館とリゾートホテルの収益率が，どちらかが儲かるときはどちらかが損失が出ているという具合に，逆方向に動くためです．このことを逆相関があるといいます．相関とは，互いの変動がどの程度一致するかということを示します．2つの証券の相関係数は，以下のように求められます．

温泉旅館の期待値と分散をそれぞれ $\overline{x_1}$, σ_1^2，リゾートホテルの期待値を $\overline{x_2}$, σ_2^2 としるするします．温泉旅館と海のリゾートの各月の超過収益が連動するか

どうかを示すものは，共分散（covariance，各証券の毎月の実現値－期待値，すなわち偏差を掛け合わせたもの）であり σ_{12} としるします．共分散 σ_{12} は，各証券の 12 か月の収益率の偏差を用いて，

$$\sigma_{12} = \sum_{i=1}^{12}(x_1 - \overline{x_1})(x_2 - \overline{x_2}) \tag{6.1}$$

と表されます．温泉旅館の収益率がプラスの冬には $(x_1 - \overline{x_1})$ は正となる一方で，リゾートホテルの偏差 $(x_2 - \overline{x_2})$ はマイナスになるので，(6.1) 式で表される共分散はマイナスの値となります．このように，共分散がマイナスになる証券を組み合わせることによって，株式に固有のリスク（idiosyncratic risk）を減らすことができます．

いま証券 1 と証券 2 のポートフォリオへの組入比率を w_1, w_2 とします．温泉旅館の株の期待値 $\overline{x_1}$ と分散 $\sigma_1{}^2$，リゾートホテルの株の期待値 $\overline{x_2}$ と分散 $\sigma_2{}^2$ を用いて表現します．このポートフォリオの期待値は，

$$\overline{x_{\rho_{12}}} = w_1\overline{x_1} + w_2\overline{x_2} = \frac{1}{12}\sum_{i=1}^{12}(w_1 x_{1i} + w_2 x_{2i}) \tag{6.2}$$

となります．

このポートフォリオの分散は，毎月のポートフォリオの実現値と期待値の差（偏差）の 2 乗の合計となるため，

$$\sigma^2{}_{\rho_{12}} = \frac{1}{12}\sum_{i=1}^{12}(w_1 x_{1i} + w_2 x_{2i} - \overline{x_{\rho_{12}}})^2$$

と書くことができます．期待値の式 (6.2) 式を代入すると，

$$\sigma^2{}_{\rho_{12}} = \frac{1}{12}\sum_{i=1}^{12}\{w_1(x_{1i} - \overline{x_1}) + w_2(x_{2i} - \overline{x_2})\}^2$$

$$= \frac{1}{12}\sum_{i=1}^{12}\{w_1{}^2(x_{1i} - \overline{x_1})^2 + w_2{}^2(x_{2i} - \overline{x_2})^2 + 2w_1 w_2(x_{1i} - \overline{x_1})(x_{2i} - \overline{x_2})\}$$

温泉旅館の収益率がその期待値 10% より高い（すなわち $(x_{1i} - \overline{x_1}) > 0$ となっている）1, 2, 11, 12 月のうち，2 月以外はリゾートホテルでは期待値より収益率が低い，すなわち $(x_{2i} - \overline{x_2}) < 0$ です．逆にリゾートホテルで $(x_{2i} - \overline{x_2}) > 0$ となる 2, 5, 7, 8, 9 月のうち，7, 8, 9 月は温泉旅館の収益率は期待値より低く $(x_{1i} - \overline{x_1}) < 0$ となります．そのため，共分散 $(x_{1i} - \overline{x_1})(x_{2i} - \overline{x_2})$ がマイ

ナスとなります．1年のうち半分がマイナスの共分散となったため，分散が小さくなっていることがわかります．共分散を $Cov(x_1, x_2)$ と表すと，

$$\sigma^2_{\rho_{12}} = w_1{}^2\sigma_1{}^2 + w_2{}^2\sigma_2{}^2 + 2w_1w_2Cov(x_1, x_2)$$

また，相関係数を ρ_{12} と書くと，偏差の積を証券1の分散と証券2の分散で割ったものになるため，

$$\sigma^2_{\rho_{12}} = w_1{}^2\sigma_1{}^2 + w_2{}^2\sigma_2{}^2 + 2w_1w_2\sigma_1\sigma_2\rho_{12}$$

とも表現できます．相関係数がマイナスとなっていることから，投資の有効フロンティアは最も分散が低くなるところで曲がり，1つの収益に対して異なるリスクの複数のポートフォリオがありえます．投資フロンティアにおいて，リターンを一定としたときリスクが小さいほうが望ましく，さらに効率的な運用をする点は包絡線となっています．包絡線の下方にある効率的でない点の運用も可能ですが，最も効率的な運用は，上側の包絡線上にあります．これを投資の有効フロンティアといいます．今まで2つだけの株でしたが，様々な運用可能な株をすべて取り込んでいくことによって市場全体の有効フロンティアができあがります．個人投資家で資金が小さくても，市場を代表するような日経225や東証株価指数などの指数に連動するインデックス運用をすることによって，市場の有効フロンティア上の運用が可能になります．

さらに，個人投資家ならば危険資産のポートフォリオのみを持つことは少なく，安全資産を組み合わせるはずです（2017年度の日本銀行の調査によると家計の8割以上が安全資産しか持っていません）．実はこのことが部分的に望ましい結果をもたらします．本講の例では，収益変動リスクが0のビジネスホテルの債券も含んだ3つの株式を組み合わせてみると，奇跡が起きます．安全資産とほかの2つの株（危険資産）との相関係数はゼロであるため（安全資産は危険資産の収益率にかかわらず一定であるため），危険資産だけで運用するときよりもリスクを減らすことができ，リスクとリターンの関係が線形になるのです．ご自身で確かめてみましょう．

市場全体の危険資産から構成されるポートフォリオを ρ_M，安全資産を債券 Bond の頭文字 B で表し，危険資産の組み入れ比率を α とすると，危険

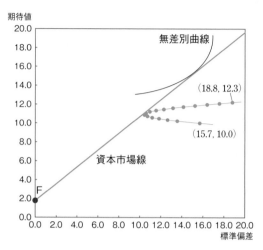

図6-2　有効フロンティア＋資本市場線

資産を α, 安全資産を $1-\alpha$ 組み入れたポートフォリオの平均と分散は

$$\overline{x_\rho} = \alpha x_{\rho M} + (1-\alpha) x_B \tag{6.3}$$

$$\sigma_\rho{}^2 = \alpha^2 x^2{}_{\rho M}$$

となります. 標準偏差 $\sigma_\rho = \alpha x_{\rho M}$ より $\alpha = \sigma_\rho / x_{\rho M}$ を（6.3）式に代入して整理すると

$$\overline{x_\rho} = x_B + \left\{ \frac{x_{\rho M} - x_B}{x_{\rho M}} \right\} \sigma_\rho$$

となり, リスクとリターンが線形の関係になることがわかります. 傾きは, $(x_{\rho M} - x_B)/x_{\rho M}$ であり, 1以下になることがわかります[1].

　市場全体のポートフォリオからなる効率的フロンティアと安全資産で作る資本市場線上では, どのようなリスク回避度を持つ個人も, 安全資産と効率的危険資産のポートフォリオを, 自らのリスク態度に見合った比率で保有す

1　最も極端なケースとして, 安全資産（リスクフリー証券とも呼ばれます）の利回りが0であると仮定すると, $\overline{x_\rho} = \sigma_\rho$ となって, いつでも同じ数値になります！

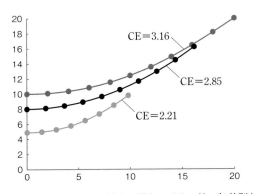

図 6-3　ポートフォリオに対する異なる CE の値の無差別曲線

ることで期待効用を最大化できます．資本市場線上のどこかを自分の無差別曲線と接するように選べばよいのです．自らの資産を 100％ビジネスホテルの社債で運用すると仮定した場合，リスクはゼロでリターンは2％になるので図 6-2 の F 点で運用することになります．ある程度リスクをとることができる個人の選択する点は，F 点を起点として投資フロンティアに接する点を通る（つまりリターンに対して相対的に最小のリスクとなる）直線状のどこかになります（図 6-2）．この中で，リスク回避的な個人の無差別曲線は，次の項で説明するように左下側に向かって凸になるため，ただ一点で資本市場線と接することになります（リスク中立的であるときは，無差別曲線が線形になるため，その傾きが資本市場線と同じであるとき，どの点でもよくなりただ一点に決まりません）．これを分離定理といい Tobin（1984）によって証明されました．

■ 投資家の無差別曲線

　無差別曲線の形状はリスク選好を表しています．ある投資家のリスク回避度を γ とし，例えば相対的リスク回避度が一定になる効用関数として，

$$U(x, \gamma) = \frac{x^{1-\gamma}}{1-\gamma} \tag{6.4}$$

を仮定します．リスク資産保有の確実性等価（CE）として（6.4）式の効用に基づく期待効用を採用すると，同じ期待効用水準をもたらすような無差別曲線は，リスクを横軸，リターンを縦軸にした場合に，図6-3のような形状になります．図では $\gamma=1/2$ のケースで $U(x)=2\times x^{\frac{1}{2}}$ の効用を持つ個人が2つの証券を保有した場合の期待効用を確実性等価としています．さらに3つの水準の CE$=\sqrt{x_1}+\sqrt{x_2}$ を仮定したときの，3通りの CE の無差別曲線を描いています．横軸が標準偏差で示したリスクの大きさ，縦軸が期待値（期待収入）です．無差別曲線は無数に引くことができ，上に行くほど高い CE を示しています．

■ 資本資産評価モデル（CAPM）による個別銘柄のリスク評価

例えば自分のポートフォリオを 20 種類ぐらいで作ったとして，そのポートフォリオはどのくらい市場全体と連動するのでしょうか？ また，ポートフォリオを形成するような複数の銘柄の株式を所有しないで，雇用されている会社の株だけを所有しているとき，そのリスクをどう評価するべきなのでしょうか？ その答えは 1960 年代にシャープ（Sharpe, W. F.）や，リントナー（Lintner, J.）によって確立された資本資産評価モデル（Capital Asset Pricing Model, CAPM）によってもたらされます．ある株式のリスクは，それが市場全体の株とどの程度連動して動くのかを調べることによってわかります．そこで市場全体の株を組み入れたマーケットポートフォリオと，自分の保有する株の相関係数を β と置くと，個別銘柄のリスクを，市場全体の避けることができないリスクと，個別銘柄のリスクに分けることができます．今までビジネスホテルの証券で代表してきたリスクのない債券のレートをリスクフリーレート r_f とします．

ここで温泉旅館の期待収益率を $E(r_H)$，温泉旅館の標準偏差で表現されるリスクを σ_H とすると，リスクフリーレート r_f と市場の収益率 r_M および市場リスク σ_M を用いると，

$$E(r_\rho)=r_f+\frac{(E(r_M)-r_f)\sigma_H}{\sigma_M}$$

温泉旅館の株価が市場とどの程度連動するのかを β_H によって表現すると

$$E(r_\rho) = r_f + \beta_H(E(r_M) - r_f)$$

となります．β_H は図 6-2 の資本市場線の傾き，$E(r_M) - r_f$ が市場のリスクプレミアムであり，$\beta =$ 個別銘柄の収益率の標準偏差 $\sigma_H \div$ マーケットポートフォリオの収益率の標準偏差 σ_M という式で表現できます．$\beta = 1$ に近いほど，市場全体の株の動きと連動しており，$\beta = -1$ に近いほど，市場と逆方向に動く銘柄となります．なお，リスクプレミアムをこのポートフォリオの標準偏差で割ったものをシャープレシオといいます．市場のポートフォリオのシャープレシオは，

$$S_\rho = \frac{E(r_M) - r_f}{\sigma_M}$$

で表され，標準偏差が 1 単位大きくなるとどの程度リスクプレミアムが大きくなるかを示しているので，投資の効率性を表しています．

　個人が市場全体の株をすべて組み合わせたインデックス運用をし，さらに，個人のリスク下の意思決定が期待効用理論に従っており，それぞれのリスク回避度を持っているということを仮定しましょう．理論は，個人のリスク回避の程度を反映したリスクとリターンについての無差別曲線と有効フロンティアが接する点のポートフォリオが選択されることを予言します．しかし Neugebauer（2008）はポートフォリオ選択の実験を行い，被験者が「ここが効率的なフロンティアです」と教えられないと効率的な投資点を探すことができず，非効率な投資に甘んじることを発見しています．

　また個人が CAPM が仮定するように十分合理的であったとしても，個人はみんな違いますから，年金を各自で運用するならば，個人のリスク選好やタイムホライズン（証券投資の期間）に合わせて，ポートフォリオの内容が人それぞれ大きく違っていることが予想されます．しかし，実際にはそうでもないことがわかったのです．その理由は投資家が"エコノ"ではなく"ヒューマン"が運用しているからと推測されています．

ヒューマンの運用-----------------------------

■ 確定給付年金から確定拠出年金へ

　昭和時代には入社した企業を中途退社する人は少なく，企業は被雇用者の人生に責任を持ち，個人の年金に対し大きな補助金を負担し，年金の支払いについて，確定的な給付金を保障していました．1993 年までは，金融政策の一つであった公定歩合（日本銀行からの市中銀行への貸出金利）は最低でも2.5％程度でしたので，確定給付年金は，国債などを含む債券の運用でも十分な結果を出していたといえます．しかし，バブル崩壊後の“失われた 10年”がはじまったとされる 1994 年ごろから雇用の安定性が失われ，転職は珍しいことではなくなり，企業側も被雇用者の退職後の人生に責任を持つ必要性が薄れました．さらに超低金利時代が到来し，“リーマンショック[2]”後の 2008 年にはマイナス成長を記録する中で，企業にとって給付型年金制度を維持することは困難になりました．そのため，すでにアメリカで始まっていた確定拠出型年金制度に移行した企業が増えました．これによって，個人は自分の年金への責任を自分でとらなければならなくなったのです．

　アメリカではすでに 401k プランと呼ばれる確定拠出型年金制度が始まっていました．行動経済学者たちは，この制度が実際にうまく利用されているかどうかについて検証をし，驚くべき発見をしました．そこには行動経済学における，“個人は経済学が予測するよりもナイーブ”という仮説を裏付けるような運用結果が詰まっていたのです．

■ デフォルトの力と現状維持バイアス

　確定拠出年金について，Beshears et al.（2004），Choi, Laibson & Madrian（2009）が発見したのは，デフォルトが及ぼす強大な力でした．企業が設定した初期運用の設定デフォルト後，運用の内容を変化させていない個人が非

2　アメリカの大手投資銀行リーマン・ブラザーズがサブプライム住宅ローンのデフォルトに伴い，ローンのキャッシュフローを証券化したサブプライム・モーゲージの暴落をきっかけにして破綻したことに端を発する金融危機と世界不況．

常に多かったのです．企業が加入を設定していなければ，制度があるにもかかわらず個人は加入すらしていませんでした．この現象をセイラーは，「個人がエコノであれば各自が自分に合わせた最適な運用をしているはずであるが，ヒューマンだから最適化をしていない」と表現し，行動経済学的な理由を挙げています．

第一に，デフォルトからポートフォリオの内容を変化させない理由としては，Gain-Loss 関数が私たちに及ぼす現象，現状維持が強く働いたものと思われます．さらに，特殊な後悔回避が働いたことも考えられます．なぜならば，運用内容を自分だけがデフォルトから変化させれば，同じ企業で働いている人たちと，異なる年金を受け取ることになります．同僚より低い年金を受け取る結果になった場合，運用内容を変更したことへの後悔は大きくなりそうです．

さらに，異時点間の選択において，計画と現実が乖離する不整合性に直面した可能性もあると思われます．**第9講**で詳しく説明しますが，将来の価値を今の価値に直すとき，経済学が仮定する異時点間の選択に重要な役割を果たす時間選好率の定常性（ある時点と異なる時点の間隔が同じであれば，それがどの時点から始まっても同じ時間選好率を用いて割り引くという性質）が破綻していて[3]，今は特別に感じるため，将来のための蓄えにお金を回すよりも今を楽しむことを優先させてしまうことからきていると考えられます（筆者もそうです）．

6.3　ナイーブな分散投資

■ n 分の1戦略

Benartzi & Thaler（2001）は，年金運用について大学内のスタッフを3つのグループに分けて，アンケート実験を行いました．

---

[3]　今と来年の間といった近い将来のことは大きく割り引くのに対し，30年後と31年後の遠い将来の1年間は小さく割り引くうえに，29年後と30年後との定常性もほぼ満たされていることを指します．

退職後の年金のため，これから毎月積み立てを行うと考えて下さい．

グループA「あなたは株式と債券によって年金を運用することができます．
　　　　　株式と債券にそれぞれ何％投資しますか？」
グループB「あなたは株式と，50％株式で50％が債券で構成される投資
　　　　　信託によって運用をすることができます．株式と投資信託
　　　　　に何％投資しますか？」
グループC「あなたは債券と，50％株式で50％が債券で構成される投資
　　　　　信託によって運用をすることができます．債券と投資信託
　　　　　に何％投資しますか？」

　グループA，B，Cともに，最頻回答は，与えられた2つの証券を50％
ずつ投資するというものでした．グループAでは34％が「50％を株式に，
50％を債券に投資する」と答え，グループBは21％が「50％を株式に，
50％を投資信託に」，グループCは28％が「50％を債券に，50％を投資信
託に」というものだったのです．

　グループBでは結果的に75％を株式に，25％を債券に投資をすること
になり，逆にグループCでは，結果的に25％を株式に，75％を債券に投
資しており，どちらもグループAで最も多く見られた50％を債券に，50％
を株式にという運用から離れています．アンケートではありますが，与え
られた証券について内容を吟味しないで2分の1ずつ投資する，ナイーブ
な分散投資をしているということが示されました．

　さて，6.1節の質問において，あなたは温泉旅館とリゾートホテルの保有
比率を何％にしましたか？　もしかしたら，50％と50％にしたのではないで
しょうか？　次に，ビジネスホテルを含めたときには，どのように投資しま
したか？　安全資産を2分の1，危険資産ポートフォリオを2分の1にして
いませんか？　または，それぞれを3分の1ずつにした人はいませんか？
　これらの分散投資戦略は思いつきやすい焦点です．理論を駆使して最適
ポートフォリオを選ぶのには計算コストがかかります．それに対し，証券の
数で均等に投資をする n 分の1戦略は，計算コストが最小で，かつ「卵を同

じかごに入れてはいけない」というポートフォリオ戦略の大原則を満たしています. 現代ポートフォリオ理論の父と呼ばれるマーコビッツでさえ, n 分の 1 戦略を用いていることを告白しています. それは親指ルール（rule of thumb）と呼ばれる頑健な経験則, ヒューリスティックなのです. 現代ではAIによる最適投資が発達していますから, このようなルールに沿う人は減るかもしれません[4].

■ ナイーブな分散投資の有効性

現代では株式投資のインデックス運用には最新のポートフォリオ理論が駆使されていますが, 皮肉なことに, ナイーブな分散投資のほうが良好な運用結果となるということが発見されました. DeMiguel, Garlappi & Uppal（2007）は 7 つのアメリカの株式市場における過去のデータセットを用いて, 平均-分散モデルを用いて理論的に最適化された 14 のモデルを, ナイーブ分散投資である n 分の 1 戦略によるポートフォリオのパフォーマンスと比較したところ, シャープレシオ, 確実性等価収益率などの指標に関して n 分の 1 戦略よりも一貫して優れているものは 1 つもないことを発見しています. ということは, 投資可能なすべての証券に同じ金額を投資するということは, あながちナイーブな戦略とはいえなさそうです.

■ 勤務している企業の株を買うのはナイーブ

従業員にとって, 自分が就職した企業の株式に投資をすれば, 自ら貢献した企業の成果の再分配を受けることができるので, 働くインセンティブとなります. ところが, 給与が良いときには配当が増え, 悪いときには配当が減るため, 所得との共分散が高まるという意味で, ナイーブな分散投資といえるのです. そのうえ, 企業が倒産した場合, 給与・退職金と投資した株式の価値を一切失います. Choi et al.（2002）は, アメリカで大企業エンロンの不正事件が起きて経営が破綻した際, エンロンの自社株所有をしていた社員たちは職場のみならず資産をも失ったにもかかわらず, アメリカ国民の自社

---

4 しかしAIが同じルールに沿って理論値に近い値に集中投資する可能性は残されています.

株を保有する傾向がなくならないことを指摘しています[5].

■ 金融リテラシーの重要性

Benartzi & Thaler（2001）による分散投資のアンケート実験において，第1回目は投資対象についての運用成績などが情報として与えられませんでした．そこで第2回目の実験では，スタンダード＆プアーズ社の株価インデックスであるS&P500と，リーマンブラザーズの総合債券インデックスに基づいたデータが与えられました．その結果，株式と債券での分散投資において2分の1戦略（50％/50％）を用いた人は34％から16％に減り，株式と，（株式50％と債券50％の）投資信託を与えられたグループBの2分の1戦略も21％から17％に，債券と投資信託を与えられたグループCの2分の1戦略も，28％から11％に減りました．この結果は，情報の重要性と金融リテラシーの重要性を示唆しています．

Lusardi & Mitchelli（2007）は金融リテラシーに関するアンケートを作り膨大なデータを取り，個人のリスク投資の少なさが金融リテラシーの低さに起因していることを明らかにしました．女性のリスク資産運用比率の低さも，男性よりも低い金融知識しか持っていないことに依っているとしています[6]，（van Rooij, Lusardi & Alessie（2011）でも確認されています）．ただし最新の行動経済学では，リスク態度は男性ホルモンであるテストステロンによって強化されることなどが指摘されています．リテラシーとホルモン，どちらの影響が大きいのかについては今後の研究成果を待つことになりそうです．

■ 資産ポートフォリオをナッジで改善

現在の所得からの年金への拠出金は，思いのほか早死にした場合を除き多すぎて困ることはあまりありません．問題は，人生を謳歌するには退職後の拠出金が少なすぎると自覚していても，年金への拠出をなかなか増やせないことです．拠出金を増やせば，今日使えるお金は少なくなるため，後回しに

---

5 エンロンの監査をしていた当時最大の会計事務所である，アーサー・アンダーセンも倒産しました．当時非常に大きな事件として取り上げられました．
6 女性のほうが大学進学率などが低いためであり，男性と同じ教育水準の女性を比較したわけではないことに注意してください．

したくなる気持ちは多くの人が持っています．Choi et al.（2002）は7つの企業から合計20万人の被雇用者に調査を行い，67％の被雇用者が，「年金の拠出金が不十分である」と回答しながら，「2か月以内に貯蓄率を上げる<u>つもりである</u>」と回答した人はほとんどいなかったことを発見しました．

そこで登場するのが，行動経済学が推奨する緩い制度設計のしくみ，ナッジ（「肩を押す」という意味です．**第14講**で解説します）です．雇用者が被雇用者の意思決定に介入することで，被雇用者の退職後の生活を豊かにしようとするナッジが模索されました．Choi et al.（2002）はアメリカの確定拠出年金401kプランにおける制度の介入的変更とそれによる影響を調べました．制度変更には，貯蓄のサーベイ（現状がどうなっているかを教えてくれるものです）を加えた（1社），自動加入制度を取り入れた（3社），金融教育セミナーを行った（1社），従業員最大負担額の変更を行った（1社），加入適格性の変更（2社）などがあります．それらの介入のうち最も効果的だったのが，自動加入制度でした．Choi et al.（2005）は自動加入制度は，自主的に加入しなければならない場合よりも28％も加入率を高めることを発見しています．自動加入制度を採用した企業では，被雇用者が加入後に抜けることができるにもかかわらずほとんど抜けることはなく，しかも雇用者が設定した運用内容のままで運用を続けていることがわかりました．つまり被雇用者は最小限の努力しかしないで「受動的な意思決定」に甘んじているのです．

異時点間の意思決定のアノマリーの観点からは，Benartzi & Thaler（2001b）が有効な制度設計をしています．それは，「数か月後に拠出率を高める」という自動加入計画にコミットをするものです．今すぐは拠出率を高めないので，今を楽しむことができる一方で，実際に契約した数か月後が来たときには拠出率を高めるということにコミットしてしまっているので，実際に拠出率を上げなければなりません．今すぐ拠出率を上げるという契約よりも気楽に将来の自分の手を縛ることができるため，結果的に貯蓄率を数年で高めることができたのです．

行動経済学者は意思決定のコストを嫌い，理論ではなく経験則によって日々の選択をしている個人を幸せにする制度設計をしたい，と考えています．セイラーはこう書いています．「私たちは怠け者で自分ひとりではソファか

ら起き上がってやるべきことに立ち向かうことはできない，だからそのきっかけを作ってあげるべきである」[7]．優しいおせっかいですね．

《ポートフォリオ選択の整合性をチェックしよう》‥‥‥‥‥‥‥‥‥‥‥‥‥‥‥‥‥
[1] **6.1 節**の質問において，温泉旅館とリゾートホテルとビジネスホテルの種々な組合せに従って，自分のポートフォリオのリスクとリターンの計算をしましょう．
[2] 2つの証券を組み合わせてからビジネスホテルを組み合わせたときと，3つの証券を一度に組み合わせたときのポートフォリオが整合的になるか，チェックしましょう．もし整合的でなければ，なぜそうなったのか考えてみましょう．

---

7 その考えはケインズ経済学における，ハーベイロードの前提に似ています．それは，一般の人は十分に賢くないので，より明晰な頭脳を持った為政者が制度設計をし，年金制度や国民健康保険制度などを提供しなければならない，という社会保障制度についての基本的な考え方です．

第7講
株式市場における
バブルの形成と実験経済学

■元号が平成になった 1989 年の年末，日本経済は絶好調でした．日経平均は
38915 円の最高値を付けました．多くのエコノミストが 4 万円を超える日
を予想する一方で，株価が経済の基礎的な実力と比べて高すぎる "バブル"
ではないかという議論が沸き起こりました．その後，日経平均が 8000 円以
下にまで下がったことで，80 年代末の株価はバブルだったという見方が一
般的になりました．バブルとはどんな現象で，なぜ起きるのでしょうか？
そのメカニズムについて，実験経済学の成果から紐解きます．

7.1　株価のファンダメンタルズ理論

■ 株価のファンダメンタルズ理論

　ある店で財やサービスを購入するとき，少し高いものであれば，ほかの店
でどのような価格が付いているのか，相場を調べます．また，財やサービス
を購入する目的は消費をすることですが，株式を購入する目的は，配当とい
う形か，購入したときよりも高く売って得る値上がり益という形で，キャッ
シュを得るためです．それでは株を購入したいと思ったとき，株価の割高・
割安をどのように判断すればよいのでしょうか？

　株式は資産の一つです．資産とは，将来のキャッシュフローを生み出すも
のであり，資産の価格は，それが今後どれくらいのお金を生み出すかについ
ての現在の評価を表しています．したがって，ある企業の株価は，その企業
が現在から将来までに生み出す価値の合計を，現在価値にしたものです．こ
のとき，企業の事業活動が永続する（ゴーイング・コンサーン）ことが暗黙に

仮定されています．株主になると，年2回，企業の事業活動の結果得られた利益の分配を，配当という形で受け取ることができます．税引き後純利益がその原資となります（株主に帰属する利益として決算短信に掲載されています）．

　配当に基づく株価の価値はファンダメンタルズ・バリューと呼ばれ，以下のように求められます．ここから簡単化のために，各期の利益をすべて配当すると仮定しましょう．未来永劫その企業が存在すると仮定し，毎期の配当を d_t，企業の資金調達の資本コストを ρ で表します．

$$P = \frac{d_0}{1+\rho} + \frac{d_1}{(1+\rho)^2} + \frac{d_3}{(1+\rho)^3} + \cdots + \frac{d_n}{(1+\rho)^n} \tag{7.1}$$

　株価の理論値 P は，現在から将来までの配当を合計したものですが，100年後の配当が例えば今年と同じ50円だとしたら，今すぐもらえる50円よりもずっと低く感じるでしょう．したがって，将来の配当は将来の受け取りまでの期間を反映して現在価値に割り引く必要があります．このことを反映すると，将来の配当を現在価値に直すとき，企業の資金調達コストである資本コストを用います．資本コストは，負債コストと株式コストに分けられます．負債コスト r とは，企業が特定の債権者である銀行などの金融機関から借入を行ったり，社債の発行により不特定多数または特定の投資家から調達したりした負債 d（他人資本）について，それぞれ債権者に払う支払い金利の合計を負債額で割ったもので，負債の利子率となります．株式コスト d は要求利回りと呼ばれ，投資家が，株を保有していることに対する見返りとして何パーセントの収益が欲しいかを示しています．株式というリスクのある資産を持つことに対するプレミアムを含んでおり，投資家によっても異なるものです．

　2020年9月まで続いた安倍政権が上場企業に求めていたROE 8％という目安は，この株式コストを意識したものです．なぜならば，企業が事業によって株式コストよりも低い収益率しか上げることができなければ，株主に配当や値上がり益という形で還元できません．株主から集めた資本である株主資本（資本金と株主からの増資による資本準備金と事業から得られた利益剰余金を加え，所有している自己株式を除いたもの）にその含み益を加えた自己資本で，株主に帰属する税引き後当期純利益を割った，ROE（Return on Equity）

が収益率よりも高くなっている必要があります.

配当を支払う前の税引き前利益からは，国税と地方税の税金を納める必要があるのですが，金利は費用であるため税金がかかりません．このことが，負債コストによる節税効果を生みます．今，投資家全体で資産全体に対して ρ だけの要求利回りを得たいと考えているとします．負債額を D，株式資本を S とすると，$D+S$ は総資産となります．税率を τ とすると，資本コスト ρ は，

$$\rho = \frac{D}{D+S}(1-\tau)r + \frac{S}{D+S}d \tag{7.2}$$

と表されます.

株主の要求利回り d は，株主が株式を保有するならば平均的にこのくらいは欲しいという収益率ですが，企業は一部を内部留保（利益剰余金といわれ，一部は法律で利益準備金として積み立てる必要がある）として投資の原資とするため，配当利回りより高くなります．株主の視点からは，ある企業の今期の配当が全くなくても，株価が値上がりし，売却時の株価が購入時よりも高くなっていれば収益を上げることができるので，理論的には配当政策は株価に中立です（各自で確認してみましょう）.

ところで，配当が未来永劫一定 d の場合の株価を V として求めると，

$$V = \frac{d}{(1+\rho)^1} + \cdots + \frac{d}{(1+\rho)^n} \tag{7.3}$$

(7.3) の両辺に $(1+\rho)$ を乗じて，

$$(1+\rho)V = \frac{d}{(1+\rho)^0} + \frac{d}{(1+\rho)^1} + \cdots + \frac{d}{(1+\rho)^{n-1}} \tag{7.4}$$

(7.4)$-$(7.3) より $\rho V = d - d/(1+\rho)^n$. 右辺は，$n$ を永遠までもっていくとゼロになるので，

$$V = \frac{\overline{d}}{\rho}$$

が得られます．これを永続価値といいます．株価の理論値，すなわちファンダメンタルズ・バリューについての理解ができました.

ファンダメンタルズと比べて株価が低い株を見つけたら，儲かりそうに感

じます．けれども，例えば物事をもう一度深く考える（英語でいう second thought）人であれば，こんな考えを持ちます．

> 「職業的トレーダーなど情報優位にある人たちが，この株が割安であることに気が付いたならば，ファンダメンタルズが示す価格まで買って，株価は上がっているはずだ．何らかの株価が低いはかの理由があるのではないだろうか？」

　株価はトレーダーの持っているどこまでの情報を体現しているのでしょうか？　それに対する一つの回答が，効率的市場仮説です．

7.2　効率的市場仮説

■ 効率的市場仮説とランダムウォーク

　第2講で見てきたように，市場とは資源配分を民主的・効率的に行うための場所であり，価格はその資源が分配されるために最も重要な情報です．株価がどの程度情報を迅速にかつ十分に反映しているかについての理論として，効率的市場仮説があります．効率的市場仮説は，市場の効率性を仮定した理論であり，第6講で解説した CAPM と両輪を成す理論です．

　ユージン・F・ファーマ（Fama, E. F.）は，株価は資源を効率的に分配するための有効なシグナルであり，トレーダーが証券を選ぶ際には株価が市場で利用可能な情報を常に完全に取り込んでいるはずである，という考え方から，市場の効率性とその3つのレベルについて定義をしています（Fama（1970））.

　(1) ウィークフォームの効率性が満たされているとは，情報として過去の価格だけが市場の価格に織り込まれている状況をいいます．

　(2) セミストロングフォームの効率性が満たされているとは，情報として公表されているもの（例えばインベスターズリレーションシップなどに掲載されている IR 情報や株式分割の情報，ニュースリリース・報道されているニュースなどです）だけが市場の価格に織り込まれている状況をいいます．

　(3) ストロングフォームの効率性が満たされているとは，価格に影響を与える何らかの独占的な情報までもが織り込まれてしまっている場合です．例え

ばある企業の投資計画について公表前にわかっていることがあります．社外秘となる情報であっても，何らかの理由でそれが漏れてしまうなどがあるでしょう．インサイダー取引は証券取引法違反となりますが，取締役会で事業に関することがらが決定され株主に公表される前に取引先などが注文や仕入れ状況から動向を察知することが可能になった場合などが考えられます．

　効率的市場仮説のきっかけを作ったのは，Kendall（1953）の時系列分析でした．彼は1928年から1938年の486期のウィークリーデータを利用し，当時の主要産業すべての株価や，小麦や綿市場の価格変動を分析し，株価が信じられているほどシステマティックに変動しておらず，むしろランダムな動きに近いため，過去の情報を用いて価格の変動を予測することは不可能であると発表しました．この研究はウィークフォームの効率性を強く支持します．さらにRoberts（1959）に乱数発生によって作り出された時系列の株価とアメリカの株価の動きを比較すると区別できないことを発見し，ストロングフォームとウィークフォームの定義をしています．そしてOsborne（1959）はアメリカの株価がなんと分子の動きに似ていることを発見しました．これが，効率的市場仮説と一対を成す「ランダムウォーク仮説」であり，株価はブラウン運動（平たくいうと，酔っ払いの人の歩き方のように，一歩先がどこに進むかわからない動き）によって叙述されるというものです．株価のブラウン運動は，オプションなど派生商品の理論価格を推定するときにも仮定されています．

　ウィークフォームの効率性が満たされているとき，過去の株価の移動平均などを利用して株価の変動期を予測しようとするテクニカル分析には意味がなくなります．これを完全否定されたのでは，証券市場におけるファンドマネージャーやアナリストは“商売あがったり”のように見えますが，Grossman & Stiglitz（1980）は，たとえ市場が効率的であっても，アナリストは価値のある情報を探すことによって（効率的市場仮説から評価して）超過収益を得られる，としました．彼らはその一方で，情報に後からしかアクセスできない（情報劣位にある）個人投資家が株式市場で儲けることは絶望的であると論じています．

■ 市場のアノマリーとサイズ効果

　1980年代には，CAPMと効率的市場仮説が市場を席捲していたかに見えます．しかし市場で実際に売買している人たちは，株価には系統だったバイアスがあることに気が付いていました．市場の株価形成が理論の予測と異なる動きをすることは，アノマリーと呼ばれます．

　最も有名なアノマリーの一つは，小型株と呼ばれる時価総額の低い小企業の株の収益率が大型株と呼ばれる大企業の株の収益率よりも高いというもので，サイズ効果（size effect）と呼ばれます．サイズ効果は，有名な季節アノマリーである1月効果との関連で議論されてきました．1月効果は，Rozeff & Kinney（1976）によって発見されました．1904-74年の期間のニューヨーク証券取引所の単純平均インデックスにおいて，2月から11月は収益率が平均約0.5パーセントしかないのに，1月の収益率が約3.5%で2月から11月の平均0.5%を大きく上回っており，それが中小企業の株の収益の異常な高さによるものだったのです．Banz（1981）および Reinganum（1981）も，NYSE（ニューヨーク証券取引所）および NYSE-AMEX の企業の株価にCAPMの予測と比較して異常なリターンがあり，かつ株式総額が大きい株ほど収益率が高いことを見出しました．

　サイズ効果が起きる原因について，Roll（1981）は小型株が頻繁に取引されない一方で，大企業の株が頻繁に取引されるため，最小二乗法を用いた推定ベータに下方バイアスがもたらされるからだと主張しました．そこでKeim（1983）は取引頻度を調整し，それでも小型株には理論値と比較して異常な超過リターンがあること，さらに1月の超過収益が顕著であり，しかもその半分が1月最初の5取引日に得られていることを発見しています．Reinganum（1983）は中小企業のオーナーが減資をして節税するために年末に株を売却し新年に買い戻すためだという節税効果を主張していますが，Keim（1982）は，当該の時期より第二次世界大戦前のほうが税率が低いのに一月効果が大きくないことを指摘し，節税仮説を退けています．また，Brown et al.（1983）はオーストラリア株においても一月効果が見られるが節税効果によるものではないし，節税のために株が売られても当該企業にとっての悪材料ではないため株価が下がることにはならないと議論しています．

Kato & Schallheim（1985）は一月効果の節税効果説に関して，（当時の）日本の個人投資家にはキャピタルロスに対する税制上の優遇措置がなく，しかも企業は会計年度を任意に選択でき，約50％が3月に終了するため税制を理由にはできないとしています。さらに賞与やお中元の慣習がある6月に収益率が高まる効果も発見しています[1]。

　ここで，株価のランダムウォーク仮説を思い出してください。もしもトレーダーが合理的であれば，トレーダーは1月の超過リターンを見越して年末にそれらの株を購入することができるはずです。毎年これが起きているのですから，裁定取引によってそのような超過収益のチャンスはつぶされていくはずです。過去のチャートを分析しただけでこれだけのことがわかった以上，ウィークフォームの効率的市場仮説でさえ成立しないのは明白といえるでしょう。

7.3　現実の市場におけるバブル・・・・・・・・・・・・・・・・・・

■ 日本におけるバブルの経験と論争

　日本全体の株価の動きを表す代表的なものには，市場一部上場企業の株価の加重平均である東証株価指数（TOPIX）と，日本経済新聞社が選んだ各時点で日本経済を代表する225銘柄の単純平均（日経平均，NIKKEI225）があります。日経平均は1989年12月29日の終値で38915円87銭という最高値を付けました。ところが翌年の大発会（各年の株式市場の初日のこと）の後じりじりと下がり続け，2009年3月10日には7054円98銭まで下がっています（日本経済新聞社）。株価が5分の1以下になったという事実から，1990年代に始まったいわゆる"失われた20年"をひしと感じることができます[2]（TOPIXが最高値を付けたのは1989年12月18日）。1980年代には，ゴルフ会

1　当時，東京証券取引所は世界第2位の時価総額を誇っていたので，今よりも世界におけるプレゼンスは大きかったことに注意してください。

2　日経平均には厳密な銘柄の連続性はありません。また単純平均となっており，株式のボリュームはウエイト付けされていません。ヒストリカルデータがウェブ上で公表されているのは東証に上場している株価を市場に出回っている発行済み株式数でウエイト付けしたものであり，より市場の実態を表しています。

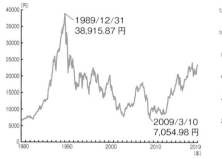

（出所） 左：日経平均プロフィルのヒストリカルデータを参考に筆者作成.
　　　　右：Shiller, Kon-Ya & Tsutsui（1996）, Figure 2.

**図 7-1　日経平均株価の終値（1980〜2019年：左）と東京証券取引所
225 銘柄の PER（1978年9月〜1994年6月：右）**

員権にまで，利用価値よりも高い価格が付くバブルが発生していました[3].
株価を形成する企業の稼ぐ力は，内外の景気や経済政策の影響を受けます．
また資本コストは金融政策の影響を受けて変動します．バブルのマクロ的な
原因はいわゆる"金余り"であり，円高による不景気を恐れた日本銀行が，
モノの物価が安定しているのを見て金融緩和を続けすぎたことにあったとい
われています．個人投資家も企業も，資産に投資をして得た収益を土地や株
式などの資産に再投資することで，資産価格はどんどん上昇していきました．

　昭和時代のテレビのバラエティ番組で時々みられたゲームがあります．風
船がだんだん大きくなっていき，最後に誰かの手に渡ったときに破裂するの
ですが，誰かに渡す前に何らかのゲームの条件（犬の種類を答えるなど）を
満たさなければなりません．いずれは破裂することがわかっていながらボー
ルを渡し続ける．これが**第 1 講**でも紹介した Shiller, Kon-Ya & Tsutsui
（1996）でも言及したバブルの本質です．バブルは将来のキャッシュフローを
生む資産であれば，株式，土地，絵画など，何にでも発生します．1937 年

3　バブルがはじけた後，日本経済新聞上の雑誌広告で，「巨匠の駄作」という表現が見られました.
　絵画にも，多額の金額を支払っていた企業が多かったのです.

のオランダではチューリップの球根を対象とした先物市場においてバブルが崩壊しました.

　株価がファンダメンタルズ・バリューより長い間，上方に乖離している状態がバブルと呼ばれます．しかし現実に市場で成立している株価がバブルなのかどうかを判断するのは極めて難しいことです．なぜならば，ファンダメンタルズ・バリューを知るためには，企業の将来の収益予測だけでなく，資本コストを知る必要があるからです．そこでファンダメンタルズからの乖離を簡便に調べる方法に，利益の何倍の株価が付いているか，という PER（Price Earing Ratio）という指標と，企業の経営者が所有資産を効率的に運用しているかを示す PBR（Price Book-value Ratio）が用いられます．PER は先ほどの理論価格を導出するときに，配当としていた部分をすべて利益で置き換えたものです．役員報酬が大きすぎなければ，税引き後利益を配当にするか，内部留保して再投資するかにかかわらず，株主の持ち分であることには変わらないため，株価の判断には一定程度有効だと考えられます．

　PBR にはトービンの q という資本の効率性についての理論的な背景があります．PBR は簿価で評価した資産に対する株価となっているので，1 を下回っている場合には，資産を有効利用した経営が行われていない状態を意味し，買収の対象となりやすくなります．PBR は経営者の能力を示すものでもあるため，現在では株式を長期的に保有する機関投資家が企業に要請するスチュアードシップ・コードに取り入れている要件の一つでもあります．

　1980 年代後半の日本の PER は平均して 50 倍を超えており，その株価で株を取得して元が取れるのが（現在価値に直す割引率を無視すれば）50 年後という高水準になっていました．それでもその株価は決してバブルではないという見方は少なくなく，論争が起きたほどです．例えばファンダメンタルズ・バリューを求める式に企業の期待成長率を織りこむことによっても高い株価が説明されていました．

　Poteba（1991）は日本の資本コストの低さを，法人間の株式持ち合いや，Hoshi, Kashyap & Scharfstein（1990）によって分析された系列銀行の役割，税制の違い，ドメスティック・バイアスの存在や貯蓄率の高さによるものだと結論付けています[4].

■ 実験室におけるバブルの実験

資産バブルを実験室というコントロール可能な場所で作り出し，その原因を明らかにしようとした研究は，バーノン・スミスらによって初めて行われました（Smith, Suchanek & Williams（1988））．

株式市場において合理的に価格形成がなされるのであれば，株価の理論値からの乖離は，一時的には起きてくる可能性があるものの，市場において裁定取引が行われることによって，その乖離はそれほど続かないはずです．しかし，乖離から理論値に戻るまでの時間が数年にわたるなど非常に長くかかるならば，合理的期待理論およびその仮定が成立しないと考えるのが妥当です．合理的期待理論では，すべてのトレーダーが同じ情報を手に入れており，それに基づいて形成される予想価格は同じに収束すると仮定しています．これは強い仮定であり，スミスらは，例えば効率的市場仮説をサポートしようとする Tirole（1982）の議論を疑問視しています．

Smith, Suchanek & Williams（1988）は仮想的な商品を売買したダブル・オークション市場を改良して資産市場実験を行いました．フィールドデータと異なり，実験室においては，株価に影響を与える多様なマクロ的な要因や代替的な資産価格などの問題を排除できます．驚くべきことにこの実験は，バブルが共通の情報保有者間で生まれることを示したのです．

被験者はトレーダーと呼ばれ，すべてのトレーダーに初期資金と資産（証券）が与えられます．トレーダーは 15 期または 30 期にわたる市場で取引をします．資産の配当は，毎期末に 0 を含む 4 種類（最高が 60）のうちの 1 つが等しい確率で与えられます．配当金額もその確率分布もすべてのトレーダーにとって共通の情報ですので，合理的期待理論における仮定は満たしています．ここでは株価のファンダメンタルズは期待値となります．実験によっては，以前に同様の実験を経験済みの被験者も混じっていました．

4　株式の政策保有はバブル崩壊後減少しましたが，2015 年にはコーポレートガバナンス改革により政策保有株を減らす方向が明示されました．

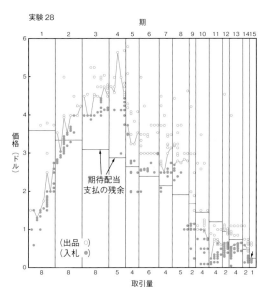

（出典）　Smith, Suchanek & Williams（1988）p.1132 を元に筆者和訳.

図 7-2　バーノン・スミスの疑似株式市場におけるバブルの形成

　27 の実験中，実験者が介入しない 22 の実験において，結果，①安定的な価格が形成されるパターン（5 実験），②株価が静かに上昇し続けて終わるパターン（3 実験），③初期に株価がファンダメンタル・バリューを超えて上昇し，その下落する，バブルが起きるパターン（14 実験）が見られました.

　図 7-2 は，最も典型的なバブルの結果であり，配当の期待値から考えられるファンダメンタルズ・バリューが期末に向かって下がっていくのに対し，2 期目ごろから株価が大きく上昇して，ファンダメンタルズ・バリューを超えて，その後突然収束しています.

　この実験によって，スミスらは以下のことを発見しています.第 1 に，実験において経験のあるトレーダーが多くなっている市場ではバブルが収束しやすいことと同時に，経験豊富なトレーダーがバブルを起こしている.第 2 に，トレーダーによる実験の価格予測が正確ではなく，さらに価格の急激な

上昇と下降の転換点について一貫して予測に失敗していること，すなわちバブルが起きるときには過少評価，さらにバブルがクラッシュするときには過大評価している．第3に，個々の取引者は予測の正確さが異なり，より良い予測者はバブルを発見してお金を稼ぐ裁定者となりお金を儲けていたこと．第4に，価格の予測は適応的であり，ある期間から次の期間への予測の変化は，前の期間の予測誤差との間に有意な正の相関を持ち，その予測誤差が自己相関している．これは予測が予測を生んでバブルが形成されていくさまを数量的に測定したことになります．

　この実験に基づいて，期間を変化させたり，資産を変化させたりした多くのバリエーションを持った実験研究が行われました．

　Haruvy, Lahav & Noussair（2007）は，スミスらの実験と同じ条件で被験者に15期の資産取引をさせて，市場の期待形成について，第1に，予測が現在および過去の市場における傾向に基づいていること，第2に，ほとんどのトレーダーは，最初に市場に参加するときには市場の低迷を予想することはないこと，第3に，経験があるトレーダーも市場のピークと景気後退が起こるまでの残り時間を過大評価すること，などを発見し，将来の価格変動の予測についての信念が有益であるとしています．衝撃的なのは「過去の価格が将来の価格変動に対するトレーダーの期待に与える影響は明白」と断言していることです．これは市場の過去のデータはすべて現在の価格に織り込まれており，将来の株価に影響しないとするウィークフォームの効率的市場仮説が成立しないといっているのと同じです．さらに彼らは，経験が浅いトレーダーの予測は実際の変化を下回ることを発見しています．経験が浅いトレーダーはバブル形成時やその崩壊時の株価の動きにおいて，出遅れてしまい損をするということになりますね．

　Hirota & Shuder（2007）においては，取引期間の長さが異なる実験が行われており，長期取引のできる市場を形成したときにはバブルが起きにくいことを発見しています．

■作られたバブルとそうでないバブル

　スミスらの実験において，経験が浅いトレーダーと経験があるトレーダー

の行動を分けて分析していることは，職業的トレーダーと個人投資家のようなトレーダーに対応しています．その理由は，バブルが形成される原因として2つ考えられるからです．ひとつはトレーダーがファンダメンタルズ・バリューを理解していないエラーによってもたらされるバブルであり，もうひとつは，トレーダーが資産のファンダメンタルズ・バリューを知ったうえで，他人を出し抜くことで儲けるチャンスがあると考えるものです．この2つを区別し制御するには，トレーダーが一度手に入れた証券を転売できない市場を実験で作ればよいことになります．このような考え方に基づいて，Lei, Noussair & Plott（2001）は転売ができず投機が不可能な状況を作り出し検証しました．転売できないときは，適正価格以上で取得すると損をしますから，慎重に入札するはずですが，なんとそこでもバブルとクラッシュを観察しています．バブルは意図的ではなく非合理的にも発生していたのです．

■ 情報階層とレベル k 理論

投機的な行動によってバブルが生まれやすい状況として，情報階層がある場合が考えられます．経験のあるトレーダーが経験のない者から利益を得るのは，どこの場でも起きてきそうなことです．前に起きたことを知っている者は情報において優位であるといえるでしょう，また，今後起きることをより正しく予測できる者も，情報優位にあります．個人投資家は最も情報劣位にあることが知られています．市場で毎日価格の動きを見ることに職業的に従事し，市場関係者同士の情報交換ができて価格変動の意味を分析できる者と，そうでない者の間には相当な格差があると考えてよいでしょう．情報格差は市場のビヘイビア（動き）に何をもたらすか，次のゲームで体験してみましょう．

[質問] 0 から 100 の間の好きな数を選んでください．クラス全体での平均値を取り，その数字に 0.7 をかけた数字に最も近かった人が優勝します．

回答 ⇒ ＿＿＿＿＿＿

まず全員がランダムに数字を選ぶと考えて 0 から 100 の間の数字の平均を取ると 50 です．50 に 0.7 をかけると 35 です．ここで 35 と回答した人はレベル 0 とラベリングされます．慌てずに考えてみましょう．みんなが 35 と回答するならば，優勝するにはそれに 0.7 をかけるべきですから 35×0.7＝24.5 です．そう回答したあなたはレベル 1 です．ん？ 待ってください．全員がこのことに気が付いたなら，もう一度 0.7 をかけて 17.15 です．回答が 17 付近の人はレベル 2 です．この問題はレベル k 理論と呼ばれ，レベルの大きさは，自分が相手の戦略をどう考えているかを表しています．平均値に 0.7 をかけ続けていくと 0 に近づいていきますから，0 がこの問題のナッシュ均衡解となります．全員が，誰もが認める秀才であり 0 と回答すれば，1 人も敗者がいない代わりに勝者はいません．しかし 0.7 を 1 回かけただけで満足するレベル 0 の人がいるならば，レベル 2～3 でこのゲームにおいて勝つことができそうです．職業的トレーダーが自分以外の取引者のレベルを低いと考えるならば，例えば株価に上昇トレンドがあり，ファンダメンタルズから乖離しているとしても，情報劣位にあるトレーダーは気が付かないから，自分は今取得しても売り抜けることができると考えて購入するでしょう．こうした戦略的な売買はバブルの温床となりえます．レベル k 理論において，全員が 0 と回答すると予想する人は，株式市場ではバブルなど起きない，起きてもすぐになくなってしまうだろうと考えるエコノであり，チャンスを見逃しているのです．効率的市場仮説にまつわる比喩があります．

教授が助手と一緒に歩いていました．助手は教授に「教授，さっき歩いた道に財布が落ちていました．今すぐ戻れば拾えるかもしれません」と話しました．すると教授は「その財布はもう拾われているから戻っても無駄だ」と答えました．

というものです．この話のエッセンスは，財布がすぐに拾われるように，市場に現れた新しい収益の資源である情報（ニュース）は瞬時に誰かの売買によって失われるというものです．逆に，市場における資産価格の暴落のような悪いニュースを誰かが知ったときには，最初に知った人以外は全員が損失を被るということになります．これは虎が追いかけてきたら誰も逃げおおせることはできない，ということを意味しています．効率的市場仮説が成立し

ていないことが通説となった現在，物語はこんな風に変わりました．

　　助手「教授，大変です，虎が僕たちを追いかけてきます！」
　　教授「君が先に食われてくれれば大丈夫だ！　その間に私は逃げる！」

■ 美人投票のゲーム

　株式市場においてファンダメンタルズ・バリューから価格が離れ，自分の予測ではなく他人の予測に依存することを予言したのはケインズ（Keynes, J. M.）の「美人投票のゲーム」です．有名なゲームを確認してみましょう．

> **[質問 A]**　乃木坂 46 の中であなたが一番きれいだと思う人は誰ですか？
>
> 　　　　　　　　　回答　⇒ ＿＿＿＿＿＿＿＿＿＿＿

　次のような質問だったらどうでしょう．

> **[質問 B]**　乃木坂 46 の中で一番きれいな人にクラス全員で投票します（女性は 3 割で，全員大学 1 年生，200 人のクラスです）．最も票を集めた人に投票

した人に賞金が分配されます．あなたは誰に投票しますか？

回答　⇒　_____

　Bの回答は今は卒業していますが白石麻衣さんでしょう．私でも知っているほど知名度があり納得がいく回答です．Aの回答とBの回答が同じ人も多かったと思いますが，「私・僕的には違った」人もいるのではないでしょうか．この話の本質は，自分が良い企業だと思っても，株式市場で他の人の評価が集まらないのであれば，その企業が高く評価されないということです．

　最近の企業を評価するトレンドとして，資本に対して何％の利益を出せているのかを評価する ROE（Return on Equity）や ROA（Return on Asset）に加え，コーポレートガバナンス・コードの順守の程度が投資家に評価されるようになりました．特に，攻めのガバナンスとして，経営者の報酬の一部を譲渡制限付株式に切り替えることで中期的収益改善を目指すパワー経営を導入することが強く推奨されており，東証一部上場企業の間で 2019 年以降に急速に導入が進みました．こうした動きが企業内で内生的に起きてきている場合もありますが，国策として進められていますから，見せ方上手で企業としての「いいね！」をもらうことが評価につながっている面もあるでしょう．

7.5　株式市場のアノマリー：売り控え効果･･･････

　トレーダーの不合理な行動が観察されるのはバブルの形成に限りません．Shefrin & Statman（1985）は，株式市場で儲けている勝者は早く売りすぎてより多く利益を得る機会を逸しているのに対して，敗者は株価の下げ局面で長く株を持ちすぎる傾向があることを指摘しました．論文の要約は，「不確実性の下での選択へのカーネマンとトヴェルスキーのアプローチにおける最も重要でユニークな特徴の一つは，損失実現への嫌悪感である」と始まります．それは，Kahneman & Tversky（1979）のプロスペクト理論の帰結としての「現状維持（status quo）」によっても直感的に理解できます（**第4講**）．株

価の下げ局面において，トレーダーが株価下落時に売り控えをすることを売り控え効果（disposition effect）といいます．売り控えはプロであるトレーダーと個人投資家のいずれにも観察されます．プロであるトレーダーが売り控えをする理由として，Lakonishok & Smidt（1986）は以下のような推論をしています。本来トレーダーは株価が下落した時に売却すれば，損失を計上することで税金の控除を受けることができるので，株価が下がった株を売ることにも一定のインセンティブがあるはずです．それでも売り控えが起きる理由として，自分が保有する株について良い情報を持っているトレーダーが，価格上昇時には自分の持っている良い情報がほかのトレーダーにも知れ渡り株価が上がったと考えて売って利益を実現する一方で，株価が下がったときには，自分が持っている良い情報がまだ反映されていないと考えて持ち続け，市場で結果的に"負け"となった株だけを持ち続けることになるというロジックを展開しています．つまり，トレーダーは合理的であるがゆえ，売り控えをすると考えたのです．

　Lakonishok & Smidt（1986）は，取引量と過去の株価に正の相関があることを発見し，かつ利益をあげているトレーダーは損をしているトレーダーよりもずっと多く取引をしていること，NYSE においてそれが顕著なことを発見しています．Harris（1988）は，低価格の株式では取引コストが高くなるために安くなった株を売り控えるとしています．売り控えは広範に見られる現象であり，Chen et al.（2007）は当時の新興市場といえる上海市場と深セン市場においても，売り控えを発見しています[5]．

　テレンス・オディーン（Odean, T.）は Odean（1998）において，大規模なブローカー企業で 10000 口座の取引記録を分析することによって，トレーダーが損失のある投資を長く保持しすぎる傾向があることを突き止め，トレーダーは損切りをして敗者となるよりも，保有し続ける（したがって売り控える）と結論付けています[6]．そのうえ売り控えられたポートフォリオの

5　その他にも，過去に収益が良かった株は今後も収益が良いと信じており，自信過剰であること，それが投資の経験の長さに依存していないなどを発見しています．

6　売られた各株式の売値をその平均購入価格と比較し，さらに実際には売買がなかったものの株価が動いたことでペーパー上取引をして損益が出たかのように見えたものを算出して取り除いています．現金化するために売られて利益が出たときを「実現した利益」とし，逆に損失を出したときを「実現した損失」として，実際に売買があって生じた損得を分析しました．

実績がさらに悪化していることを発見しています．そのオディーンは，2004年に日本のカンファレンスで特別基調講演を行った際，ご自身がウォルマートへの投資が失敗し売り控えに陥ってしまい「個人投資家は運用の結果が気になってしまい手数料で証券会社に持っていかれる！」と笑いを取っていました．

7.6 エクイティプレミアムパズル

■ Epstein & Zin（1991）による期待効用理論の一般化

Mehra & Prescott（1985）は，1889〜1978 年の 90 年間にわたり，スタンダード＆プアーズ 500 銘柄についての株主資本利益率が平均 6.98％であり，これが実質的にデフォルトのない安全な短期債務の平均収益率 0.8％を大きく上回っていることを指摘しました．そしてそのようなプレミアムの存在は，市場均衡モデルを解いて得られる最大のプレミアム 0.35％をはるかに超えており，取引コストや流動性制約，その他の摩擦などを考慮したとしても，説明しきれないと結論付けました．効率的市場仮説によれば債券も株式も同じ企業が発行する証券であり，市場において同一のものの価格が異なっていれば安いものを買って高いものを売る裁定取引が起きるので，7％近いプレミアムはおかしいということになります．この問題はエクイティプレミアムパズルと呼ばれ，多くの経済学者が取り組んできました．その中から 2 つの異なる見地からのアプローチを紹介します．

一つ目は，数理経済学者 Epstein & Zin（1991）によって考察されたもので，期待効用理論においては，暗黙のうちに異時点間の消費の代替性が，リスク回避度と等しいという強い仮定が置かれており，そのような厳しすぎる仮定を緩めて，2 つのパラメタが独立に存在するモデルを考慮することによってエクイティプレミアムを説明することができるとするものです．

異時点間の消費は，現在の消費を c，将来の消費を z とし，そのウエイトを $\beta = 1/(1+\delta)$ で表します．δ は時間選好率になります（**第 9 講**で解説）．すると現在から将来にわたる消費からの効用は，将来の消費が確実な z であっ

て異時点間の代替性 ρ が 0 ではないとき,

$$W(c, z) = [(1-\beta)c^{\rho} + \beta z^{\rho}]^{1/\rho}$$

と表せます（$\rho = 0$ のときはどちらか小さいほうの消費量によって生涯効用が決まります）. $\beta = 1$ ならば将来のことしか考えない人であり, $\beta = 0$ ならば今のことしか考えない人です. これを排除した $0 < \beta < 1$ について考えます. 将来の消費の原資は株式などの資産から, 変動がある配当として得られると仮定します. リスク回避度が一定の期待効用関数を仮定したときに, 平均を中心に広がりを持つ（mean-spread）ランダム変数 $\tilde{x}$ を確実性等価 z に変換する関数 μ を考えると,

$$\mu[\tilde{x}] = E[u^{\alpha}]^{1/\alpha} \quad (0 \neq \alpha < 1)$$

となります. したがって, 生涯効用の現在価値（U_t）は,（7.5）式のように表現できます.

$$U_t = [(1-\beta)c_t^{\rho} + \beta(E_t\widetilde{U_{t+1}})^{\rho/\alpha}]^{1/\rho} \tag{7.5}$$

Epstein & Zin（1991）では異時点間の代替性である ρ を消費の成長率とCAPM に基づくマーケットポートフォリオの成長率に分解されることを示し, このモデルが現実と適合するかについて, アメリカのデータを用いて実証分析を行いました. その結果, 時間選好率 ρ がマイナスであり, α が 1 に近い（リスク回避的でない）という結果を得ています. 理論経済学によるモデルを用いた実証による説明は, 市場の投資家の心理をうまくとらえておらず不十分かに見えます. ただし市場データは様々な要因を含んでいるので, 実験経済学に期待しましょう[7].

■ 近視眼的損失回避理論

いよいよ行動経済学の登場です. Benartzi & Thaler（1995）は, 意思決定者に損失回避（loss aversion）傾向がある場合に, 頻繁に損失を評価すればす

---

7 Wada & Oda（2007）においては実験を行い, このモデルの主張である $\alpha \neq \rho$ を検証しており, 異時点間の消費の代替性 ρ とリスク回避度 α は一致していないことを発見しています.

るほど，損失回避の心理が働きリスクを負わなくなる傾向があるという理論を展開しました．彼らはこれを近視眼的損失回避（Myopic Loss Aversion, MLA）と呼んでいます．トレーダーが損失に対する高い感度を持ち，自分の残高を頻繁に監視しようとするような慎重な傾向があるとき，リターンの変動性を受け入れるためには高いプレミアムが必要と考えるという主張です．MLA仮説は，**7.2 節**で取り上げたサイズ効果（小型株と呼ばれる中小企業の株の収益率が大型株と呼ばれる大企業の株よりも高い理由）の謎について，一つの解釈を与えます．それは小型株が主に個人投資家によって購入されており，大型株と異なりポートフォリオとして評価をするのではなく，1株ごとに価格を評価をするため，評価頻度が機関投資家と比較して多く，その結果，リスクプレミアム（リターンの変動に対して要求するプレミアム）が高くなるため株価が低く評価され，結果的に収益性は高くなる，というものです．こう見てくると，エクイティプレミアムパズルの理由をうまく説明するのは MLA仮説に軍配が上がりそうに感じます．

　しかしながらエクイティプレミアムは，**第 5 講**で学んだあいまいさ回避理論によっても説明できます．日本におけるエクイティプレミアムを，市場で観察される小型株と大型株などのアノマリーと整合的に説明することに成功している論文に **Hara & Ozaki**（2019）があります．この論文では日本市場ですべての株を適切に組み合わせて達成可能なシャープレシオ（当該ポートフォリオの1標準偏差あたりのリスクプレミアム）の最大値を基準にすると，市場均衡で実現されているマーケットポートフォリオのシャープレシオはその6割程度であり，効率的なポートフォリオを選んでいないことを発見しています．代表的消費者の効用関数にあいまいさ回避度8以上を想定するとマーケットポートフォリオが選ばれることを示しています．小型株はあいまいさが大きいため，より高いエクイティプレミアムが求められており，それがサイズ効果の源泉となっています．

　理論経済学者と行動経済学者は，やや異なる視点とツールを用いながらも互いの発見を包含する新しい理論を提示し，複合的な要因が絡み合う市場の現実の姿を解き明かそうと試みているのです．

《債券を用いたバブル実験を教室でやってみよう》・・・・・・・・・・・・・・・・・・・・・・・・・・・・

　　大学の講義への出席のチャンスが残り 15 回あると考えましょう．クラスで全員に先生が「債券」を発行します．100 円のクーポン 15 回分が付いています．先生はあなたがこのクラスに出席するごとに，クーポンをちぎって 100 円を渡します．欠席や遅刻・早退では何ももらえません．このクーポン 15 回分合計すると初回では割引率を 1 として 1500 円の価値があります．この債券を授業開始前の 10 分の間に毎時間教室で友達と売買することができます．

　　[1]　あなたは授業に真面目に出席するタイプだとします．このクラスにはまじめに参加しないタイプの人もいます．あなたの戦略を考えてください．

　　[2]　この教室での債券価格がどのように推移すると思うか考えてみましょう．

　　[3]　この債券を購入するリスクにはどのようなものがあるか考えてみましょう．

第8講
株式市場における
情報のアップデート

■現実の市場では売買に影響する情報が刻々と生み出されています. ここでは,
人々が株式市場のような不確実な世界でニュースを得たとき, どのように主
観的な確率をアップデートしているのかについて, 基本となるベイズの定理
による理論的アプローチと, アップデートをめぐって発見されたアノマリー
について学びます.

8.1　ベイズの定理とベイズ更新------------------

■ ベイズの定理

　株式のようなリスク資産を購入するとき, 現在から将来の価格変動を予想
します. 不確実な世界で将来の資産価値を決めるニュースが手に入ったとき,
投資家はそれを予測にどう活かすのでしょうか? 最もよく知られているの
が, ベイズ (Bayes, T.) の定理と呼ばれる主観的確率のアップデート (ベイズ
更新, ベイジアンアップデート) です. 情報を用いて事後確率を算出する方法は,
条件付確率とも呼ばれます. それでは次の例を考えてみましょう.

　僕は友達とバーベキューに行き, 素敵な人に出会いました. 帰りがけになんと
か LINE を交換することができたので, 勇気を出して「こんばんは! 今日は楽
しかったですね☺」と LINE をしてみました.
　すると! ……なんと瞬間的に既読になりました! そして「そうですね. 私も
楽しかったです☺」と返事がきたのです. 僕は思います.
　「秒速で LINE が既読になって返事が来た……これって, 相手も自分のこと

ちょっと好きなのかな……!?」僕は自分の思い込みですぐに行動しないほうがいいぞ，と思ったので「LINE アンケート」で，「好きな人の LINE をすぐに読みますか？」という項目を探して読みました．すると

「好きな人の LINE をすぐ読む」	60%
「好きな人の LINE を後から読む」	40%
「好きでない人の LINE をすぐ読む」	20%
「好きでない人の LINE を後から読む」	80%

でした．相手を食事に誘ってみたいけど，60%は微妙です．そこで，一緒にバーベキューに行った米津君に相談してみました．

僕　「……というわけなんだけど，60%って微妙だよね．どう思う？」

米津「誘っても大丈夫だろ」

僕　「え？ そんな強気になれないよ〜」

米津「いや，LINE はすぐに読まれた事実があるから，好きな確率は 60%より
　　　もっと高くなるよ」

米津君が自信たっぷりに説明したロジックは以下のとおりです．まず，今日出会った相手が自分のことを好きかどうかなんてことについての事前確率は全くわかりません．そのようなとき，好きと嫌いの確率を50%ずつに仮定します．これを「理由不十分の原則」といいます．すると

「好きで LINE を秒速で読んだ」確率

　　　好き 0.5 × 好きだからすぐ読む 0.6　＝　0.3，

「好きでなくて LINE を秒速で読んだ」確率

　　　好きでない 0.5 × 好きでないがすぐ読む 0.2　＝　0.1

となります．LINE がすぐ読まれることは，これらの確率を足した 0.3＋0.1 ＝0.4 の確率で起きてくることです．そして LINE はすでにすぐ読まれているという情報を受け取っているのだから「好きで LINE を秒速で読んだ」事後的確率は 0.3/0.4＝0.75 です．やったー！ 75％も可能性があるなら，誘ってもよさそうですね．

　ベイズ確率は，事前確率がわからず，利用できる情報がかなり限られてい

ても主観的確率のアップデートができる点が画期的です[1].

■ モンティ・ホール問題

ベイズの更新では事前確率がわからなくても追加的な情報を利用して客観的に正しい確率に近づけることができます.ところが,追加的な情報をもらっていながらベイズの定理をうまく利用できない事例として,アメリカで実在したテレビ番組におけるモンティ・ホール問題が挙げられます.

あなたの目の前にはA,B,Cの3つの扉があります.そのうちの1つの扉の後ろに宝物があります.もしもあなたが,宝物がある扉を当てることができたならば,宝物を持ち帰ることができます.

今,あなたがAを選びました.すると司会者のモンティがCの扉を開けます.Cの後ろには何もありません.そしてモンティは,こうたずねます.「今ならば,扉をAからBに変えることができます.Aでいいですか?」

[質問] あなたは,扉をAからBに変えますか?

回答 ⇒ 私はドアを_____

変えるべきか,変えざるべきか……この問題のよくある回答は「変えない」

---

1 事前確率が与えられているケースとしては,病院で病気の検査をして,再検査を告げられたときに,陽性である確率を推定するなどの問題があります.

表8-1　Aを選んだ場合の各扉の後ろに宝物がある確率

宝物の ある場所＼モンティ の行動	扉Aを開ける （モンティが開ける のは無理である）	扉Bを開ける	扉Cを開ける
扉A	0	$\frac{1}{3}\times\frac{1}{2}=\frac{1}{6}$	$\frac{1}{3}\times\frac{1}{2}=\frac{1}{6}$
扉B	0	0	$\frac{1}{3}\times1=\frac{1}{3}$
扉C	0	$\frac{1}{3}\times1=\frac{1}{3}$	0

というものです．ところがベイズの定理を適用するならば扉を変えてBに
するべきなのです．ベイズ理論の示唆は直感とそれほど合っていません．ま
ず，残った扉はあと2つなので，どちらも2分の1の確率に思えます．さら
に，もしも扉を変えてAの後ろに宝物があったら余計に悔しいではないで
すか！（これは後悔回避という考え方によって説明できますね．）また，最初に
Aを選んだことがコミットメントとなる可能性もあります．

　表8-1は，あなたがAを指定したときのモンティの行為と宝物がある扉
の組合せが起きる確率です．宝物のある扉＝モンティが開ける扉となる可能
性は0なので，対角線には0が入っています．さらに扉Aをあなたに指定
された以上，モンティはAを開けることはできません．

(1)　宝物がA，B，Cのそれぞれの後ろにある事前確率は1/3
(2)　宝物がAにあるときモンティがBを開ける確率は，Cを開ける確
率と同じで1/2
(3)　宝物がBにあるときBを開ける確率は0，Cを開ける確率は1
(4)　宝物がCにあるときBを開ける確率は1，Cを開ける確率は0

　あなたには「モンティはCを開けた」という追加情報があるので，表中
の左から3列目のケースだけを考えればよくなりました．宝物がAの後ろ
にあるからモンティがCの扉を開ける確率は(1)と(2)から1/3×1/2＝1/6で
すが，宝物がBの後ろにあるときCの扉を開けた確率は，Aを開けること

ができないため，(1) と (3) から 1/3×1＝1/3 です．Bを指定すれば確率は上がります！ 丁寧にベイズ更新してみましょう．Cを開けた確率を合計すると 1/6+1/3=1/2 です．したがって，Aの後ろに宝物がある事後確率は1/6÷1/2=1/3，Bの後ろに宝物がある確率は，1/3÷1/2=2/3 となります．

多くの人がベイズ更新できない理由について，Gilboa (2009) は「モンティがどの扉の後ろに宝物があるかを知っていることからくる戦略が，扉が3つしかないことによって十分に明らかにならないから」として以下のように説明しています．もしも 100 個の扉があり，あなたが 17 番を選んだら，当然その扉はモンティが開けることができません．その後，モンティが残りの98 個の扉を開けます．最後まで 82 番の扉を開けない状態で，「17 番でいいですか？ 今なら 82 番に変えられますよ」と告げたなら……あなたはどうしますか？

8.2　自信過剰と情報カスケード・・・・・・・・・・・・・・・・・・

■ 自信過剰に基づく情報のアップデート

投資家は得られた情報から株の収益についての主観的確率分布を持ち，売買の意思決定に至ると考えられますが，主観的確率分布が真の確率分布をどれくらい正確に表現しているかをキャリブレーション (calibration) といいます．リスク資産市場の価格の将来の変化は，最も基本的な平均値の分散などから確率分布によって予想することができます．過去のデータなどから主観的確率分布をビリーフ（きっとこうなるという信念）として持ち，投資家は自分のビリーフに対してニュースによるベイズ更新を用いることで確信を深めます．このことがトレーダーの自信過剰を深めると同時に取引量を増やし，結果的に株価を歪めるという理論が行動経済学者によって提示されました．

すべての投資家が，ある銘柄の将来のキャッシュフローに関して，同一の確率分布を予想するならば取引は起きません．取引を促す誘因となるのは，情報です．情報には誰でも入手できる公的情報と，一般の人が手に入れられないような私的情報があります．証券取引に従事している投資家や裕福な個

人投資家は，普通の個人投資家よりもインサイダー情報を得やすいでしょう．Harris & Raviv（1993）はリスク中立なトレーダーが公的情報の解釈において異なる見方をすることが市場の取引につながることを示しています．

　さらにキャリブレーションの正しさについて，投資家や起業家が自信過剰（overconfidence）に陥っていることがわかってきました[2]．例えば，Cooper, Woo & Dunkelberg（1988）は，起業家は自分の事業は70％以上成功すると考えていることを発見しています．Fischhoff & MacGregor（1982）は，人々が自分の予測について（正しかった場合に）自分が予見として知っていたと誇張する傾向があることを指摘しています．Griffin & Tversky（1992）は，株式市場における将来の予測可能性が低い状況下でも，熟練した投資家は自分の理論やモデルがあるために，初心者よりも自信過剰になりやすいことを示しています．

　また，人々は自分のビリーフと合致する情報を過大評価し，そうでないものを無視する傾向があり（Lord, Ross & Lepper（1979）），情報がどのくらい極端なものかについて考察するのに対して，どのくらい信憑性があるものかについてはあまり考えない（Griffin & Tversky（1992））こともわかっています．

　Odean（1998）は膨大な心理学や行動経済学の先行研究の結果から"一般的に，人々は注目を集めるような極端な出来事や強く人の興味をひくニュースや噂などの情報に過剰反応し，重要な情報に過少反応する"とまとめています．また市場で誰でも利用できる公的情報のうち，ファンダメンタリストはPERなどを重視してモメンタム（株価の変動）を軽視し，テクニカルアナリストはモメンタムを重視してファンダメンタルズを軽視する傾向があることを指摘しています．

　Shefrin & Statman（1994）は，トレーダーが過去のデータ観察から将来の企業の配当成長率における変化を決定付ける遷移確率行列を推測する際に，一部のトレーダーがベイズ確率を用いるが，残りのトレーダーは直近の観察を過大評価するか，または直近に起きたことと逆のことが起きると考えるた

2　自信過剰の発見の方法は，Fischhoff, Slovic & Lichtenstein（1977）が行った，一般的な質問について回答を選択させ，その後被験者が選択した答えがどの程度正しいかについての確信度を測るというものです．Fischhoff, Slovic & Lichtenstein（1977）では，人々は中程度から難しい問題において自信過剰であり，簡単な問題に対して自信過少となることを示しています．

め，市場の価格形成に歪みが生じ，ボラテリティ（価格の変動性）を高めながら効率性を低めるモデルを作っています．Odean（1998）は，自信過剰の唯一の源泉はキャリブレーションの間違いによっている，すなわち，トレーダーが自分の持っている私的情報が実際よりも正確であるというビリーフを持つ，と仮定してモデルを作りました．帰結として以下の ① 〜 ⑤ などを得ています．

① トレーダーは（プライステイカーであっても）自信過剰になると自分の私的情報（シグナル）を過大評価して事後確率を計算するため，市場全体の事後確率の分散が増え，その結果，取引量が増える．
② 公的情報だけでも，トレーダー間の自信過剰の度合いが異なることで取引量が増える．
③ 良いシグナルを得たトレーダーが自信過剰であると，ハイリスクな株式を持ちすぎ，その逆に悪いシグナルを得たトレーダーはリスクフリー資産を持ちすぎる．このためいずれのトレーダーも（正しく評価をした場合と比較して）ポートフォリオの分散が不十分になり．期待収益が低くなる．
④ 合理的なトレーダーが市場に存在しても，自信過剰なトレーダーが合理的なトレーダーの情報を軽視するために，価格は自信過剰なレーダーの信念をより強く反映し，結果として連続的なトレンドを持つ．
⑤ ④の結果，自信過剰なトレーダーが強気になれば強気な相場が続き，またそれによって成功を収めたトレーダーが自信を深めていくためバブルが持続する．

　どうやら自信過剰なトレーダーによる取引は，上昇相場ではそれを継続させてバブルの原因となり，その一方で自信が相場が下がるほうに傾けば，バブルがあっという間になくなりそうです．

■ 自信過剰の源泉
　手に入れた情報を評価して確率分布をアップデートする際，自信の度合いが違えば，私的情報はもちろんのこと，同じ公的情報を得ても行動は異なっ

てくるでしょう．その自信を醸成する要素には，証券投資の経験値や，金融リテラシー（知識）の違い（とその自己評価）があります．

　van Rooij, Lusardi & Alessie（2011）は個人投資家の金融リテラシーと投資の傾向を調べ，金融リテラシーが豊富な個人投資家は新聞やインターネットニュースなどの情報に加え，専門家からのアドバイスを求める傾向があることを発見しています．ということは，個人投資家においては，金融リテラシーが低いほうが自信過剰であるということになります．また日本においては，浅井（2017）は，熟年で取引経験のある個人投資家は，自分の金融リテラシーに自信過剰気味であることを発見しています．

■ 情報カスケードと株価形成

　株式市場において，誰か一部の人たちがインサイダー情報など私的情報をいち早く手に入れたならば，その人が株式を売買することによって価格に反映されます．私的情報を手に入れていない人は，ほかの人の手に入れた私的情報を推測して，フォロワー（追随者）として行動することもあります．

　情報優位にある人たちの私的情報によって，最初に（経済に対して悪い情報が得られたので株価が下がる）などの予測の一致（コンセンサス）が得られると，フォロワーは，自分が持っている私的情報による予測よりも，そのコンセンサス予測を重視する場合があります．一度コンセンサスができると，フォロワーは，コンセンサス予測が正しくなくてもそれに沿って行動します．これは「情報カスケード」として知られています（Bikhchandani, Hirshleifer & Welch（1992））．情報カスケードは，彼の前にいる人の行動を観察した個人が，自分の情報に関係なく前の個人の行動を追跡することが最適であると考えて行動する場合に発生します．例えば法律の判断において「前例に従う」ことや，流行（タピオカを飲むために並んでインスタに挙げる）が起きるのも情報カスケードです．ある場所に人が並んでいると，何か始まるのではないかと思ってとりあえず並ぶなどの行動も見られます．また風評被害も情報カスケードによるものとみなすことができます．

　Bikhchandani, Hirshleifer & Welch（1992）のモデルを株式市場にあてはめると，

1. 複数の個人が順番に手番を持っている．全員が逐次手番で行動する．全員が自分の前までの人の行動を見ることができる．

2. 最初の人は当該の事象 V について，それぞれ 1/2 の確率で H（High）という情報か L（Low）という情報をもらう．事象 $V=1$ であれば株価が上がり，$V=0$ であれば株価が下がる．最初の人は H をもらったら $V=1$ を予想し，株を買う．L のときは $V=0$ が予想されるため，株を売る．

3. 2 番目の人は，観測した最初の人の行動が，「株を買う」であり，かつ自分の情報が H であれば，最初の人が得たシグナルは H であると考えて，H に賭ける．自分の情報として L の情報を得たとき，最初の人が株を買っていたら最初の人のシグナルは H であるから $V=1$ であることを察する．$V=1$ のとき H の情報を受け取る確率を p とすると，自分が L の情報を受け取る確率は $1-p$ である（同様に $V=0$ のとき L を受け取る確率は p，H の情報を受け取る確率が $1-p$ とする）．2 番目の人が，自分の私的情報が L であっても前の人の情報から株を買う確率は，$(1-p)/2$ である．また，自分の情報が L なので株を買わない確率は，$p/2$ である．

4. 3 番目の人の行動がカスケードが起きるか否かを決める．前の 2 人の行動が {買う, 買わない} の場合，1 人目は確実に H であり，2 人目は L であるとき，3 番目の人が自分の情報が H なら買い，L なら買わない，つまり自分の情報を活かすときカスケードが起きない．その確率は $1/2 \times p(1-p)$ となる．同様に，前の 2 人の行動が {買わない, 買う} であり，3 番目の人の自分の情報が L であるときに買わないならば，カスケードは起きない．その確率は，$1/2 \times (1-p)p$ であり，合計して $p-p^2$ が，カスケードが起きない確率となる．

5. 3 番目の人は，前の 2 人が株を買っているのを観察したら（$V=1$ に賭けていたら），自分の情報が L であり本当はそれが正しいとしても H に賭ける．このとき，自分の前の人の行動により判断し，自分の情報を活かしていないので，上方カスケードが起きている．同様に，3 番目の人は前の 2 人が株を売っていたら（$V=0$ に賭けていたら），自分の私的情

報がHであってそれが正しいとしても株を売る．これは下方カスケードである．上方カスケード，下方カスケードはそれぞれ$1/2(1-p+p^2)$の確率で起きるため，合計して$1-p+p^2$の確率でカスケードが起きる．

6. $V=1$であるのに，Lをもらう確率が$p=1/2$であるとき，カスケードが起きない確率は1/4（25%）しかないが，上方カスケード，下方カスケードが起きる確率はそれぞれ3/8であり，カスケードが起きる確率は合計3/4となりカスケードが起きない確率の3倍もある．このプロセスはずっと続くので，例えば4番目の人は，3番目までの人が株を買っていたら自分のシグナルがLであっても，株を買う．2番目の人がLを受け取ったにもかかわらず株を購入すると，3番目の人までの情報は，{H, L, L}であり，情報をすべて見ることができれば$V=0$が正しい可能性が高いとしても，株を買う．4番目の人も3番目までの人が全員買ったので，自分がLという情報をもらってもそれを無視して株を買う．こうして間違ったカスケードが起き，永遠に続く．

　情報カスケードがバブルが起きるメカニズムとなり得ることは，もうおわかりですね．もしも，前の人の行動のみならず，前の人が受け取った情報そのものを見ることができるのであれば，カスケードは消滅しやすくなります．しかし，前の取引者の行動しか観察できないときには，カスケードはなかなか消滅しません．株式市場において取引高と株価だけしか観察されない場合には，上記のメカニズムでバブルが続く可能性があります．

　このモデルに基づいて，Anderson & Holt（1996）は実験室でカスケードが起きるかどうかを検証しました．

　壺Aと壺Bを用意して，壺Aには，暗い色の石を2個と明るい色の石を1個，壺Bには暗い色の石を1個と明るい色の石を2個入れます．

　教室の学生には順番をトランプなどでランダムに割り振って，1人ずつどちらの壺かわからないようにして石を引いてもらいます．

　石の色を確認して，自分の壺がAとB，どちらの壺なのかに賭けてもらいます．石は箱に戻して，2番目の人が呼び出されます．1番目の人がどちらの壺であるほうに賭けたのかは公開されます．2番目の人も1つの

石を引いて色を確認し，壺 A，壺 B のどちらかに賭けます．3 番目の人は
1 番目・2 番目の人の賭けを知っています．これを 15 期間繰り返します．

　Anderson & Holt（1997）ではこの設定下で 12 セッション行い，カスケー
ドが起きうる 56 期中 41 期で（自分の情報を無視する）カスケードを観察し
ました．壺 A と B で石の数が対称的でないことでベイズ更新が難しい場合
の実験結果を含めても 112 期中 87 期（77.7％）でカスケードが起きています．
　Cipriani & Guarino（2005）は Anderson & Holt（1996）に基づいた次のよ
うな実験をニューヨーク大学とロンドンカレッジ大学で 216 人に対して 16
セッション行いました．2 つの理論的先行研究の結果が得られるかどうかを
同時に検証したのです．

① 実験者 a は見えないところでコインを投げ，もし裏が出たら資産価値
　　は 100，表が出たら資産価値は 0 である（$V=\{0, 100\}$）．
② 資産価値を推測可能な情報を与えるため，外から区別がつかない 2 つ
　　の袋が用意される．中には合計 100 個のチップが入っており，袋 A
　　（青，白）=(30, 70) と袋 B（青，白）=(70, 30)．
③ 資産価値が 100 のとき実験者は袋 A を使う．資産価値が 0 のとき袋
　　B を使う．被験者はコインの結果（V）は知らされず，袋から出たチッ
　　プの色が私的情報（青，白）=(L, H) となる（袋 A は袋から白が出たときに，
　　資産価値が 100 である事前確率は 0.7 であることを，袋 B は資産価値が 0 で
　　あるという事前確率が 0.7 であることを決めている）．
④ 1 実験のトレーダー（取引者）は 13 人で，ランダムに順番づけられる．
⑤ 実験者が価格 P を決めるマーケットメーカーとなる．第 1 トリート
　　メントでは $P=50$，第 2 トリートメントではマーケットメーカーがベイ
　　ズ更新による期待値に導く．
⑥ 被験者は毎期 100 リラ（1000 リラ=25 ドル）を与えられ，毎期，行動
　　=｛買う，売る，取引しない｝から 1 つを選ぶ．$V=100$ リラが予想される
　　とき価格 P で買うことで $100+100-P$ を得ることができ，0 リラが予想
　　されるとき，P リラで売ることで $100+P-0$ を得ることができる．第 1
　　トリートメントではすべての期で価格が $P=50$ に固定されており，資

産を買って $V=100$ であったならば150を得,資産を売って $V=0$ であったならば150を得る.

⑦ トレードは15回行われ,第1,第2トリートメントでは取引者はすべての自分の前の人の行動履歴と市場価格 P の履歴を知ることができる.

第1トリートメントでは,「Bikhchandani, Hirshleifer & Welch（1992）による命題：資産価格が期待値に固定されているとき,例えば,3番目の取引者が2以上の不均衡な取引｛買う,買う｝または｛売る,売る｝を確認したときには情報カスケードが起きる」を実験により検証しました.その結果,52％で情報カスケードが起きました[3].しかも,前の人が判断を間違えている可能性を含めて精査すると92％は正しいベイズ更新に従っているなど"合理的"な情報カスケードであり,そうすることによって被験者は利益を得たのです.

第2トリートメントでは,「Avery & Zemsky（1998）による命題：マーケットメーカーが資産価格を期待値にセットすればカスケードは起きない」について検証しました.15期,毎期のトレードごとに価格がベイズ更新された期待値に等しく設定されます.このとき,前の人の行動履歴を見ることができても,自分が引いたチップが白ならば価格が100である兆候となるので買うべきであり,チップが青であれば価格が0である兆候なので売るべきです[4].カスケードは12％でしか起きませんでした.

また,価格が市場の期待値に沿っているときは,情報が固定されているときより情報カスケードは起きにくいものの,合理的な取引は65％に減っています.ただしそれは安いときに資産を買って高いときに売ろうとする,

---

3 この比率は,先の説明6で $p=0.3$ と置いた79％よりは少なくなっています.ただし22％は取引しておらず,カスケードが起きない比率は26％といえます.

4 自分が見た前の人までの情報を H_t とし,自分が引いたチップが白であるとき,その情報 $x_t=100$ が,$V=100$ の実現である可能性は,H_t によって更新されたベイズ確率を $P_r(V=100|H_t)$ とすると

$$E[V|H_t, x_t=100] = 100 P_r(V=100|H_t, x_t=100)$$
$$= 100 \times \frac{0.7 \times P_r(V=100|H_t)}{0.7 \times P_r(V=100|H_t) + 0.3(1-P_r(V=100|H_t))} > 100 P_r(V=100|H_t) = E(V|H_t)$$

となるため自身の情報 $x_t=100$ を用いて行動すべきです.

"コントラリアン戦略"によるものでした.

第2トリートメントの実験結果の推測が正しいかどうかを知るために, 第3トリートメントでは, 前の取引者の行動と価格の履歴を知ることができないようにしました. 理論的には私的情報を利用することになるはずですが, 結果は24%において, 私的情報を無視する行為が起きました.

以上の結果から, Cipriani & Guarino (2005) は, 情報カスケードはマーケットメーカーが適切に役割を果たせば, ほとんど起きないと結論付けています. またこの論文は, 自分の手に入れた情報を無視する情報カスケードが, 人々が合理的ではないから起きてきているのではなく, 例えば「今の株価はバブルだ」とわかっていながら乗っかるという行為が"合理的"に行われることを示唆しています.

現実の市場で価格が上がり続けるときには, 今まで参加していなかった人も市場に取引者として参入し, そのことがさらに相場を引き上げます. 逆に例えばテクニカルトレーダーが過去の移動平均線を用いて, 今が売り場であると考えて売り始めれば, 良い私的情報を受け取ったトレーダーもそれを無視して売ることで利益を得られるため, 多くの投資家の合理的な判断によって, 市場がファンダメンタルズを割り込んで下がり続けることも起きてきます.

また実験においては, 被験者は資産の期待値のみならず, 価値についての確率分布を知らされていました. 市場においては確率分布は知らされていないため, 投資家は期待値を中心に釣り鐘型の確率分布をビリーフとして持つと考えるのが現実的です. ところで私的情報を得たとき, 確率分布の期待値は予測できてもその広がり方(分散)について確信を持てない場合には, どんなことが起きてくるのでしょうか? 次の節で考えてみましょう.

動学的あいまいさ回避と
エクイティプレミアムパズル

■ 悲観的ラーニング理論

8.2 節では自信過剰なトレーダーが情報によって主観的確率をアップデートしより自信を強めたり，自分が得た情報を無視する情報カスケードが起きたりすることで，ファンダメンタルズを離れる株価形成がされる可能性について学びました．ここでは株価形成に対して悲観的なアップデートが働いているという見方があります．エルスバーグが提示したもう一つのパラドックスにひとひねりした問題から始めましょう．外から見ると全く同じに見える2つの壺があります．

[質問]「リスクの壺 R」には白 2 個と黒 2 個，合わせて 4 個のボールが入っています．「あいまいな壺 A」には，白と黒合わせて 4 個のボールが入っており，ボールの内訳は，少なくとも 1 つは各色が入っていることしかわかりません．あなたが選んだ壺から，あなたが賭けた色のボールが出たら，100 円がもらえます．壺 R と壺 A のどちらに賭けたいですか？

回答（○を付ける） ⇒ 壺 R 壺 A どちらでもいい

おそらくあなたの回答は壺 A でしょう．しかし，ベイズ理論を利用し，理由不十分の原則からボールの数が対称的であると仮定するならば，壺 R と壺 A のどちらでもいいということになります（！）．この考察から Epstein & Schneider（2008）は，ベイズモデルでは株式市場における人々の行動を説明できないと指摘しています．**第 6 講**で解説した CAPM においては，各資産の収益率について期待値も分散もただ 1 つであることを仮定していました．しかし Epstein & Schneider（2008）は，分散がただ 1 つに定まるという仮定は，株式市場の本質を十分に表しておらず，期待値は過去のデータから 1 つと仮定できても，分散の予測には幅があると考えられるため，アップデートに使われる情報の質はベイズモデルが示唆するよりも低くなるという理論を展開しています．彼らが用意した思考実験を体験しましょう．

目の前にリスクの壺Rとあいまいな壺Aの2つの壺があります.

〈リスクの壺R〉　黒のボールが2個, 白のボールが2個と, 表と裏が等確率で出るコインを投げることによって色が白または黒に代わる "コインボール" が入ります.

　リスクの壺Rは,

　　$p=1/2$ で　①黒のボールが2個, 白のボールが3個,

　　$p=1/2$ で　②白のボールが2個, 黒のボールが3個,

のどちらかの壺となります.

〈あいまいな壺A〉　黒のボールが $n/2$ 個, 白のボールが $n/2$ 個と, コインボールが1個入ります. ただし, $n=2$ または $n=6$ です.

　あいまいな壺Aは,

$n=2$ のとき, $p=1/2$ で　③白が2個, 黒が1個,

　　　　　　または, $p=1/2$ で　④白が1個, 黒が2個,

$n=6$ のとき, ⑤白が4個, 黒が3個,

　　　　　　　⑥白が3個, 黒が4個,

　また, $n=2$ の壺となるか $n=6$ の壺となるか, その確率はわかりません.

リスクの壺R

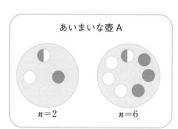

あいまいな壺A

$n=2$　　　　　$n=6$

[**質問1**]　壺から1つボールを引いて, 自分が賭けた色のボールが出たら1000円もらえます. リスクの壺Rとあいまいな壺Aのどちらからボールを引きたいですか?

　　　　　　　　　　回答　⇒　　壺R　　壺A　　どちらでもよい

　両方の壺の期待値は同じなので, どちらでもよいと回答した人もいるはずです. 質問2にも回答してください.

　質問 2 では壺からのボールが黒だったというあなたにとって良い追加情報が与えられています．あなたの回答はどちらの壺を選んでいたでしょうか？ Epstein & Schnidler（2008）の予測は，たとえ質問 1 で「どちらでもよい」を選んだ人でも，リスクの壺（壺 R）を選ぶというものであり，その理由はベイズ更新の過程で悲観的になるからだというのです．

　まず，被験者は，リスクの壺 R から黒が出る可能性について，黒が引かれたという追加情報からベイズ更新をします．2 個の白のボールと 2 個の黒のボールがすでに入っているところに，1 個のコインボールが入っている壺から黒が出る事後確率は，コインボールが黒だった場合に黒が引かれた確率 $Pb = 3/5$ となりますコインボールが白だった場合に黒が引かれた確率は，$Pw = 2/5$ です．

　次に，あいまいな壺 A については，壺 A から黒が引かれたのを見た後の事後確率は，

Pr (n=2, 黒が引かれた | コインボールが黒)＝2/3　または，

Pr (n=6, 黒が引かれた | コインボールが黒)＝4/7

となります．あいまいな壺 A のボールのコインボール以外のボールの $n=2$ であるという好ましい可能性について，壺が A であるという主観的確率を p_s とおくと，$n=6$ である主観的確率は $1 - p_s$ となるので，$2/3 p_s + 4/7(1 - p_s)$ という主観的期待値を形成します．もしも質問 2 へのあなたの賭けの回答が「壺 A から黒が引かれる」ならば $n=2$ と考えているはずなので，$2/3 p_s$

$+4/7(1-p_s)<3/5$ より，$p_s>3/10$ という主観的確率を持っていることを意味します．ここまではベイズ理論を用いた考察ですが，あなたの回答は壺 A だったでしょうか？

　壺 A のコインボールが黒である確率は $p_s=1$ で最善のケース 2/3，$p_s=0$ で最悪 4/7 です．壺 R のコインボールが黒である事後確率は 3/5 で，その中間に入ります．けれども悲観的な人（慎重な人という方がよいかもしれません）ならばリスクの壺 R を選ぶでしょう．

　次に，質問 2 から状況が変わり，「あなたが選んだ壺から白が出たら 1000 円がもらえる」となりました．黒が壺 R からも壺 A からも引かれたことは，あなたにとって悪いニュースとなりました．あなたが壺 R と壺 A のどちらに賭けることが望ましいでしょうか？　今後はコインボールが白であってほしいので

Pr（$n=2$, 黒が引かれた｜コインボールが白）$=1/3$　または，

Pr（$n=2$, 黒が引かれた｜コインボールが白）$=3/7$

　同じように，$n=2$ である（この場合は都合が悪い）可能性を p_s とすると，$1/3p_s+3/7(1-p_s)$ となります．コインボールが白である確率は $p_s=1$ で最悪の 1/3 であり，最善のケースでは $p_s=0$ で 3/7 です．リスクの壺 R から黒が引かれたときコインボールが白である事後確率は $Pw=2/5$ です．この確率はあいまいな壺の最善のケース 3/7 よりは低く，最悪のケース 1/3 より大きいのですが，以下の理由で壺 R を選ぶことが予想されます．

　Epstein & Schnidler（2008）は，**第 5 講**で学んだ MaxMin 期待効用モデル（またの名をマルチプライオアモデル）の考え方，"人々は複数の可能性があり，その確率が与えられないとき，最悪のケースを想定する"を導入します．すると観察者は，実験において白が引かれた，すなわち悪いニュースを目撃したときには，きっと $n=2$ だったと悲観的に考え，黒が引かれたとき，すなわち良いニュースを目撃したときには，きっと $n=6$ でたまたま黒が引かれたのだと再び悲観的に考えるでしょう．壺から黒が引かれたときも白が引かれたときも，確率が 1 つに定まらず幅があるあいまいな壺を嫌うことになります！　ここでは予想に非対称性が導入されていることに留意してください．

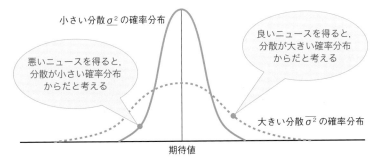

図 8-1　分散が複数ある場合のニュースの解釈

　この思考実験の本質は，株式市場では市場における証券の期待値はわかる
ことが多いが，期待値からどれくらい外れるか，すなわち分散は一つに決ま
らず幅があるという点にあります．そのために，良いニュースが届いたとき
には，その株に投資しようかと考えている人は，期待値からの裾広がりが大
きい（分散が大きい）からたまたま良いニュースを観察したのだろうとニュー
スを控えめにとらえ，逆に悪いニュースが届いたときには，期待値からの裾
広がりが小さい（分散が小さい）ケースであったと悲観的にとらえるという
ものです．分散の幅が大きいような状況下にあれば，株価についてのどのよ
うなニュースを見ても悲観的になってしまい，その結果，株式に投資をする
ためには CAPM やファンダメンタルズ・バリューから導かれる株価よりも
大きなプレミアムがなければ投資しないという，エクイティプレミアムパズ
ルが説明できます．そればかりか，Epstein & Schnidler（2008）はこれから
投資するか否かを検討し，投資の結果を前もって悲観するために株式市場に
全く参加しないという結果も導いています．

　この講で学んだ内容を確認しましょう．まず自信過剰のモデルでは，1 人
のトレーダーが母集団の確率分布としてただ 1 つの期待値と分散を予測しま
すが，そのアップデートにおいて，私的情報や公的情報が届いたときに，良
いニュースを受け取ったトレーダーは自信を深めます．自信に基づいた取引
が利益を生めば，より自信を深めていくでしょう．こうして間違った予測を

持つトレーダーの存在によって株価変動におけるバブルを説明することができます．次に，自分の情報について自信を深めるのとは逆に，市場の相場の履歴を観察した投資家が，自分の私的情報を"合理的に"無視することで情報カスケードによるバブルを生む可能性もあります．第3に，株価やその源資となる利益についての確率分布の分散が1つではなく幅があると考えている投資家は，あいまいさ回避から追加的な情報（ニュース）による主観的な更新によって，いかなる情報を受け取ってもそれを過小評価し，あいまいな株式の価値評価を下げます．その結果，株価水準自体の理論値からの長期的な下方への乖離が起きうるのです．

この講で確認した情報カスケードの実験においては，明らかにしたいこと以外の条件をすべて制御でき，理論値と直接比較できるという実験の利点が十二分に活かされていました．これからも理論経済学者や行動経済学者が立てた仮説を検証していくことになるでしょう．もちろん実験ファイナンスは現実そのものを直接分析するものではありません．そのため，最近では，個人の株式取引やFX市場のマイクロデータを入手した研究も存在しており，市場データを用いた分析にも再び光があたっています．

■ Active Learning

《情報カスケードの理論値を計算しよう》・・・・・・・・・・・・・・・・・・・・・・・・・・・・・・・・・・・

　　Anderson & Holt（1997）の実験を再現してみましょう．
　[1]　壺 A の（白：黒）＝（2：1）
　　　　壺 B の（白：黒）＝（1：2）
　[2]　次に石の色の比率を非対称にします．
　　　　壺 A の（白：黒）＝（6：1）
　　　　壺 B の（白：黒）＝（2：5）
　として再現してみましょう．

第9講
時間選好率のアノマリー

■明日朝早くから授業（会議）があります．あなたは明日のために今日早く寝るタイプですか？ 寝るつもりだったのについつい夜更かしをして後悔するタイプですか？ そうした行動の違いは，現在と将来のどちらを重んじるかを示す，時間選好率の大きさが時間の経過とともにどう変わるか，すなわち期間構造によって説明されます．経済学では，ある人の時間選好率は，同じ期間に対して一定（定常）であると仮定してきました．しかし心理学者や行動経済学者は，その仮定では現実の私たちの姿を説明できないことを明らかにしたのです．

9.1 Strotz の動学的時間選好の理論----------

■ お金の価値は時間で変わる

　経済学において，3時点以上2つ以上の期間にわたる意思決定問題を動学理論といいます．例えば今年と来年，今月と来月は2期間となります．もしもあなたが今月と来月の2か月分のお給料を先にもらったら，どのように使いますか？ 今月と来月が同じ金額になるように使いますか？ それとも今月多く使いますか？ この配分を決めるのが時間選好率です．

　時間選好率について理解する前に，お金の価値が時間とともに変化することを確認しましょう．あなたがお年玉として1万円をもらったと想像してください．今すぐに利用する必要がないため，預金をすると決めました．預金金利は年利で1%です．すると1年後には1万円ではなく1万100円を預金口座からおろして使うことができます．

$$\text{今日の 1 万円} \times (1+0.01) = \text{1 年後の 10100 円}$$

つまり，今日の 1 万円の価値は，1 年後にはもはや 1 万円ではありません．言い換えると，現在価値で 1 万円のお金の（1 年後の）将来価値は 1 万 100 円です．では今日の何円が将来価値の 1 万円になるのでしょうか？ 求めたい大きさを x 円とすると，x 万円 $\times (1+0.01) = $ 1 年後の 1 万円となるから，逆算して x 万円 $= 1/(1+0.01) = 0.99009$ 万円，9901 円です．今求めた 9901 円は来年の 1 万円の割引現在価値であり（1＋0.01）で将来価値を除した行為を，将来価値を現在価値に割り引くといいます．割引率 δ は，$1/(1+0.01) = 0.99$ となります．

この計算で将来を割り引くために，市場で成立している金利を用いました．金利は，マネー市場での需要と供給が均衡することで決まる，お金の現在と将来の交換価値であり，お金の機会費用を表しています．

これに対して時間選好率は，今すぐ 1 万円で何か購入して消費することをせず，消費を先延ばしするとき，今すぐの消費を我慢することに対して自分が余分にもらいたいと考えるプレミアムです．次の例を考えてみてください．

[質問 1]　あなたは，終わり次第 1 万円がもらえるという約束でバイト 10 時間の軽作業をしました．終わったとき，今すぐ現金で 1 万円を受け取ることもできるが，口座への 1 か月後の振り込みであればいくらかプレミアムを付けるといわれました．いくら以上ならば，1 か月後の口座への振り込みを選びますか？

回答　⇒　1 万円＋α（_____）円以上

α の大小は 1 か月のあなたの時間選好率をある程度表しています．時間選好率は，現在を将来よりも大切に考えるほど大きい数値となります．

■ 異時点間の消費の時間選好率と効用時間選好率および割引率

時間選好率は現在の消費を将来にひき延ばすことへのプレミアムであるため，今の消費が将来の消費と比較してどれくらい魅力的かを示すものといえ

ます．時間選好率は一般的にρで表されます．

　先ほどの異時点間の問題についての質問で，バイトで得られた報酬が1年後に利用できるステーキの引換券だったとしたら，今すぐ食べられないので，そのうれしさは小さくなります．そればかりか，何らかの理由で1年後にその店に行けなくなる（最悪死んでしまう）という可能性が出てきます．したがって，消費からの喜びが遠ざかることに加えて，将来の消費を手に入れられないかもしれないという（わずかな）不確実性によっても将来の消費の価値（効用）は割り引かれます．前者には個人が生まれ持った性質といえる部分が深く関係し，後者には，戦争など死亡する可能性が高い環境にあるかどうかなど，個人が置かれた環境なども関係します．

　今の消費からの効用を$u(c_0)$とし，時間選好率をρとします．将来の消費からの効用は，

$$U=\Phi\Big(u(c_0)+\frac{1}{1+\rho}u(c_1)\Big)$$

と表現できます．Φは微分をして正となる関数ならばどのような関数でも大丈夫なので，シンプルに

$$U=u(c_0)+\frac{1}{1+\rho}u(c_1) \qquad (9\text{-}1)$$

と表現しましょう．これから説明する時間選好率は，効用時間選好率と呼ばれるもので，消費の時間選好率とは異なるものです．消費の時間選好率とは異時点間の消費の限界代替率のことであり，（9-1）において$1/(1+\rho)=\lambda$としてc_0とc_1について全微分して得られる現在と将来の限界代替率（MRS）であり，

$$\mathrm{MRS}=\Big[\frac{1}{\lambda}\frac{u'(c_0)}{u'(c_t)}\Big]$$

として得られます．効用時間選好率は消費点から独立ではないことに注意してください．消費の時間選好率は毎期の消費額が一定（ここでは$c_0=c_1$）のときには$\lambda=\rho$となり効用時間選好率に等しくなります[1][2]．

1　制約条件下の動学的効用最適化問題を一般均衡の枠組みで知るにはロバート・J・バロー『バロー　マクロ経済学』（センゲージラーニング，2010）などをご覧ください．

なお，効用時間選好率が $\rho=0$ であれば，$U=u(c_0)+u(c_1)$ となり，今年と来年の効用に同じウエイトを付けていることになります．今よりも将来を重視するならば $\rho<0$ ですが，ほとんどの人は将来よりも今を重視するため時間選好率は $\rho>0$ となります．(9-1) 式を $U=u(c_0)+\lambda u(c_1)$ と書き換えると，λ は割引率と呼ばれます．割引率は，$\lambda=1/(1+\rho)$ より時間選好率がゼロのとき 1 となり，時間選好率が正の値をとるときは，1 より小さくなります．

　ここより先，割引率という表現と時間選好率という表現が両方出てきますので注意してください．また，「将来を大きく割り引く」ときの割引率の数値は小さくなるので，それにも留意してください．

■ 将来にまたがる時点の最適な消費計画

　あなたは夏休みや春休みの前に，学習計画を立てるようにいわれたことがありませんか？「計画」ということ自体，今この時点で将来の問題について考えることを意味しています．

　経済学では，私たちは"合理的"で時間整合的な人間であり，時間選好率は異時点間のどの一年の間をとっても変わらず一定と考えてきました．つまり今年と来年の間の割引率と，来年と再来年の間の割引率は同じである，と仮定するのです．この仮定を定常性（stationality）といます．定常性を仮定することによって将来の価値をいつでも現在の価値に直すことができるので，長期間にまたがる経済問題への解を出すことができます．

　例えば，今日から 3 年後までいつでも食べられるステーキのチケットを，3 kg 分もらったので，1 年ごとに消費するステーキの量について 3 年間の計画を立てるとします．将来ステーキを食べることの喜びは，今すぐ食べる喜びより小さいと感じ，今すぐ食べる喜びの λ 倍だと考えることにします．時間選好率がマイナスのケースは排除し，今を含む期間の消費についての割引率はゼロとします．すなわち $\lambda(0)=1$ です．

　τ 期めに t 期を割り引く，すなわち $t-\tau$ 年後の割引率を $\lambda(t-\tau)$ と示しま

2　MRS は $U(c_0, c_1)=\Phi(u(c_0)+\lambda u(c_1))$ のより一般的な関数であっても同じになります．証明は，林貴志『ミクロ経済学［増補版］』（ミネルヴァ書房，2013），131 頁を参照してください

す. 関数の Φ は消費計画を包括的に評価するものとします. ステーキ $3\,\mathrm{kg}$ 分を今 $(\tau=0)$ から 1 年後 $(\tau=1)$ と今 $(\tau=0)$ から 2 年後 $(\tau=2)$ にそれぞれ $1\,\mathrm{kg}$ ずつ食べる消費計画は, 今を $\tau=0$ とすると

$$U=\Phi(u(1)+\lambda(\text{今から}1\text{年後})u(1)+\lambda(\text{今から}2\text{年後})u(1))$$

となります. $\Phi(\cdot)$ が線形で, 毎年の効用の現在価値を単純に合計する関数である例を仮定し,

$$U=u(1)+\lambda(1-0)u(1)+\lambda(2-0)u(1) \tag{9.1}$$

と表せます. 各 t 期の消費の効用を, 現在 $\tau=0$ 期で評価することによって, 将来の効用を今の効用の価値として足しあげることができています. 金利を用いて異時点間の予算制約式を立てれば, 異時点間の効用最大化問題を解く

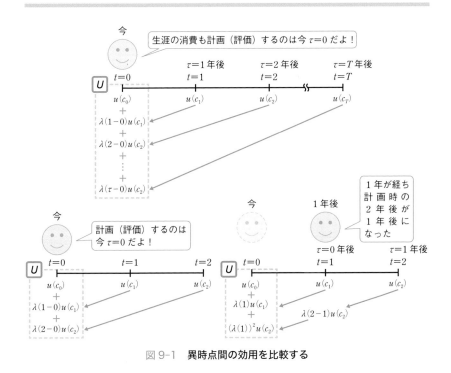

図 9-1　異時点間の効用を比較する

ことができます.

　割引率λの定常性が満たされているときの異時点間の最適計画を図9-1により説明しましょう. ステーキを今も含め3年後までの2年間でどのように消費するかを計画するかを示したのが図9-1の左下の図であり (9.1) 式を表現しています. 次に図9-1の右下の図を見てください. 1年が経ち $t=1$ の地点に立てば, $t=0$ 時点から見た2年後 $t=2$ は1年後 ($\tau=1$) となります. このとき, 評価をする時点 τ と, 評価の対象時点 t それぞれに特別な意味がなく, 割引率の大きさが, 単に期間 ($t-\tau$) の長さに依存するという仮定を置くことができるのであれば, 2年後の消費は $\lambda(1)$ により割り引かれ, $\lambda(2-1)u(c_2)=\lambda(1)u(c_2)$ と表現できます. 1年後の自分による2年後のステーキの効用 $u(c_2)$ の評価を現時点すなわち $\tau=0$ の時点で行うには, もういちど割り引いて, $\lambda(1-0)\lambda(1)u(c_2)=(\lambda(1))^2u(c_2)$ と表現します. 次に効用関数についての仮定がわかる質問に答えてください.

[質問2]　あなたは誕生日祝いに, ステーキ3kg分のチケットをもらいました. 消費期限は今から3年間です. どちらの計画が良いですか?

　計画X：今年の誕生日 (今日) にステーキを1kg, 来年の誕生日に1kg,
　　　　　再来年の誕生日に1kg食べる.

　計画Y：今年の誕生日 (今日) にステーキを3kg分食べる.

回答　⇒　＿＿＿＿＿＿

　大前提として, この人の選好 (効用関数) は1年で変化することはなく, 今食べるステーキ1kgの今の効用と, 来年食べるステーキ1kgの来年の効用が同じだということを仮定します (この仮定がないと計画を立てる意味がなくなります). 例えば1年後に消費をすることからの効用が, 今すぐ消費する効用の8割に感じる (割引率0.8) ならば, $\lambda(1-0)=0.8$, $\lambda(2-0)=0.8^2=0.64$ となり, 3kgの焼肉を毎年1kgずつ消費する $(c_0, c_1, c_2)=(1, 1, 1)$ という計画Xから得られる効用は, $U=u(1\text{kg})+0.8u(1\text{kg})+0.64u(1\text{kg})$ となります. 毎年の効用が $u(x)=x$ で変わらないならば $u(1)=1$ となりますので, 計画Xでは $U(1, 1, 1)=1+0.8+0.64=2.44$ となります. これに対して計画Y

では $U(3,0,0)=3$ です．あれ？ 今すべてを食べず我慢したら生涯効用が減ってしまうならば，今 3 kg 食べたほうがよいですね．この直感と合わない結果は，$u(x)=x$ と仮定したことからきています．

異時点間についての選好が強凹性を満たすように，$u(x)=x^\alpha$（$0<\alpha<1$）を仮定し，$\alpha=0.5$ の例 $u(x)=x^{0.5}=\sqrt{x}$ を考えます．この仮定の下では $U(1,1,1)$ $=1+0.8+0.64=2.44>U(3,0,0)=\sqrt{3}+0+0=1.73$ となって，今年 3 kg の焼肉を一度に食べてしまうよりも，毎年 1 kg ずつ食べるほうが良い計画となります．

以上の議論から，観察されたことから時間選好率を測定するには効用関数についての仮定が必要なことがわかりました．このことは実験によって割引率を計測する際の課題となってきました．質問 2 に対するあなたの回答が Y だったとき，割引率が 1 より小さいことからくるのか，効用関数の特徴からなのかは厳密にわかりません．しかも実験では現金を報酬とするため，3 万円を先にもらって運用するのが最も得であるという問題も起きます．

■ 動学的に最適な計画と定常性

将来にまたがる計画が良い計画かどうかは，1 年が経ち $t=1$ の時点に立ったとき，$\tau=0$ 期に立てた計画でよかったと思えるかどうかで評価できます．例えば，$(1,1,1)$ という計画は $U=u(1\text{kg})+0.8(\underline{u(1\text{kg})+0.8u(1\text{kg})})$ となって，アンダーライン部分の $\tau=1$ 期と $\tau=2$ 期について，$t=0$ 期と $t=1$ 期において見られる構造が保たれていて計画の変更は必要ありません．これは定常性を仮定したことからきています．

このモデルの特徴について離散モデルで確認しましょう．将来の消費の割引率が一定であると仮定すると，生涯効用の現在価値は

$$U(c_0, c_1, c_2\cdots)=u(c_0)+\delta u(c_1)+\delta^2 u(c_2)+\cdots \tag{9.2}$$

ここで，$t=0$ 期と $t=1$ 期以降を分けると，

$$U(c_0, c_1, c_2\cdots)=u(c_0)+\delta\{u(c_1)+\delta u(c_2)+\cdots\} \tag{9.3}$$

(9.3) 式の δ の後の { } の中の形が (9.2) 式の形と同じです．つまり，

$t=1$ になったとき，その先についての計画変更は必要がありません．これが Strotz（1955-56）による動学的に最適な計画であり，「ある時点で立てた計画を後から見直してもやはり最適な計画だった」というものです．これは定常性の仮定からきており，将来の価値を現在に直すことができるので，複数の異時点間にまたがる動学問題を，一時点の問題のように解くことが可能になるのです．動学的に整合的な人生設計とは，例えば結婚 10 年後にその決断を見直してみたら，「やっぱり彼女と結婚して良かった！」というものでしょう．

■ 連続時間のモデル

　ここまで，1 年ごとの離散時間で計画を立ててきましたが，時間は連続で刻々と流れています．あるいは，人生 100 年時代といわれている現代，20 歳のバースデーに残り 80 年の毎日の人生設計をすると考えれば，29200 日ありますからほぼ連続と考えてもいいでしょう．

　未来の t 期までの時間を τ 期に計画します．$(t-\tau)$ の長さによって，今から先の τ 期までの割引率 $\lambda(t-\tau)$ が瞬時の割引率の累積として決まります[3]．今計画を $\tau=0$ で行うならば，割引率は，消費する時点 t のみに依存して変化します．すると生涯効用は，

$$U_{\tau=0}=\int_0^T \lambda(t-0)\cdot u[C(t),t]dt \qquad (9.4)$$

となります．どの時点の消費なのかが，（9.4）式の一時点の効用 $[C(t),t]$ に添え字 t として明示的に入っています．この式では毎時少しずつ遠くになっていく瞬間的な消費を，その時の累積割引率で割り引いて合計しているので，積分となっています．$\lambda(\cdot)$ の数字（時点間の距離）が大きくなると，将来を大きく割り引き，割引率の大きさは小さくなります．この λ と，消費する時間 τ までの期間をグラフにすると右下がりになります．今から将来におよぶ累積割引関数が，指数関数で表現できるとき，毎期の割引率は（評価時点

3　離散のときに，2 年後の消費の割引率が，（今から 1 年後の割引率）×（1 年後から 2 年後の割引率）として積で求められました．2 年間の割引率は各 1 年間の累積となっているのです．連続時間では限界的に短い時間についての各時点の割引率の積をとるので積分になります．

t に関係なく）常に一定となります.

$$U_{\tau=0} = \int_0^T e^{-\lambda t} \cdot u[C(t), t]dt$$

割引率を時間 t で微分すると,

$$\frac{d}{dt}e^{-\lambda t} = -\lambda e^{-\lambda t}$$

となります. 割引率はどの期間でも一定となることが確認できました.

9.2 心理学者による双曲割引関数の発見·········

■ 選好の逆転 (preference reversal)

経済学者は，個人が将来をどのような大きさで割り引くとしても，以前に立てた計画を守ることができるという仮定を置いてもよいとしてきたのですが，現実には「今月こそ貯金しようと思ったけどお金を使いすぎてしまった」「ダイエットをしようと思っていたのにケーキを深夜に食べてしまった」など，行動が計画と違ってしまう局面に遭遇します. これを心理学では自己敗北と呼びます. 人生には深刻な敗北がありえます. 例えば「若いときは二度とこない. 今使う1万円は30年後より意味がある！ だから貯金はしない」と思っていたのに，30年後「しまった，若いときより健康維持にお金がかかる. 貯金しておけばよかった！」となるようなことです. これを「選好の逆転」といいます. 選好の逆転は，時間選好率は現在と近い将来の間では，近い将来よりも現在を魅力的に感じるため大きく割り引くのに，遠い将来と遠い将来を比較するときはあまり割り引かないことからきます. 計画時から時間が経過し，以前は遠い将来と感じていた時間が現在に近い将来となったとき，近い将来よりも現在をより魅力的に感じるため，必然的に計画の変更を伴います.

次の質問は，2つの報酬の受け取り方を比較するものです. どちらの報酬の受け取り方がいいですか？ どのケースでも確実に受け取れるとします.

　質問 3（確率 1 で今すぐ 1 万円受け取るか，確率 1 で 4 週間後に 1.1 万円受け取るか）において A を選んだ人は，4 週間に対して 1 割より大きいプレミアムを要求しており，割引率は 0.9 より小さい数字になります．経済学が仮定してきたように時間についての定常性が一定に保たれているのであれば，その人は，質問 4 では C を選ぶはずです．ところが質問 3 で A を回答していた人の半分くらいは，質問 4 では D を選ぶことが観察されるのです（あなたはいかがでしたか）．例えば元旦に A を回答していた人は，26 週後の 7 月 2 日（うるう年でなければ）になると，4 週間後の 7 月 30 日に報酬をもらうよりも，

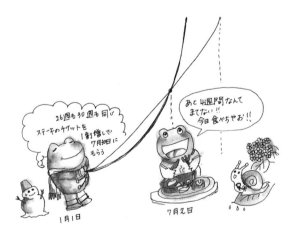

7月2日（その日の今日）少ない報酬1万円をもらおうと思います．これが選好の逆転です．

　消費を先延ばしにすることに対するプレミアムが大きいことは忍耐力がないことを示しています．消費を現時点から少し先延ばしするときには大きなプレミアムを要求（Aと回答）するのですが遠い将来のある時点からは消費を少し先延ばしにすることへは少ないプレミアムでもよく，Dと回答することは，diminishing impatience といい，直訳すると逓減する忍耐のなさですが，こなれた日本語では，時間割引の減少という意味になります．プレミアムは時間選好率の記号 ρ を用いて表現できるので，質問3でAを選び質問4でDを選んだ人の時間選好率について以下の関係が成立します．

$$\frac{\rho(4-0)}{\rho(0)} < \frac{\rho(30-26)}{\rho(26-26)}$$

分母は $\rho(0)=\rho(26-26)=1$ ですので，$\rho(4-1)<\rho(30-26)$ が得られます．ρ が $(t-\tau)$ の期間にだけ依存して決まるならば $\rho(4)<\rho(4)$ となりおかしい結果です．これは，4週間の割引率が，評価する時点で違っていることを意味します．図9-1で生涯計画を立てたときの定常性は成立していません．いつ将来の消費を評価するかが重要なのです．

　割引率は，計画を立てている時期 τ と，消費をする時期 t および $(\tau-t)$ で示される期間の長さによって決まります．図9-2の右側の青線は，時間についての定常性を満たす人が計画を今，$(\tau=0)$ で立てた場合の（計画の実行時までの）累積時間割引率の推移であり指数関数で表現できます．1週間の割引率が $\delta=0.98$ であり，一時点におけるお金の価値（一時点効用）を線形 $u(x)=x$ と仮定すると，4週間後の累積時間割引率は，$0.98^4=0.922$ より4週間後の1.1万円の効用の現在価値$=0.922\times1.1=1.0142$ となります．したがって質問3の回答はBとなります．この人の（26週目の1万円の現在価値0.5913）/（30週目の1万円の現在価値0.5455）$=0.922$ で定常性は保たれています．そして，30週目の1.1万円の価値$=0.6000>0.5913$ なので質問4の回答はDです．

　$\delta=0.5$ すなわち将来のことを大きく割り引く近視眼的な人の消費行動は，はたから見ると無計画に見えるかもしれません．しかし，この人も質問3で

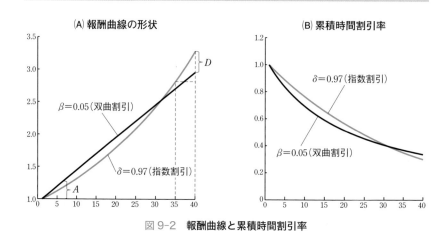

図 9-2　報酬曲線と累積時間割引率

は A を，質問 4 では C を選ぶという意味で計画には変更が生じず，選好は
逆転しません．選好の逆転は，指数関数では保たれていた定常性が保たれて
いないことから来ます．選好の逆転を説明することを可能にする割引関数は，
現実こそが真理とする心理学者によって発見されました．それがこれから解
説する双曲割引曲線です．

■ ハトの実験からわかった双曲割引関数

　ジョージ・エインズリーはハトを利用して時間選好率を測りました．餌が
出てくるまで間隔が長いけれども多くの餌が出るレバーと，間隔が短いが，
餌が少ししか出てこないレバーをハトに学習させ，そののち，自由に両方の
レバーつつかせハトがどのくらい餌を待てるかを観察しています（Ainslie
(1974)）[4]．この実験はハトの時間割引が指数関数よりも，双曲割引
(hyperbolic discounting) によってより良く近似できることを示しました．そ
して Ainslie (1975) において，人間と動物の行動科学において観察される一
見不合理な様々な "衝動性" (impulsiveness) は，時間割引率が未来に向かう

4　論文には "Subject" "Ten White Carneaux pigeons" とあり，10 匹の白いハトだったことがわ
　かります．さらに「以前は naïve だったが訓練された」とあります．なんだか可愛いですね．

ほどに逓減する双曲割引を仮定することで説明されると結論付けました。その後，Thaler（1981）や，Ainslie & Haendel（1983）の実験により，双曲割引が人間についても確かめられました．Kirby & Marakovic̀（1995）と Kirby（1997）も，指数割引よりも双曲割引のほうが被験者の時間選好をよく説明すると結論付けました。現在の定式化は，心理学者のマズロー（Mazur（1987））によるものです．その式に微修正を加えたものが，

$$V(t\text{ 期に受け取るものの }\tau\text{ 期の価値})=\frac{u(C_{\tau=t})}{1+\beta\times(t-\tau)}$$

となります．上の式の C の添え字は，報酬受け取りまでの遅延がないときの価値，すなわち経常価値を表しています．$\tau=0$ における将来の割引率 D は，

$$D(\beta,t)=\frac{1}{1+\beta t}$$

となります．ここで $\beta=0.1$ を仮定し，$t=0$ から $t=40$ まで累積割引曲線を描くと，$t=25$ で $\delta=0.97$ の指数割引の人と選好が逆転しているのが観察できます．つまり，$\beta=0.05$ の双曲割引の人は $\delta=0.97$ の人よりも 24 週目までは大きく将来を割り引くのですが，25 週目からはむしろ小さく割り引くのです（図 9-2(B)黒線）．報酬曲線は累積割引曲線の逆数で，今日の 1 万円の受け取りを延ばすと，いくら欲しくなるかというプレミアムを表しています．報酬曲線から質問 3 では A と回答する人が，質問 4 では D を選ぶことが図 9-2(A)により整合的に理解できます．システマティックに割引が逆転しているので，セイラーおよびアリエリーがいうところの「予想どおりに不合理」ということが観察できます．

　双曲割引をする人は，毎期毎期計画を見直さなければならないことになります（そういう私たちの性格をとらえた関数なので）．生涯効用の計画は

$$U(c_0,c_1,\cdots)=u(c_0)+\frac{1}{1+\beta}u(c_1)+\frac{1}{1+2\beta}u(c_2)+\cdots$$

$$U(c_0,c_1,\cdots)=u(c_0)+\frac{1}{1+\beta}\left\{u(c_1)+\frac{1+\beta}{1+2\beta}u(c_2)+\cdots\right\}$$

となって，二行目の｛　｝の中の第二項の係数 $(1+\beta)/(1+2\beta)$ は一行目の $1/(1+\beta)$ と違っています．以前立てた消費計画を後日見直すと，もはや最

適計画ではなくなっています．ここに双曲割引が定常性を満たさないという本質が表われています．

■ プレコミットメント

　異時点間の選好が定常性を満たさないとき，私たちはどうすればよいのでしょうか．Strotz（1955-56）は時間選好の定常性が失われ，将来までの計画を守ることができない場合，2つの方法があることを論じています．その一つは，プレコミットメントといって，将来の自分の手を今の自分の手で縛っておくことです．最も有名な例は，映画『ユリシーズ』に登場する海の怪物セイレーンで，セイレーンの歌声がきこえると彼女に近づこうとして船が転覆してしまうので，その誘惑から身を守るためにマストに自分を縛り付けたオデッセウスの話です．日常生活でもコミットメントの強い貯金箱は，その箱を壊さないとコインを取り出せない様になっています．

　そしてハトですらプレコミットメントをするようです．Rachlin & Green（1972）や Ainsile（1974）の実験において，多くのハトは"待てばたくさんの餌が出てくるバー"があるのを学習した後でも，短期間で少ない餌が出てくるレバーをつついてしまうのですが，あるレバーを押すと，短時間で少ない餌が出てくるレバーを押しても餌が出てこなくなる，プレコミットメント用レバーを用意すると，ごく一部のハトは自らそのレバーをつついておくことを報告しています（！）．

9.3　実験が明らかにしたこと・・・・・・・・・・・・・・・・・・・

■ 時間選好率のアノマリー

　Frederick, Loewenstein & O'donoghue（2002）のメタサーベイによって，実験によって計測された時間割引率は，異時点間で分けることになる金額の大きさ，実験における選好の表明のさせ方によって大きく違い，さらに，実験で得られた謝礼金の受け取りまでの時間が高々数か月後など短いことも影響して，非常識なまでに高くなってしまい，プレミアムを年率換算すること

で推計されると時間選好率は無限大という結果まで得られていることが明らかになっています。さらに様々なアノマリーと呼ばれる，理論では説明がつかないことの発見が列挙されています。

セイラー（Thaler（1981））の実験は，宝くじで当たった 15 ドルと無差別な 1 か月後の金額の中央値が 20 ドルであり年利 345％，1 年後の 15 ドルは 50 ドルと無差別で年利 120％，10 年後では 100 ドルであり年利 19％となり，実験の期間が短いと時間選好率が高くなることを発見しました。同じことは Benzion, Rapoport & Yagil（1989）をはじめとするほかの研究でも見つかっています[5]。

ちなみに謝礼金を用いないアンケートによる測定やハトなどを用いた動物実験ではなく，人に対して謝礼金を使う実験研究を始めたのは Ainslie & Haendel（1983）です。

■ サイン効果（sign effect）

Thaler（1981）は学生にアンケート実験を行い，現在から後日（3 か月，1 年，または 3 年）に支払い（Loss）を遅らせることができる交通違反チケットをいつ支払うかというシナリオによる割引率が，宝くじに当たってお金をもらうが，今受け取らずに遅く受け取るならばいくら欲しいかという（Gain）シナリオから得られた割引率よりもずっと低かったことを発見しました。すなわち，支払いについては，遅らせるよりもすぐに損失を被るほうを好むという結果です。このような時間選好率・シナリオ依存性をサイン効果といいます。Benzion, Rapoport & Yagil（1989）では，プラスのキャッシュフローにおける異時点間のトレードオフ（Gain-Gain）だけではなく，借入などマイナスのキャッシュフローを含んだ様々なシナリオ（Gain-Loss, Loss-Gain, Loss-Loss）に対して時間割引率を計測し，時間選好率とその期間構造のシナリオへの依存性（Gain-Loss 関数に関連する）を確認しています。

---

[5]　時間選好率の測定は，実験に限ったことではありません。Hausman（1979）は耐久財（air conditioner）の購買データを用いて時間選好率を実証的に計測し，所得階層によって大きく割引率が異なり，特に低所得者では割引率が非常に高いことを見いだしています。

■ マグニチュード効果（magnitude effect）

時間選好率のアノマリーで最もよく知らており，ほとんどの研究[6]で発見されているものが，小さな報酬は大きな報酬よりも割り引かれるというもので，これをマグニチュード効果といいます．

Thaler（1981）はアンケート実験により，平均して「今すぐの 15 ドルか 1 年後の 60 ドルと無差別である」という回答からは 139％，「今すぐの 250 ドルか 1 年後の 350 ドルと無差別である」という回答からは 34％，また，「今すぐの 3000 ドルと 1 年後の 4000 ドルが無差別である」という回答からは 29％の割引率を計算しています．報酬金額が大きくなればなるほど割引率は小さくなっており，このことはほとんどの実験で観測されます．

■ β-δ モデルによる双曲割引の近似

Lowenstein & Prelec（1992）は，その未公刊論文において割引率が遠い未来に向かってずっと逓減するのではなく，直近の未来に対してだけ特別に高いとする β-δ 理論を提案しました。この理論は，疑似双曲割引関数（(quasi-) hyperbolic preference）と呼ばれ，双曲割引関数の単純化です．今と来期の間だけ β 分のバイアスがあるので動学的に不整合であるものの，{ } 内の将来と将来の間の定常性は保たれているのがわかります．β-δ モデルによる疑似双曲割引曲線の特徴は図 9-3 にあるように今と次の期の割引だけが大きいことです．また，この β を現在バイアスと呼びます．

$$\rho(\tau-t) = \begin{cases} \beta\delta & \tau-t=1 \\ \delta^{\tau-t} & \tau-t>1 \end{cases}$$

$$U_{t=0}(\beta, \delta) = u(c_0) + \beta\{\delta u(c_1) + \delta^2 u(c_2) + \cdots\}$$

$$U_{t\geq1}(\beta, \delta) = u(c_1) + \beta\delta\{u(c_2) + \delta^1 u(c_3) + \cdots\}$$

疑似双曲割引関数によっても選好の逆転現象および時間割引の減少（diminishing impatience）が説明されます．

6　Ainslie & Haendel（1983），Benzion, Rapoport & Yagil（1989），Green, Fristoe & Myerson（1994），Green, Fry & Myerson（1994），Holcomb & Nelson（1992），Kirby（1997），Kirby & Marakovic（1995），Kirby, Petry & Bickel（1999），Loewenstein（1987），Raineri & Rachlin（1993），Thaler（1981）.

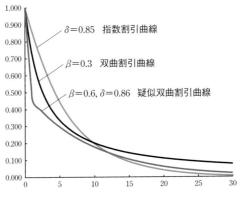

図 9-3　指数割引曲線，双曲割引曲線，疑似双曲割引曲線

■ 双曲割引の源泉

　意思決定のモデルとして割引期待効用モデル（Discounted Expected Utility Model）に基づいて，効用関数に線形（リスク中立）を仮定するモデルが多かったのに対し，Lowenstein & Prelec（1992）は，割引率が時間に対応して逓減するのではなく，期待効用が時間について逓減する期待効用理論を仮定することでも説明できることを示しました．Read（2001）は，時間の遅れの評価について非加法性（subadditivity，例えば1週間後の1万円の現在価値がX円で，2週間後の1万円の現在価値がY円だが，3週間後の1万円の現在価値はXYより大きい）という仮定を置けば，時間選好そのものに双曲割引がなくても時間割引の減少（diminishing impatience）が観察されると論じています．時間選好率と，その期間構造を測定しようとする研究が，効用関数に強い仮定を置くことによって結果的に目的と違うものを測定しているかもしれないのです．

　Andersen et al.（2008）は，効用関数にリスク中立，すなわち線形または期待値の仮定を置くことが時間選好率に上方バイアスをもたらすことを理論的に示しました．Andersen et al.（2008）や Tanaka, Camerer & Nguyen（2010）などは効用関数にリスク回避を仮定する CRRA（Constant Relative Risk Aversion）関数を用いて時間選好率を推定しています．そんな中，

Takeuchi（2011）は，効用関数の形状を線形やCRRAなど特定なものに仮定せず，さらに割引率の関数について，Laibson（1997）のβ-δ関数よりも多くのパラメタを伴うより一般的な関数を仮定することによって，自由度の高い時間割引関数を求めています．Takeuchi（2011）は時間の遅れを，報酬を受け取れない可能性（ハザード）に置き換えていることが特徴です．その意味で次に述べる時間割引の本質に迫っています．

■ 時間割引の減少の源泉

まずは以下の質問群に対して直感的に回答してみてください．2つの報酬の受け取り方を比較するものです．すべてについて，より望ましいと思うほうに丸を付けていきましょう．

[質問5] あなたは，どちらの報酬の受け取り方がいいですか？ より望ましいと思うほうに丸を付けてください．

[1]　A．今すぐの確実な1万円

　　　B．4週間後の確実な1.1万円

[2]　C．今すぐの90％の確率での1万円

　　　D．4週間後の90％の確率での1.1万円

[3]　E．今すぐの50％の確率での1万円

　　　F．4週間後の50％の確率での1.1万円

[4]　G．26週間後の確実な1万円

　　　H．30週間後の確実な1.1万円

[5]　I．26週間後の90％の確率での1万円

　　　K．30週間後の90％の確率での1.1万円

[6]　J．26週間後の50％の確率での1万円

　　　L．30週間後の50％の確率での1.1万円

表9-1はKeren & Roelofsma（1995）による実験結果です．確率1で受け取れるときには82％が「A．今すぐ受け取る」を選んでいるのに，確率が0.9になると今すぐ受け取る人と4週間後に受け取る人の比率は拮抗しています．さらに確立が0.5に下がったとき，「E．今すぐ受け取る」と回答したのは39％であり，「J．26週間後に受け取る」の33％に近づいています．

表 9-1　Keren & Roelofsma の実験結果（%は YES の比率）

A. 今すぐ受け取る (確率＝1)	C. 今すぐ受け取る (確率＝0.9)	E. 今すぐ受け取る (確率＝0.5)
82%	54%	39%

G. 26 週間後に受け取る (確率＝1)	I. 26 週間後に受け取る (確率＝0.9)	J. 26 週間後に受け取る (確率＝0.5)
37%	25%	33%

（出所）　Keren & Roelofsma（1995）より筆者作成.

　この回答において，質問 2 と質問 5 の比較からただちにわかることは，時間についての不整合性が，報酬を受け取る確率が $p=0.9$ となるだけでかなり解消されていることです．双曲割引関数は，時間についての不整合性ではなく，将来が不確実であるということからくるかもしれないのです。将来所得と不確実な現在所得との比較では，被験者の近い将来所得に対する大きな割引がかなり消滅しています．この結果は，Weber & Chapman（2005）によってより多様なシナリオの下で確認されています．時間選好率についての実験による新しい発見は続いています．

■明日死んじゃうかもしれない

　双曲割引曲線が経済学において受け入れられる傾向が強まった 20 世紀の終わりごろに，Azfar（1999）は，時間選好率が指数割引のままでも，未来の生存確率に連続的なベイズ更新を挿入すると，双曲割引が導き出されるというモデルを提示しました．つまり，ある時点まで生き延びたのなら，それ以降も生きると考える生存確率のベイズ更新をし続けるのであれば，主観的な生存確率を未来ほど高く見積もることになり，将来の消費を指数割引していても，見かけ上，時間割引の減少（diminishing impatience）が現れるのです．Dasgupta & Maskin（2002）も，みせかけの時間割引の減少は将来の報酬を何らかの理由で受け取れないという障害（ハザード）からくるとするモデルを提示しています．障害には，自分が死亡する可能性もありますし，実験な

らば，支払い側の不履行の可能性もあります．

　Halevy（2008）は時間割引実験の被験者が将来の報酬を得る時間に受け取れる確率は，突然受け取れなくなる確率（stopping probability）の裏返しであるとし，その確率は個人がそれを主観的に評価していると仮定しました．すなわち，個人が障害がなく受け取れる客観的確率（生存確率などが入っています）について，悲観的な評価関数を持っていれば，今から近い将来に受け取る可能性をより高く評価します．その一方で，2つの遠い将来の評価は近いものになります．そのためみせかけの時間割引の減少が現れるという理論を示しました．障害（ハザード）があることの影響を見てみましょう．今から受け取りのときまで t 期あり，1期間に障害が起きる確率を r とすると，今から t 期先までに受け取れる確率は $(1-r)^t$ となります．今，障害を死ぬことだけとすると（突然）死ぬ確率が毎期間に対して r であれば $(1-r)^t$ は生存確率となります．生存確率を主観的に評価する関数を $g(\cdot)$ とします．β を純粋な時間選好を示す割引率とし，生涯の消費のフローを $\boldsymbol{c}=(c_1, c_2, \cdots)$ として効用を計算すると，

$$U(\boldsymbol{c}, r) = \sum_{t=0}^{\infty} g((1-r)^t)\beta^t u(c_t) \qquad (9.5)$$

と表現できます．消費の割引率は $D(t) = g((1-r)^t)\beta^t$ となり，生存確率の評価が入っています．割引率が時間とともに減っていくならば，将来消費を待つことについて辛抱強くなるので，忍耐強くない程度（impatience）の関数

$$I(t) := \frac{D(t)}{D(t+1)} > 0$$

がいかなる t についても正なのか否かを調べればよいのです．この条件は $g((1-r)^{t+1}) > g(1-r)g((1-r)^t)$ となり，条件式から β が抜け落ちます．つまり観察される時間割引の減少は純粋な時間選好率と関係がないのです．さらにこの条件において，$p=(1-r)$，$q=(1-r)^t$ とおくと，$g(pq) > g(p)g(q)$，$p < q$，$p, q \in (0, 1)$ と書くことができます．（不死身の人はいないので）この条件をよく見ると，なんと確実性等価の条件となっているのです．

　確実性等価とは何かを思い出しましょう．例えば1億円が100％もらえるくじAと，5億円が50％で得られるくじBについて，本当にどちらでもよい，

つまり等価な人を考えます．その人の客観的確率の評価関数を g とします．すなわち $1\times g(1)=5\times g(0.5)$．ところがその人は 1 億円が 10% の確率で得られるくじ C と，5 億円が 5% の確率で得られるくじ D ならば D を選ぶことが予想されます．なぜなら 1 億円はもはや確実ではなく，しかも小さな確率を大きく評価するからです（**第 4 講の確率評価関数を参照**）．$1\times g(0.1)<5\times g(0.05)$ となります．ところで D のくじの確率を分解すると

$$1\times g(0.1)<5\times g(0.05)=5\times g(0.1\times 0.5)$$

を $5\times g(0.5)$ で割り，左辺に $1\times g(1)=5\times g(0.5)$ を代入すると

$$\frac{1\times g(0.1)}{1\times g(1)}<\frac{5\times g(0.1\times 0.5)}{5\times g(0.5)}$$

となります．今，$g(1)=1$ なので，$g(0.1)g(0.5)<g(0.1\times 0.5)$ が導かれました．確率を p と q によって表すと，$g(p)g(q)<g(pq)$ と一般的な関係式にすることができます（Chakraborty & Halevy（2016））．

　この条件は，"今受け取るか将来受け取るか" の違いが，アレのパラドックスにおいて，くじの事象が起きる確率が 100% かそうでないかが選好を決めていたため，1% のような小さな客観的確率を大きく評価し，大きい客観的確率は小さく評価していることに対応しています．これが Halevy（2008）のタイトル "*Strotz Meets Allais*" なのです．

　さらに特殊な関数を使って，事象が確実（確率 1）でないときには，事象それぞれの可能性を足しあげた π が 1 より小さいキャパシティ η（**第 5 講参照**）で割り引く関数 $g=\eta\pi$ を（9.5）式にあてはめると，

$$U(\boldsymbol{c},r)=u(c_0)+\eta\sum_{t=1}^{\infty}(1-r)^t\beta^t u(c_t)$$

となります．右辺の第 2 項は β-δ モデルに似ていますね！ $\eta<1$ は，被験者が将来の消費を，現実よりも悲観的に評価していることを表しています．実験で受け取りを引き延ばすと，プレミアムにより増える金額を想定すると同時に，その金額を実際に障害なく受け取れる確率を主観的に評価します．その際，客観的な確率よりも将来を悲観的に評価することは十分にありえます[7]．Halevy（2008）は「双曲割引の源泉は，ただ単に将来が不確実である

ということからきている」と宣言しています.

9.4 計画とプレコミットメント----------------

■ 今やるか後でやるか

私たちは未来の自分の手を縛る選択として，時に賢くなり，あらかじめ選
択肢を小さくします．例えば，ダイエットのためハンバーグを食べられる
ファミレスには行かないで，ベジタリアンのお店に行く，という選択です．
この選択を定式化した論文が，Gul & Pesendorfer（2001）です．この論文の
基本的なアイディアはプレコミットメントであり，将来自分が誘惑に負けな
いように今の自分が将来の自分の選択肢を減らすことです．

O'Donoghue & Rabin（1999）は *"Doing It Now or Later"* において，プレ
コミットメントを用いることでセルフコントロールに成功する人と成功しな
い人，プレコミットメントが必要ない人を描き出しています．またその中で，
β-δ 型の割引関数を用いて，生活における葛藤のあることへの対処を説明で
きるというモデルを示しています．β-δ 分析を再掲します．

$$U(\beta, \delta) = u(c_0) + \beta\{\delta u(c_1) + \delta^2 u(c_2) + \cdots\}$$

今日の生涯にわたる効用は，今期の消費と次の期以降の消費の割引現在価
値によって決まります．次期以降の効用は，現在が特別であることからくる
β と，将来とさらに少し先の将来の違いを示す δ の両方によって割り引かれ
ています．一期終わるごとに，昨日は将来だった日が今日になります．β-δ
モデルによると，"今日は特別" ということを今から一期先までの間だけ，
強く感じるので，その間の割引関数を D とすると，

---

7 また現実の問題として，例えば年金の受け取り開始時期などを決める人にとって十分に起こり
えることです．どの時点での受け取りを決めるかは，もちろん異時点間の消費の代替性（今と将
来どちらが大事か）とリスク選好，つまり効用関数にも依存します．

$$D=\begin{cases} 1 & t=0 \\ \beta\delta<1 & t=1 \end{cases}$$

となります.

　一週間のうちどこかで宿題をしなければならないが,それをいつやるか,という問題を考えてみましょう.宿題は義務であり,行うことによる達成感はないとすると,毎日の(マイナスの)効用は宿題をやる苦しさ＝コストだけになります.このコストを伴う行動を τ 期に行うとすると,τ 期に宿題をすることによる t 期の効用は

$$U^t(\tau)=\begin{cases} -c_\tau & if \quad \tau=t \text{（今日宿題をやる）} \\ -\beta\delta c_\tau & if \quad \tau>t \text{（明日以降の}\tau\text{日に宿題をする）} \end{cases}$$

と表現できます.宿題をすることの月曜から日曜の機会費用は $(c_M, c_T, c_W, c_{TH}, \cdots)=(-5, -5, -5, -5, -8, -10, -15)$ とします.金曜日,土曜日は仲間と遊んだりするチャンスがあるので機会費用が高く,日曜日は締め切り直前という苦しさが加わります.今,$\beta=0.8$(明日の苦痛を今日苦痛の 8 割と考える)とし,かつ $\delta=1$(明日と明後日は違いがないとする)と仮定します.すると,今日のことは割り引かないので $D=1$,明日宿題をするコストは 0.8 で割り引くということだけに注目すればよいことがわかります.

　月曜には宿題ができていないといけないという制約があるのでゴールから現在に向かって意思決定をする後ろ向き帰納法(**第 12 講**を参照)で解きます.この問題にどのように対処するのかについて O'Donoghue & Rabin(1999)は 3 タイプの人を仮定しました.

(1)　Time Consistent(TC)　　β や δ について理解している
　　　(時間整合性がある人)　　セルフコントロール問題はない

(2)　Sophisticated(S)　　　　β や δ について理解しているが,
　　　(賢い人)　　　　　　　　セルフコントロールが必要

(3)　Naïve(N)　　　　　　　β や δ について理解していない
　　　(ナイーブな人)　　　　　セルフコントロールできない

自分は TC だと思っている

この異なるタイプの3人が宿題に取り組んだらどんなことが起きるでしょうか. 日曜にやらないと単位がとれませんので, 少なくとも日曜には宿題をしますが, そのコストは15となり最大です. すなわち

$$U^t(\tau) = \begin{cases} -ct & if \quad \tau = t \\ -\beta ct & if \quad \tau > t \end{cases}$$

です. はじめに, 土曜に"今日やるか明日の日曜にやるか"を決めます.

$$U^t(\tau) = \begin{cases} 1 \times (-10) & if \quad 今日が土曜で今日やる \\ 0.8 \times (-15) = -12 & if \quad 今日が土曜で明日の日曜にやる \end{cases}$$

土曜にやるコストは -10, 日曜やるコストの土曜の評価 -12 となりますから, "賢い人"ならば, 土曜にやります. 日曜やらないことは決まったので, 次のステップは, 金曜にやる方が良いかを決めます.

$$U^t(\tau) = \begin{cases} 1 \times (-8) & if \quad 今日が金曜で今日やる \\ 0.8 \times (-10) = -8 & if \quad 今日が金曜で明日の土曜にやる \end{cases}$$

土曜にやっても金曜にやっても同じコストなので, 賢い人 (S) は早めにやると仮定します. 木曜当日のコストは -5 で, 翌日の金曜のコストは $= 0.8 \times (-8) = -6.4$ ですから木曜のほうが小さいコストでできます. さて水曜に当日宿題をするコストは -5 なのに対して, 木曜のコストは $0.8 \times (-5) = -4$ ですから, 水曜には宿題をしないで木曜に先延ばしすることになるでしょう. 火曜と水曜, 水曜と火曜も同様に, 先延ばししたほうが良いため, "賢い人"は宿題を木曜にやることがわかりました.

ナイーブな人 (N) はどうでしょうか? 彼は, 自分は TC (時間整合性のある人) だと思っているので, 月曜にやると考えています. しかし実際には彼は, 日曜に泣く泣く宿題をするか, 結局やらないかでしょう. 一方, TC は月曜に終わらせて残りの1週間を優雅に過ごします. いわゆる「できすぎ君」ですね.

■ 嗜癖と時間選好率

　セルフコントロールが最も難しく，時間選好の期間構造と深い関係にあるのが，アディクション（嗜癖）です．アディクションは誰でも持っていますが，ドラッグやアルコールにおいて過剰消費が健康や社会生活を脅かすことがあるため，問題視されてきました．アディクションはゲームや甘いものの摂取においても起きます．過剰消費については意思の弱さが理由とされることが多く，心理学のテーマとなってきました．

　習慣形成理論（Habit-Formation Theory）は，アディクションを合理的な習慣形成として説明しようとするものです．習慣形成理論を一歩すすめ，Becker & Murphy（1988）は合理的嗜癖モデルを世に発表しました．この理論の本質は今の消費のみならず過去からの消費も今の効用を左右するところにあります．日々のフローの消費がストックを形成し，ストックが効用に影響するため，効用関数は $U(C, S)$ で表されます．例えばゲームはやればやるほど楽しくなり，ゲームをする時間が増えていってしまうことがあります．過去にある趣味にかけた時間や金額がストックでありこれが多くなるほど，現在の消費が増えるならば，すなわち $dC(t)/dS(t) > 0$ ならば，その財は嗜癖財であり，その消費はアディクションと呼ばれます．アディクションは過去の嗜癖財の消費が現在の消費の限界効用を高める場合に起きるので，過去の消費と現在の消費が補完的となっています（普通の財では $dC(t)/dS(t) = 0$ です）．

　嗜癖の体内へのストックには時間とともに減価償却があります．「最近このゲームやってないからうまくできなくて，前ほど面白くないな……」というのが減価償却で，式で表すと δ を償却率として $\dot{S} = C - \delta S$ となります．この償却のスピードはアディクションを形成するうえで重要な要素です．昨日より多く消費をしないと（ゲームをしないと）楽しくないからです．これにより消費量が増えていく「強制的消費」（compulsory consumption）が起きます．

　合理的嗜癖モデルでは観察できるアディクションに陥っている人の消費量には隣接する3時点で補完性が生まれます．"今日の消費が増えたことで将来の消費が増える"，昨日1時間ゲームをした人が今日は1時間10分，明日は1時間30分と増えていきます．こうしたアディクションは時間選好率が

十分に高いか，または償却率が十分に高いときに起きてくることが帰結として導かれています[8]．

　アディクションに陥った人の消費経路は，時間の双曲割引によっても説明できます．アルコール依存であれば昼には反省して今晩から飲むのをやめようと誓っても，夜が来ればまた飲んでしまいます．ごく近い将来の割引が大きくなるためです．この観点から，嗜癖と時間選好の関係が仮想的な金銭や実際の金銭を用いて調べられました．例えば，社会的に問題のある飲酒者は軽めの飲酒者より，時間とともに急に割引率が大きくなるため，指数割引ではなく双曲割引がマッチすることや（Vuchinich & Simpson（1998）），喫煙者が非喫煙者よりも（Bickel, Odum & Madden（1999））割引率が高く双曲割引であることを発見しています．Kirby, Petry & Bickel（1999）はヘロイン中毒者の割引率はそうでない人の2倍であること，計測された双曲割引の遅延率が自己報告された衝動性（impulsiveness）と正の相関があることを示しています．

　さらに興味深いのは，Bretteville-Jensen（1999）の論文であり，ヘロインなど薬物を注射している人は使用したことがないグループよりも割引率が高いだけではなく，今嗜癖を楽しんでいる人は以前のユーザーより割引率が大きいことも発見し，高い時間選好率が中毒につながるのか，中毒の発症自体が人々の時間割引を変えるのかという疑問を提起しています．確かに，好きなことを楽しんでいるとき，時間なんかどうでもいいからもっと楽しみたいな……と思って時間の経過にびっくりしてしまいますよね．

　ところでベッカーは，恋人の親密さもアディクションになりうるとしています．昨日会ったなら今日も会いたい，そして明日も……確かにこれは恋です．良いアディクション，つまり過去過ごした時間が未来を幸せにする恋だったら素敵ですね．

8　合理的嗜癖モデルでは嗜癖に陥っている人は，そのことも十分にわかったうえで嗜癖に耽溺しているということになります．合理的な嗜癖を楽しんでいる人，例えば喫煙者は安いときに煙草を買いだめし，価格が上がれば消費を控えます．ここが"合理的"といわれるゆえんです．

■ 双曲割引がマクロ経済に与える影響

　双曲割引を持つ家計は毎期消費計画を見直す必要があるためプレコミットメントなしには，異時点間にわたる問題の最適解を得ることができなくなってしまいます．双曲割引のマクロ経済に与えるインパクトが限られることを示した2つの論文があります．Laibson（1997）は，擬似双曲割引のフレームワークを用い，β が1より小さい（動学的不整合性に毎期陥りやすい）家計の消費経路がどうなるかを調べました．そして例えば財形貯蓄のように，引き出す前に1期必要となるなど流動性・兌換性の低い有価証券を利用して消費しすぎないようにしようとするものの，証券を現金化しないことへのコミットメントが不完全であるため，消費経路は結局毎期の所得に依存することを示しました．

　Barro（1999）は，Laibson（1997）が発見したマクロ経済への影響をさらに一般化し，家計の時間選好率が双曲割引のように時間とともに変化する性質を取り入れても新古典派のマクロモデル（Ramsey（1928））を修正してもその本質は失われないことを示しました．特に効用関数に対数関数を仮定し貯蓄の現金化へのコミットメントがない状態では，生涯効用における時間選好率の加重平均が一定となることから，消費経路は定常的な時間選好の下でのものと全く同質のものとなることを示しています．そして Laibson（1997）で示されたように，定常的でない時間選好率の下では，貯蓄の流動化へのコミットメントができるか否かが経済成長に影響するとも結論付けています．その一方で貯蓄の流動化へのコミットメントが不完全であっても，時間選好率が0.2ぐらいまでであれば，経済成長への悪影響は少ないというシミュレーションも行っています．

■ Active Learning

《生活の中のプレコミットメントを探してみよう》・・・・・・・・・・・・・・・・・・・・・・・・・・・・・・・・
　どのようなときに意思を貫くことが難しく感じますか？ プレコミットメントによる工夫について事例を挙げてみましょう．

第 10 講
環境経済学と実験経済学

■環境経済学は実験経済学と密接な関係があります．環境資源については「外部性」という性質により市場による資源配分のメカニズムがうまく働かない，市場の失敗が起きてきます．これがどのようなときに起きてくるのかを分析するうえで実験経済学が有用となります．京都議定書で導入された気候変動ガスの排出量取引市場の創設においても，シミュレーションにおいて実験経済学が重要な役割を果たしました．

10.1　市場の資源配分機能と受益者負担の原則

■ 受益者負担の原則

　市場の最も重要な機能は，価格というシグナルを通じて，資源を最も必要とする企業や個人に配分するというものです．何かを手に入れるために正の価格を支払うとき，その金額であなたが手に入れられたはずのその他のすべての財やサービスを諦めています．そう，私たちは犠牲を払って，欲しかったものを手に入れます．これを「受益者負担の原則」といいます．受益者負担の原則が成立しているときには，市場はその資源配分機能を十分に果たすことができます．なぜならば市場で観察される価格の背後には価格と需要量の関係を示す需要曲線と，価格と供給量の関係を示す供給曲線があり，その価格において需要と供給が過不足なくなっている，という状況が反映されているからです．市場で観察される価格は，供給に比べてどのくらい希少かを表しています．

　しかし，受益者負担の原則が成立しないときがあります．本来支払うべき

負担金額が真の便益（利便性や利益のことです）の大きさに見合っていないか，全く支払われていない場合です．そのようなケースは「外部性」がある場合になります．外部性とは，ある主体の行為が別の主体に，便益または損失をもたらすにもかかわらず，金銭的な交換を伴わない場合をいいます．ある主体の行為によって他の主体が損失を被るケースは，「外部不経済」と呼ばれ，損失に対して何らかの補償が行われない場合を指しています．外部不経済の典型的な例の一つは，煙草を吸う人が周りの人に副流煙を吸わせて健康被害を与えるケースです[1]．

　外部性があるときには，市場で価格メカニズムが働くことで資源配分が分権的に行われ，必要な主体に財・サービスが配分される「神の見えざる手」はうまく機能しません．このようなときは市場への介入が必要になります．環境という財は外部（不）経済が働きやすいため，守るためには制度設計を伴う適切な市場への介入が必要となります．

■ 地球環境資源の制約

　環境には，様々な価値があります．まずは地球環境資源について考えてみましょう．私たちは，息をするように環境資源を利用しています．冬は暖房，

1　喫煙では，被害を与えている人と与えられている人を特定することができるので，注意をしたり喫煙所を設けたりすることで対処できます．しかし特定に時間がかかることもあります．日本でも1970年代までにイタイイタイ病，水俣病などの深刻な公害問題が起き被害者による訴訟は長期にわたりました．これに対し熱帯林の伐採によって砂漠化が進む場合などでは，外部不経済の原因を作っている主体は特定できますが，被害者は不特定多数です．さらに自動車の排気ガスなどによって大気が汚染されるケースでは車を利用する人は誰もが加害者となり近隣住民が被害者となります．何より深刻なのは，気候変動効果ガスなどの排出など外部不経済の原因を地球上の不特定多数が作り出しているケースで，被害を受ける側も不特定多数です．

夏は冷房を利用しますし，スマホの充電にパソコンの利用，冷蔵庫など，電力やガスを使わない日はありません．これらの資源の価値には利用価値が付いているので，価値評価は比較的しやすいのですが，それでも，その価格は短期的な需要と供給のバランスを表していることが多く，将来にわたって枯渇していく資源を反映した価値になっているとはいえません．石油もガスも，地球が何万年にもわたって作り出した資源であり，再生産のスピードよりも，消費のスピードが極めて大きいからです．特に，産業革命以降はその差が顕著であり，世界レベルでの経済発展が進むにつれて，資源利用のスピードが現代以上に大きくなっていくことは避けられないでしょう．代替エネルギーとして発明された原子力発電の問題点も明確になっています。私たちは資源を節制して利用し，将来世代のために残すべきです．頭ではわかっていますが，生活の快適さなどの欲望を十分に満たすために現代世代が資源を使い切ってしまう可能性は低くありません．行動経済学は，この「頭ではわかっているが行動に移せない」という部分にうまく働きかける"ナッジ"という手法を提言しています．

■ 持続可能な世界への取り組み

　限られた地球環境資源を将来世代に残さねばならないという認識に加えて，産業革命以降のあらゆる経済活動に伴って発生する CO_2 の増大によって，地球の気温が高まるという温暖化が進み，気候変動の異常をもたらしているという認識が広がりました．経緯は後述しますが，1997 年には京都において第 3 回気候変動枠組条約締約国会議（COP3）が開かれ，京都議定書（Kyoto Protocol）が提案されます．日本も批准したことで，1998 年 10 月に地球温暖化対策推進法が可決され交付されました．以降，政府主導導で企業への直接規制・税制の導入・新しい市場創設による外部性の内部化などの取り組みが行われ，企業による CO_2 削減のための努力が始まります．世界は，経済活動を増やすという意味での成長をしながらも，副産物として排出される CO_2 を減らさなければならないというトレード・オフ問題に直面することになったのです．時代に先がけてトヨタがプリウスの開発に着手したのは 1993 年，売り出したのは 1997 年です．

2006 年，アメリカ合衆国のアルバート・ゴア元副大統領によって「不都合な事実」という地球温暖化の現状認識を訴えた映画が公表されました．これにより地球温暖化という問題に焦点があたり「気候変動効果ガス」の排出を抑制・削減しなければならないという共通認識ができたのです[2]．

2000 年には循環型社会形成推進基本法が制定され，大量生産・消費・廃棄社会から循環型へと移行するための法制度が整ってきました．2007 年には"リデュース，リユース，リサイクル"の 3R 運動がテクノポップユニット「Perfume」の"ポリリズム"という楽曲に乗って NHK から届けられました．リサイクルについての啓蒙はもちろん，ごみ箱にはペットボトルやリサイクル用のプラスチックごみという細かい分別が指定され，「ごみ」から「資源ごみ」という名称に代わるなど，個人のレベルでもリサイクル活動が徹底されることになります．

10.2　市場の失敗とコモンズの悲劇

■ コモンズの悲劇

持続可能な成長のためには，地球の資源が枯渇してしまうような利用の仕方をするべきではありません．その認識があっても資源を保全する動きが自主的には広がらない理由として，コモンズ（共有資源）の悲劇というものがあります．コモンズには，誰もがアクセスできる（オープンアクセス）という性質があり，その性質がゆえに，誰もがコモンズを利用しすぎてしまう結果，共有財を保全できないという問題が生じるのです．コモンズの悲劇としては牧草地の例が典型的です．酪農家が共有地で放牧する場合，家畜が牧草を食べつくしてしまわないよう養畜頭数についてのルールを決めます．ところが，自分だけがルールを守るよう努力しても，ほかの酪農家が共有地にたくさんの家畜を放牧してしまう可能性があります．だったら自分も多めに放牧しよう，と全酪農家が考えて，結局，家畜が牧草を食べつくし，全員が損失を被

2　反対の見解を表明している人たちは存在しますが，排出の抑制・削減を必要とするのが日本政府の見解となっています．

表10-1　コモンズ・公共財の特徴

	排除可能性	排除不可能性
競合性	私的財	コモンズ
非競合性	クラブ財	公共財

ります．これがコモンズの悲劇です．

　コモンズの悲劇の例は枚挙に暇がありません．ニューファンドランド沖の
グランドバンクスにおいて，1960年代に漁業技術が進歩し，その後，漁師
たちが競って大量のタラを捕獲した結果，1990年までにタラ魚の個体数が
激減し産業全体が崩壊してしまった事例があります．政府により量的規制を
しても海の中ではモニターが難しいため，多くの漁場では漁業の解禁日など
を設けたり，漁船の大きさを決めたりする間接的規制なども利用して漁場を
守ろうとしています．

　コモンズ（共有資源）が私的財と異なる点は，利用する主体を制限するこ
とができない「排除不可能性」にあります．コモンズに似ているものにはク
ラブ財があり，映画館の映画鑑賞など同時に複数の主体が等量を消費する
「非競合性」という特徴を持ちます．ただしクラブ財は利用を制限し費用負
担をしない者を排除することができるので，受益者負担の原則を守ることが
できます．ところが美しい空気や水質などの公共財としての環境は，コモン
ズと同様に排除不可能性を持っているだけでなく，クラブ財のような非競合
性という側面があります．これらの側面が，費用を負担しない主体も公共財
からの便益を得ることができるという「ただ乗り（フリーライド）」を可能に
します．ただ乗りはいたるところで観察されます．教室掃除の時間に，掃除
しないでふざけて遊んでいる人がいたら，自分だけ真面目に掃除をするのが
ばかばかしくなってしまいますよね．その結果，誰もまじめに掃除をせず
（公共財を提供せず）教室は荒れ放題になります．これをゲーム理論で解釈す
ると，"囚人のジレンマ"における一度その均衡に到達すると誰にも抜ける
インセンティブがないナッシュ均衡になります（**第11講**で解説）．

持続可能な環境を保持するためには，資源の過剰利用を抑制したり，新し
い技術を開発したりするなど，時間や費用など犠牲を伴う努力が必要です．
ところが地球環境保全のための努力の結果は，費用を負担しなかった国を含
めた地球全体で共有されるため受益者負担の原則が満たされません．その結
果，美しい地球環境の再生産は，この社会や今後生まれてくる世代にとって
必要なだけ生産されなくなります．この外部性による市場の失敗を回避する
手法としては既に述べた政府による直接規制，間接規制がありますが，税制
や市場創設を用いた経済的手法による外部性の内部化が有効です．さらに，
緩い規制・制度設計として，啓蒙に近いナッジ・選択的アーキテクチャの構築
があります[3]．

10.3　排出量取引市場創設による‥‥‥‥‥‥‥‥‥‥ 外部性の内部化

■ 京都議定書と排出量取引

　地球温暖化対策への世界的な取り組みは，国連の下で大気中の温室効果ガ
スの濃度を安定化させることを目標とする 1992 年の「気候変動に関する国
際連合枠組条約（United Nations Framework Convention on Climate Change,
UNFCCC）」に始まります．1995 年からは毎年，気候変動枠組条約締約国会
議（Conference of the Parties, COP）が開催され，1997 年の COP3 において採
択された「京都議定書」において，先進国全体で気候変動効果ガスを 5%以
上減らすことを目標として，削減目標を各国について設定しました．第一約
束期間の 2008 年〜2012 年の 5 年間で，1990 年に比べて例えば日本は −6%，
米国は −7%，EU が −8%削減することが義務付けられました．2004 年に
削減の義務を負わなかったロシアが参加したことにより，55 か国以上の参
加という条件が満たされ，2005 年 2 月に発効しています．当時も米国は参
加しませんでした．

3　日本では様々なエコマークも認知がされず，ナッジより直接規制または市場創設のほうがうま
　　くいくようです．例えば日本でも，ある製品が流通も含めて消費者の手に入るまでにどのくらい
　　の CO_2 を排出しているかを表示するカーボンフットプリントというものがあるのですが，実際
　　にはあまりなじみがなく，人々がこれを意識した消費ができるようになっていません．

京都議定書は，地球温暖化問題の解決という目的を世界で共有し，法的拘束力のある取り決めとしながら，具体的な目標を達成するために有効なメカニズムが導入された画期的なメカニズムデザインでした．特に温暖化ガスの排出量を取引する市場を創設したことは大きな進歩でした．排出量を金銭と引き換えることができるクレジットが導入され，削減のしくみとして，ほかの先進国と共同で削減を行うことができる「共同実施」や，削減がしやすい発展途上国への技術移転などによって発展途上国で削減した分を自国での削減とみなす「クリーン開発メカニズム」など，今までにないしくみが導入されました．

　排出量取引が始まったとき，自国で温室効果ガスを削減することが不可能な場合は買うことが可能であるというオプションを「免罪符だ」などと情緒的に批判する意見がみられました．それらは経済や市場のメカニズムを理解していないことから来る批判です．排出量取引の本質は，市場の創設によって，環境という公共財が必然的に持っている外部性を吸収したところにあります．地球の環境保全のための努力が数値化されず，金銭的に評価されないという状態から，排出量市場で利用できるクレジットが導入されたことで，環境保全の努力を金銭により評価できるようになり外部性が内部化されたのです．これにより排出の削減義務がない国にも，排出量を売ることで利益を得ることができるようになり，排出削減のインセンティブを与えることができたのです．実際に削減義務がない中国やインドは排出権の最大の売り手となりました．ところが，中国の経済発展が1990年代に急速に進み，現在では中国はアメリカに匹敵する世界第2位の温暖化効果ガス排出国となっているにもかかわらず，排出量の売り手としての権利を手放さないという問題が生じたため，日本も京都議定書の第二約束期間からは参加を辞めてしまいました[4]．

　2016年以降はCOP21のパリ協定が発効しました．パリ協定ではすべての加盟国が参加することが決められたものの，具体的な目標値や方策の決定は難航しています．2019年にはトランプ政権下の米国はパリ協定から抜けて

4　第一約束期間の結果としては，日本は2013年11月には2020年までの削減目標・行動を条約事務局に登録・実施するとした2010年のカンクン合意に基づいて，2005年度比3.8%減を登録しています．

しまいました．日本では，地球温暖化対策税（炭素税）を導入していますが，その目標値は十分なものではありません（栗山・馬奈木（2016））．パリ協定は 2020 年から実施段階に入っていますが，2019 年 12 月の COP25 においてもまだ市場メカニズムを利用した削減策を妥結できないなどの問題が生じています．

10.4 公共財自発的供給実験と利他主義--------

■ 公共財自発的供給実験

実験経済学は，公共財におけるただ乗りについて，どのようなときにそれが起きやすく，どのようなときに起きないのか，また問題を改善するための政策としてどれが適切かを，ゲーム理論における均衡概念であるナッシュ均衡や，効率性を測定するひとつの概念であるパレート効率性に照らして検証してきました．公共財供給の実験は，zTree というソフトを用いてサーバでデータを共有する環境があれば PC 教室で実験をすることができます．Ledyard（1995）に記述されている，典型的な実験に仮想的に参加してみましょう．

[質問] 1 グループには 5 人がいます．あなたは 500 円をもらいました．自由な金額を公共財の供給に充当することとし，封筒に入れて実験者に渡します．実験者以外は誰が何ポイント供給したのかを知りません．公共財として集められた金額は 2 倍にされ，グループ全体で分けられます．拠出しなかった分と，グループ全体からの平等な分け前の合計があなたの報酬となります．あなたは公共財にいくら拠出しますか？

回答 ⇒ ＿＿＿＿＿＿＿＿＿

単位を 100 円とすると，各人の供給量の拠出量が $0 \leq x_i \leq 5$ なので，n 人のグループ全体での公共財の拠出量は，$x_1 + x_2 \cdots + x_n = \sum_{i=1}^{n} x_i$ となります．集められた公共財は合計量の α 倍になるという線形の技術が仮定されている

ので，公共財の供給量は $y=f(\sum_{i=1}^{n}x_i)=\alpha\sum_{i=1}^{n}x_i$ となります．公共財はみんなで平等に利用するので（等量消費），1人分の公共財利用は $\alpha(\sum_{i=1}^{n}x_i)/n$ となります．あなた（i 番）が x_i だけ公共財に拠出すると私的財の量は，$5-x_1$ です．私的財の収益率を1とすると，あなたの謝礼金は

$$5-x_i+\frac{\alpha\sum_{i=1}^{n}x_n}{n}$$

となります．実験においてはこの得点の構造をしっかりと説明します．

■ 公共財実験が明らかにしたこと

Ledyard（1995）による黎明期の公共財実験についてのサーベイでは，社会心理学者と経済学者の対比を明らかにしています．公共財自発的供給実験の予測される結果について，経済学者は，全員がただ乗りしようとする結果，社会への貢献がゼロになると考え，社会心理学者は，利他主義や社会的規範から，全員がすべてを公共財に投資するという均衡を予測します．そして実際の実験の結果は，グループ内での平均的な投資が最適な投資量の40%から60%です．まさに Dawes & Thaler（1988）の言葉を借りると「フリーライダーの問題はあるものの，経済学の予測ほどではない」という結果が繰り返し得られたのです．すなわち，①ワンショット実験と有限の反復実験の初期段階では，被験者は通常パレート効率レベル（最大の貢献）とただ乗りレベル（ゼロ貢献）の中間の貢献をする，②貢献度は繰り返しにより減少する，③実験前の対面コミュニケーション（チープ・トークといわれるもので，実験と関係がない内容について互いに話す）により，貢献度が向上することが発見されました．

Marwell & Ames（1979）は初期付与量が不公平な場合，貢献度が下がる発見を紹介しています．また②の貢献度が繰り返しゲームにより減るという結果は，Kim & Walker（1984）などにおいて初めて得られ，その後の実験でも観察されています（Palfrey & Rosenthal（1991），Suleiman & Rapoport（1992））．これに対し，グループ内の人数が少ないか，公共財投資の限界収益が高い場合は繰り返しにより貢献度が下がらないという結果も Isaac, Walker & Williams（1994）および Palfrey & Prisbrey（1997）により得られています．

また Isaac, Walker & Thomas（1984）により経験の浅い被験者が多く貢献することが発見され，Palfrey & Prisbrey（1997）によっても確認されています．また繰り返しゲームでは最終回にはそれまで貢献していたプレイヤーも貢献しなくなることが頻繁に観察されます．

　また，繰り返し公共財実験においては，閾値（threshold）が重視されます．グループにおける公共財投資がある一定の水準を超えると，参加者は貢献度を高め，閾値より下がると，参加者が貢献度を低めます．こうしたプレイヤーは，"条件付き貢献者" と呼ばれています．例えば教室の掃除の時間に，10 人中 2, 3 人がさぼっているうちは気になりませんが，7, 8 人さぼっていたらあなたも教室の掃除をするのがばかばかしくなりますね．閾値は，ある一定の金額が集まったら行われるプロジェクトへのクラウドファンディングにおいても表れます（ただしクラウドファンディングにおいては，ある閾値を超えると決定的プレイヤー（pivotal player）になろうとするためと考えることもできます）．

　Palfrey & Rosenthal（1991）は，問題をわかりやすくするために，公共財への貢献を "0" または "すべて" としたゲームを行いました．こうすることで集まったグループの貢献額を見た被験者がベイズ的な均衡を予測することができます．にもかかわらず，被験者がベイズ均衡の予測値よりも多くを貢献するという結果を得て，確率予測の偏り，リスク回避度，利他主義，協力（提携）均衡などの可能性を調べた結果，この結果が確率予測の偏りによりベイズ均衡より少し高めに予想が偏っているため起きていたと結論付けています．

　Erev & Rapoport（1990）は，被験者のほかの手番のすべてを観察することができる，逐次手番プロトコルを用いて，同時手番と比較しました．協力の割合は逐次手番では 45.3％，同時手番では 42.9％で有意な差はありませんでしたが，逐次手番プロトコルでは，公共財は 66.7 回提供されるほど貢献が集まったのに対して，同時手番プロトコルでは 14％しか提供されなかったことを発見しています．

　また，Saijo & Nakamura（1995）は，実験において重視されるパラメタとしてグループの人数 N そのものよりも公共財投資の私的財投資に対する効

表 10-2　Saijo & Nakamura（1995）による公共財の
（私的財に対する）MPCR と戦略の関係

	MPCR＞1	MPCR＜1
支払う	理論的	利他的で費用負担
フリーライド	ただ乗りで悪意ある	利他的で悪意ある

率性を示す限界収入 α（the marginal per capita return from the investment, MPCR）がより重要であることを発見しています．それは公共財の収益率を p，私的財の収益率を a とすると MPCR＝$(p/a)/N$ であり，公共財の収益率が私的財のそれの α 倍であるとすると，MPCR＝α/N と表現できます．Marwell & Ames（1979, 1980），Kim & Walker（1984），Issak & Walker（1988）の実験ではすべて $\alpha<1$ の設定でした．

　Saijo & Nakamura（1995）は，MPCR が 1 未満の場合と，1 以上の場合を用意し，さらに自分の公共財への投資額のみがわかる場合と，他のプレイヤー全体の投資額がわかる場合を用意して，被験者の行動を合理的か感情的かに分けることに成功しました．公共投資の限界収益（MPCR）が $\alpha=0.7$ で低いときは，公共投資の効率が悪いため公共財に多く投資しないことが合理的であり，MPCR＝$1/0.7\fallingdotseq1.4$ と高いときには多く投資することが合理的であるとして，"理論的領域"に入る被験者を定義します．次に MPCR が低いときにも高いときにも多く公共財に投資をする被験者を"利他的支払者（Altluisitic Pay-Riding）"とします．MPCR が低いときのみならず高いときにも多く貢献をしない者は，"悪意ある（Spiteful）フリーライド"であり，MPCR が低いときに多く貢献をするが MPCR が高いときに投資しない主体を"悪意ある利他主義者"と定義しています．それぞれのゾーンに入る被験者を分けて分類した結果，利他主義的な公共投資がいつでも起きてくるわけではなく，情報が完全であるときには，先行実験と比べていずれの条件下でも貢献率が低い一方で，投資のさらに最終回に向けての協力の崩壊が起きにくいこと，また公共財への投資の収益率が高いときのただ乗りよりも，収益率が低いときのただ乗りが多いことを発見しました．その上で，ただ乗りが，

悪意ある被験者によるところが大きいことを結論付けています.

どのようなシステムを作ればただ乗り者が減って公共財への貢献が増える
のかというメカニズムデザインの観点から, 人々がコストを支払ってただ乗
り者を罰するか否かを調べる研究も行われています. Fehr & Gachter (2000)
では, 貢献度が低いフリーライダーとみなせる被験者を, グループ内の被験
者が厳しく罰する結果を得ており, 罰則を伴う社会構造と伴わない社会構造
の差がもたらす結果の違いについて考慮をする必要を示唆しています.

■ ただ乗りとパリ協定

市場においてただ乗りがあり罰則がないとき, 社会的な損失はどのように
測定されるのでしょうか? AとB, 2人の限界便益 (marginal benefit) をグ
ラフにします. 限界便益とは, 1単位公共財が増加したときの便益の増加分
で, 最初の1単位に対していくらまで支払うことができるかという留保価格
によって測られます. 公共財の数量をx軸に, 公共財から得られる便益に対
して支払ってもよいと考える留保価格をy軸に描くと, 個人Aおよび個人B
の限界便益は左下がりの線になります. AとBの限界便益を合計した線が,
社会的な公共財への需要曲線となります.

図10-1 の中の限界費用曲線は公共財生産のコストを表しており, AとB
の便益を合計した社会的需要曲線と社会的供給曲線の交点Xまで公共財が

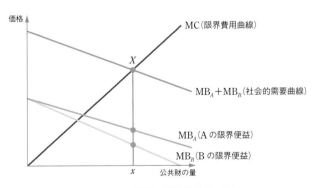

図 10-1　**公共財の最適供給量の決定**

生産されることになります．ところが公共財生産のコストは何らかの形でA
とBで負担しなければなりません．費用の割り当てが，AとBそれぞれの
需要（どの程度の便益を得られるか）についての自己申告によって決まるなら
ば，2人とも自己申告を少なくして，自分の費用負担分を減らし，相手に費
用を押し付けることができます．つまり虚偽の便益表明による「ただ乗り」
が可能なのです．Aがただ乗りをしないのにBがただ乗りをすれば，Aは
公共財供給の費用をBの分も負担することになります．そのことを予想し
て，Aもただ乗りをすれば，公共財は全く供給されません．これを国際的な
気候温暖化対策への取り組みという文脈で考えると，国際的な取り組みに参
加した各国が，おのおの「温暖化対策の費用を分担します！」と表明しても，
その成果を正しく測定して努力を評価しないならば実効性は小さいというこ
とです．パリ協定がその目的を達成できるかどうかは，各国の努力の成果を
具体的に精緻に評価できる制度設計をできるかどうかにかかっています．

10.5　市場の失敗の内部化

■ ピグー税という制度設計

外部性の問題点を克服するための制度設計として，環境に対して何らかの
悪い影響を及ぼす財を排出した者に対して，排出量に比例して生産者に税金
を課すしくみがあり，提唱した経済学者にちなみピグー税と呼ばれています．
日本には産業廃棄物税（産廃税）があります（ただし生産者は産業廃棄物を産
廃業者に買ってもらい，税金は産廃業者が支払っています）．

社会的に最適なピグー税の決定は以下の通りです（図10-2）．図中の限界
便益（MB）は，自動車などの生産財を生産することによる私企業の限界収
入＋環境の便益を合計したものです．生産が増えるにつれて収入の増加分は
減っていきます（収入は増えているのですが増える速度が減るのです）．これに
対して，生産活動が大きくなるにつれて環境に対する負荷は大きくなります．
大気汚染や廃棄物などの外部費用は限界的にも増えていきます．x_Mまで生
産をした場合には，社会的に「限界外部費用－限界便益」の分だけ（大気汚

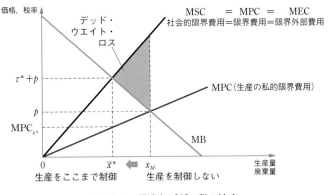

図 10-2　最適なピグー税の決定

染などの）損失が生じてしまいます．この損失は，MB＝MSCとなるまで生産する$\tilde{x}^*$を超えてMB＝MPCとなるx_Mまでの，図10-2の青く塗りつぶされた三角の部分が社会的損失（デッド・ウエイト・ロス（死荷重））となります．そこで限界外部費用曲線と限界利益曲線が交わる点$\tilde{x}^*$までに生産を抑制すれば，外部費用を社会的に賄うことができます．したがって，企業が社会的に望ましい$\tilde{x}^*$を超えて生産をした場合に損失が出るように税率τ^*を設定すれば，企業は利益が減らないよう生産を自主的に$\tilde{x}^*$まで抑制します．生産量$\tilde{x}^*$の下では政府にとって個別企業の限界利益曲線は未知のまま，すべての企業に同一の税率を課すことになるため，生産効率が低い企業は生産をより多く抑制することになり，長期的に撤退していきます．社会的に望ましい生産量の達成はそれを超えて生産した場合の利益に相当する補助金を与えることでも達成されますが，その場合は生産効率の低い企業が瀬瑛さんを抑制する必要がなく生き残ります．したがって資源の効率的な活用という観点から見るとピグー税は効率的なシステムであることがわかります[5]．

　ピグー税は，廃棄物をある上限以上排出することを禁ずる直接の数量規制ではありません．むしろ経済原理であるインセンティブメカニズムを利用し

---

[5]　ピグー税とほぼ同じ効果は，産業廃棄物を排出する企業に対して補助金を与えて生産を抑制させるという手法でも得られますが，その場合には，生産効率が高い企業も生き残ることになり，場合によってはさらに企業が参入してくる可能性もあるので非効率です．

た優れたシステムです．セイラーも，ピグー税を“ナッジ”と呼んで高く評価し，「これについてはエコノと同じ意見」だと表明しています．しかしながら，政府にとって適切な課税水準の設定の難しさという問題が残ります[6]．

10.6　WTP と WTA の乖離

■ 市場で売買されていない環境の評価

　将来世代に残したいと考えるような美しい景観や，水質など生きていくために必要な資源の保全のために，どの程度の費用をかければよいのかを知るうえでは，環境の価値を計算する必要があります．しかし市場で売買されない環境の非利用価値を評価するのにはこれから述べる表明選好法などによるサーベイの実施などが必要となり，情報生産コストがかかります．．

　環境の利用価値は，生産財などに資源が利用されるときに金銭的に評価される直接的利用価値，海岸であれば海水浴場や潮干狩り場などのリクリエーションや，森林が存在することで洪水を阻止するといった間接的利用価値，将来の医療品などの将来利用価値にあたるオプション価値があります．これらは，過去の事例などから金銭的な評価を推定することがある程度可能です．過去のデータには，価格と数量による取引が含まれているので，すでに顕示された選好を表しているといえます．これを顕示選好法といい，利用価値を評価するのには，代替法，トラベルコスト法，ヘドニック法があります．これら顕示選好法は，あなたが気になっている人があなたを好きなのかどうかを，LINE は即レスか，デートの約束をキャンセルしないか，プレゼントをくれたかなどの客観的に観察できる事実によって評価する方法です．環境の利用価値は顕示選好法で測定可能ですが，非利用価値は，測定できません．非利用価値には，将来世代に森林や美しい海洋を残す遺産価値と野生動植物や原生自然の価値など存在価値があります．近年は，生物多様性という言葉によって，知られるようになった価値の一つです．

6　環境税についての詳しい理論と実際については，一方井誠治『コア・テキスト環境経済学』（新世社，2018）がお勧めです．

非利用価値を評価する方法には表明選好法があり，その代表的な手法が仮想法（Contingent Valuation Method, CVM）です．例えば良い環境の量を増やすために支払える金額（WTP）を表明してもらうなど，直接価値をサーベイする方法を用います．表明選好法のイメージは，あなたが好きな人に「私のことどれくらい好き？」と訊いたときの回答を信用するような感じです[7]．

■ CVM は信頼できる環境評価法か

仮想法（CVM）においては，留保価格を現実に支払う必要がないため，実際に支払えるより多く答えるなど，回答には「仮想バイアス」が入り込みます（Loomis et al.（1996））．また，環境保全のためにいくら支払うかを決めるための質問であると被験者が知っている場合，実際の留保価格よりも少なくWTP を回答するインセンティブがあり，その意味で耐戦略性が失われることがあります．これを戦略バイアスといいます．そのため頑健な結果が得られるかどうかは注意を要します．環境改善と改悪の 2 通りのシナリオを用意することで，回答の頑健性を確認することもできます．支払意思額（WTP）で測るならば，環境を改善するためにいくら支払うことができるか，改悪を阻止するためにいくら支払うことができるかをたずねます．

受入補償額（WTA）では，環境改善のシナリオでは改善策が中止されたことに対する補償額を，環境改悪の場合は改悪されることへの補償額を回答してもらいます．ところが WTA を測ると∞という回答がしばしば得られます．その要因の一部は無差別曲線の凹性が強い（つまり，どちらかの消費量が減るとその財の相対的希少性が急速に高まる）ことや，財の希少性が高いため価格弾力性が低いことに求めることができます（図 10-3）．WTA では金銭を支払う必要がないことからくる仮想バイアスもあることがわかっています．

仮想バイアスや戦略バイアスが存在しなくとも，個人には所有しているものを売るときは高く評価し，買うときは低く評価するという愛着効果（または何かを与えられるとそこが参照点となり，与えられたものを失いたくないと思

7　表明選好法にはマーケティングでも用いられている「コンジョイント分析」もあります．後者は消費者が財を消費する際，財を構成する様々な属性から効用を得るという多属性効用関数の考え方に依っており，Lancaster（1966）が開発したものです．環境評価での実績が少ない（栗山（2019））のでここでは割愛します．

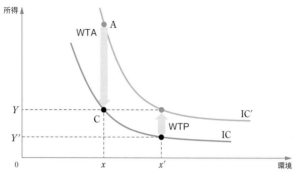

図 10-3　WTP と WTA の乖離（環境改善のケース）

う損失回避や現状維持からくる附与効果）があるため，WTP と WTA は乖離します（第 1 講参照のこと）．Kahneman, Knetsch & Thaler（1991）における大学のロゴ入りのマグカップとペンにすら愛着効果がわくならば，子供のときからなじんでいる自然環境の WTA は特に高くなりそうです．WTA と WTPの乖離は Gain-Loss 関数で説明ができます．環境を失うのはそれを得ることの 2.25 倍悲しいため，喪失を受け入れる WTA は WTP より大きくなると考えられます[8]．上記の理由から，環境評価では WTA ではなく WTP を用います．環境を CVM で評価する論文は，第一人者であるカルソン（Carson, R.）による Carson（2012）をはじめ多数存在しています．

　Exxon のタンカーが 1989 年にバルディーズ港で 11 ガロンの重油漏れを起こした海洋汚染をめぐる訴訟において，被害の見積もりについて CVM が用いられることの正当性への検証が喚起されました．特に CVM のシナリオが含む，環境の範囲や支払計画の違いに対する回答の感応性が小さいという「包含効果（embedding effect）」が議論されました[9]．例えば，Cooper &

8　ただし Hanemann（1994）は，WTA が WTP に対して大きくなる理由として，マイナスの所得効果が生じるためだと論じているので，ここでは環境が悪く所得が多い状態から，環境が良く所得が少ない状態に移動する際に，マイナスの所得効果が生じるため，WTA に比較して，より少ない所得しか手放せず，したがって WTP は小さくなると解釈できます．

9　Carson & Mitchell（1993）では，それまでの CVM の研究結果において大きな差があることが検討され，「包含効果は小さいと望む」と締めくくられています．シナリオが適切ではないと，どの質問にも同じ回答をするスコープ無反応性も起きてきます．

Loomis（1992）が WTP の計測において，一番低い金額の回答と高い金額の回答を排除していることについて，Kanninen & Kriström（1993）では恣意的であるとして批判しています．それを受けて Cooper & Loomis（1993）では，それらのデータを含めて計測し直し，有意に評価の範囲に感応的な結果を得ていると主張しています．

　1993 年，アメリカ海洋大気庁（National Oceanic and Atmospheric Administration）はケネス・アロー（Arrow, K.）やロバート・ソロー（Solow, R.）といったノーベル経済学者らを議長としたパネル議論の場を用意し，CVM を用いることの正当性を認めています．

■ CVM の具体的な方法

　CVM においては，あるシナリオが与えられ，環境を改善するために支払うことができる留保価格を集めて，抽出した回答から母集団の回答の分布を推定し，50%の人が「支払うことできる」と回答することになる WTP の中央値を計測して評価額を求めます．

　質問の形式として，いきなり WTP を回答する自由形式は難しいので，被験者に 1 つの金額を提示して「支払える」か「支払えない」かをたずねます．1 回きりたずねるのがシングル・バウンド方式です．「支払える」と回答したら WTP の評価額を切り上げ，「支払えない」と回答したら WTP を切り下げて再度たずねるのが，ダブル・バウンド方式です．CVM による評価額の計測法には最尤法を用います（**第 15 講**を参照のこと）．推定には stata や R などの統計プログラムを用いる必要がありますが，栗山浩一先生が研究室のウェブサイト上で，Excel を利用した最尤法のプログラムを提供しています[10]．イメージは図 10-4 の通りです．

■ 環境保全の機会費用

　環境問題において環境の保全にはお金がかかることに加え，環境のために利用する金銭はほかのことに利用することができるという視点も大切です．

10　http://kkuri.eco.coocan.jp/

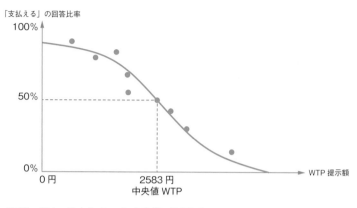

「支払える」の回答比率

（出所）　栗山・馬奈木（2016）を参考に著者作成.

図 10-4　最尤法による環境への支払意思額の推定イメージ

筆者は，東日本大震災で被災した後の千葉県習志野市の谷津干潟の保全に 2012 年，2013 年にいくら税金を支払うことができるかを CVM で計測しました.「今は渡り鳥の保全より震災の補償にお金を使うべきだ」という参加者の真摯な回答があり，機会費用を考察する経済学的な考え方に驚かされました. 環境のために多く支払うと回答した人の中には，震災で被害にあわれた方に多くの寄付をしていた人もいました. 環境保全には，エコノの観点と他人を思いやるヒューマンの両方の視点が必要です.

補論　ピグー税の理論的な適正水準------------

■ ピグー税の適正水準

　外部不経済の典型的な例の一つは，煙草を吸っている人の副流煙による健康被害です. 例としてお兄さん（Brother；B）が喫煙者で，あなた（A）は同じ部屋に住む嫌煙家で迷惑しているとします. 市場の財は煙草しかないと仮定します. 弟が感じる不効用（損失）は，B の喫煙量で決まります. A は B の喫煙からの不効用に全くコミットできません. 財からの便益の関数を v とし，損失の関数を l_A とす

ると A の不効用は $-l_A(x_B)$，B の効用は，$v_B(x_B)$ と表されます．煙草以外の財の価格を 1 とし，煙草の（相対）価格を p とすると，B の最大化問題は

$$\max_{x_B \geq 0} v_B(x_B) - p x_B \quad \textit{subject to} \quad p x_B = m_B$$

これを解いて $dv(x_B)/dx_B = v'(x_B) = p$ より，B は煙草の限界効用がその価格 p に等しくなるところまで消費します[11].

供給側に目を向けます．煙草会社が競争的に複数存在するならば，煙草の生産量を y として限界費用 $\mathrm{MC}(y) = p$ を満たすまで生産します．煙草会社は B の需要（p と予算 m_B に依存する）を満たすように生産するので，$y(p^*) = x_B(p^*, m_B)$ となります．B の消費者余剰は得た効用 $v_B(x_B(p^*, m))$ から実際に支払った金額 $p_x^* x_A(p^*, m_B)$ を除いた分となります．A の余剰は B の喫煙量からの不効用 $-l_A(x_B(p^*, m_B))$ であり，2 人の余剰の総和である社会的余剰は，$v_B(x_B(p^*, m_B)) - l_A(x_B(p^*, m_B)) - p_x^* x_A(p^*, m_B)$ となります．$-l_A(x_B(p^*, m_B))$ は負の消費外部性（外部不経済）であり，デッド・ウエイト・ロスでもあります．この問題を解決するため，親が B の喫煙量を減らすように直接規制することもできるでしょう．しかし B は煙草の便益を親に過大に申告することができます．

これに対して国が，A, B と生産者の社会的余剰を最大にする生産量（B の消費量）を $\widetilde{x_B}$ としたときの，A の限界損失（不効用）$-l_B'(\widetilde{x_B})$ に等しくなるように煙草に課税し，一単位当たり課税額を τ とします．すると，つまり $l_B'(\widetilde{x_B}) = \tau$．兄 B は

$$\max_{x_B \geq 0} v_B(x_B) - (p + \tau) x_B$$

を解き，$v_B'(x_B) = p + \tau$ となるまで消費します．これを満たす兄の効用最大加点を x_B^* とすると，企業は $\mathrm{MC}(x_B^*) = p^*$ まで生産するので $v_B'(x_B^*) - \mathrm{MC}(x_B^*) = \tau$，課税額は A の限界不効用に等しい，すなわち $\tau = -l_B'(\widetilde{x_B})$ であるから

$$v_B'(x_B^*) - \mathrm{MC}(x_B^*) + l_A'(\widetilde{x_B}) = 0$$

となって，B が効用を最大化しているとき A にとっての不利益が課税によって吸収され，デッド・ウエイト・ロスはなくなります．つまりピグー税をかけることでパレート効率的な消費量を達成できます．

■ パレート効率性を満たす公共財の決定
　公共財の適切な供給量を求めます[12]．公共財の量を x_p，私的財の量を x_s とし，公

11　ここの p は通常財を 1 としているので，通常財をニュメレール（価値尺度財）としています．100 円均一の店に行って，煙草だけが $p \times 100$ 円で売られていると想像してください．

共財と私的財の組合せについて無差別曲線（IC）が描ける選好を仮定します．IC 上のある点 (x_p, x_s) と同じ IC 上の移動においては公共財をわずかに増やす（Δx_p）ために私的財を（Δx_s）犠牲にするので，公共財からの限界効用が私的財のマイナスの限界効用により相殺され，

$$\frac{\partial u(x_p, x_s)}{\partial x_p}\Delta x_p + \frac{\partial u(x_p, x_s)}{\partial x_s}\Delta x_s = 0$$

$\Delta x_s/\Delta x_p$ の公共財の増分を限りなく小さくすると，限界代替率（MRS）は

$$\mathrm{MRS}(x_s, x_p) = \left|\frac{\Delta x_s}{\Delta x_p}\right| = \frac{\partial u(x_p, x_s)/\partial x_p}{\partial u(x_p, x_s)/\partial x_s}$$

となります．公共財への需要はこの式と予算制約から解くことができます．

　公共財の供給には私的財の犠牲（費用）が必要となるので，各個人が公共財と私的財に配分しうる初期保有量を e_i とすると，社会全体での配分は，公共財を生産するために必要な私的財の量を $C(x_p)$ で表現すると，

$$\sum_{i=1}^{n} x_{si} + C\left(\sum_{i=1}^{n} x_p\right) = \sum_{i=1}^{n} e_i$$

となります．パレート効率性を満たす公共財の配分は，すべての構成員の限界便益 MRS の合計が公共財の私的財に対する限界的相対費用に等しくなるときで，下の式を満たすときになります[13].

$$\sum_{i=1}^{n} \mathrm{MRS}(x_{si}, x_{pi}) = \mathrm{MC}\left(\sum_{i=1}^{n} x_{pi}\right)$$

■ Active Learning

《公共財自発的供給実験を，条件を変化させてやってみよう》‥‥‥‥‥‥‥‥‥‥
　公共財実験をグループの人数，技術関数などのパラメタを変えて行ってみましょう．行う前に数値例をシミュレーションしてみましょう．

《排出量取引実験を行って意義を知りパリ協定の実効性を話し合おう》‥‥‥‥‥‥
　パリ協定は有意義な制度設計となっているでしょうか？　日本の取り組みを環境省のウェブサイトで調べて話し合ってみましょう．

12　ここの議論は，林貴志『ミクロ経済学［増補版］』（ミネルヴァ書房，2013）に依っています．証明は，419頁を参考にしてください．

13　この式のMCは，公共財実験におけるMPCRとなります．

第11講
ゲーム理論と
社会的ジレンマ

■ゲームの理論は，戦争という緊迫した状況において相手の戦略がわからない状態で，自分がどのように戦略を立てるべきかを模索する中で発展を遂げました．フォン・ノイマンとジョン・ナッシュによって考案された囚人のジレンマゲームを，100回以上の繰り返しゲームとして行ったアクセルロッドの実験で最も得点をあげた戦略は，のちに実験経済学を通じてゲーム理論やオークション理論に貢献した「オウム返し戦略」でした．

11.1 ゲーム理論の基本概念

■ ゲームとは

「ゲーム」というと，皆さんがスマホなどで楽しむあのゲーム？ といぶかるかもしれません．実は，複数のプレイヤーで行うゲームであれば，答えはイエスです．ゲームには必ずプレイヤーが存在し，各プレイヤーが用いることができる戦略が複数存在します．そして，自分と相手が選んだ戦略によって，自分と相手それぞれの利得が決定されます．プレイヤーが多ければ多いほど，また戦略が多ければ多いほど，さらにゲームを繰り返す長さが長いほど，相手がどの戦略をとるのかを予測することは難しくなります．テニスと野球，サッカーを比較すると，サッカーが最も戦略の数が多く，予測が難しいゲームであるといえます．

スポーツのゲームの結果は，勝つか，負けるか，引き分けです．勝ったら1点，負けたらマイナス1点，引き分けなら0点とすると，プレイヤーの利得の合計は0となります．このようなゲームをゼロ和ゲームといいます．最

表 11-1　じゃんけんゲームの利得表

		B の戦略		
		ぐー	ちょき	ぱー
A の戦略	ぐー	0　　　　0	1　　　　−1	−1　　　　1
	ちょき	−1　　　　1	0　　　　0	1　　　　−1
	ぱー	1　　　　−1	−1　　　　1	0　　　　0

も慣れ親しんだゼロ和ゲームは，じゃんけんです．A と B，2 人のじゃんけんゲームの利得表は表 11-1 の通りです．プレイヤー A の戦略は行に，B の戦略は列に記述されています．表の利得のコマの中の，左上の数字が A の利得，右下の数字が B の利得です．1 つのコマの中の数字を合計すると 0 になっています．じゃんけんゲームは戦略を同時に出すので，同時手番ゲームです（後出しは禁止です！）．正規型ゲームともいいます．また，じゃんけんゲームには必勝法はありません．じゃんけんをするとき，相手のパターンを読んで高い頻度で勝つ人がいますが，相手がコンピューターであれば，勝率は 3 分の 1 に近づくでしょう．そして，じゃんけんゲームではじゃんけんの相手と互いに競合しているので，非協力ゲームといいます．

　また，じゃんけんゲームは戦略系ゲームの一つです．戦略系 n 人ゲームは，プレイヤーの集合を $N=\{1, 2, \cdots, n\}$ とし，戦略の集合を $S_i=\{s_1, s_2, \cdots, s_m\}$ と表現します．あるプレイヤー i $(i=1, 2, \cdots, n)$ の利得 π_i は相手のとるすべての戦略に対して決まるので，戦略から利得 π への関数を f として $\pi_i=f_i(s_1, s_2, \cdots, s_n)$ と表現できます．プレイヤー A とプレイヤー B がいて $(N=\{A, B\})$，戦略が各々 2 つの場合には，A の戦略集合は $S_A=\{s_1, s_2\}$，B の戦略集合は $S_B=\{s_1, s_2\}$，A の利得は $\pi_A=f_A(s_A, s_B)$，B の利得は $\pi_B=f_B(s_A, s_B)$ によって表現されます．

■支配戦略

　かつて『LIAR GAME』（甲斐谷忍，集英社）という漫画が一世を風靡しました．テレビドラマ版では松田翔太さんが演じる天才詐欺師の秋山深一と彼を頼る"馬鹿正直"の神崎直（戸田恵梨香さんが演じていました）が，神崎直の背負った借金を返すため，様々なゲームに挑みます．秋山深一の「このゲームには必勝法が存在する」というセリフを聞くとゾクゾクっとしました．

　ゲームにはある戦略と別の戦略を比較したとき，ほかのいかなる戦略よりも必ず優れた戦略となる戦略がある場合があります．これを支配戦略（Dominant Strategy）といいます．支配戦略が存在するゲームでは，ゲームの結果を予想することができます．有名なゲーム"囚人のジレンマ"でそれを試しましょう．

[質問] □の中のAの利得は右，Bの利得は左です．同時手番であることに注意してください．A，Bともにこのマトリックスの利得表は理解していますが，AはBが何％で黙秘をとるのかを知りません．

表11-2　囚人のジレンマ

		Bの戦略	
		黙秘	自白
Aの戦略	黙秘	5　　5	−10　10
	自白	10　−10	−8　−8

　あなたはプレイヤーAです．黙秘と自白，どちらの戦略をとりますか？

回答　⇒　_____

　実は，このゲームでは相手がどちらの戦略をとってきたとしても，自分（A）が「自白」をとることが，「黙秘」をとるよりも常にAにとって良い結果をもたらします．相手が「黙秘」をとってきたとしましょう．自分（A）が黙秘をとれば利得は5ですが，自白をとると利得は10となりより良い利得を得ることができます．相手（B）が自白をとってきたときは，自分（A）

が黙秘をとると −10 であるのに対して，自白をとると −8 となり，よりましな利得です．このことから自白は黙秘よりも常に優位（dominant）な戦略であることがわかります．このようなとき「自白は黙秘を支配する」といい，自白は支配戦略（dominant strategy）となります．AとBにとっての利得は対称的なので（このようなゲームを対称ゲームといいます），Aにとっての支配戦略はBの支配戦略と同じです．そのため，AもBも自白を採用した結果，4つのマスのうちの右下の (−8, −8) という均衡が選ばれます．これを，支配戦略均衡といいます．支配戦略均衡は双方ともが合理的プレイヤーであり，そのことを互いに理解しているときに成立します．

■ 囚人のジレンマ

囚人のジレンマについて，もう少し詳しく考察していきましょう．AとBは重要な犯罪の共犯者で，別々の部屋で取調べを受けているとします．どちらかが先に自白すれば，司法取引によって先に自白したほうは罪を免れ，場合によっては家族を保護してもらえます．自白されてしまったほうは，重い罪に問われます．しかしどちらも自白した場合，どちらも罪に問われます．お互いを信じる強い気持ちがなければ，自白してしまうでしょう．本来2人が信じ合うことができれば，(5, 5) という2人とも無罪を勝ち取ることができるのに，自分だけ幸せになり相手を不幸にするのか，2人で幸せになるのか，というジレンマ，すなわち板挟み問題があることがあります．囚人のジレンマ問題の戦略を，CO_2 削減のための「努力をする，努力をしない」と変えれば，地球温暖化対策のための努力が難しいという結論が得られます．

表11-2の中の (−8, −8) という状態の意味は，ジョン・ナッシュ（Nash, J. F., Jr.）によって経済的な定義がされたため，ナッシュ均衡と呼ばれる戦略です．ナッシュ均衡に一度到達すると，その均衡から，自分だけが戦略を変更すると損をしてしまうで，互いに移動するインセンティブがないという意味で均衡となっているのです．

《定義：ナッシュ均衡》
　戦略の組 $s = \{s_1, s_{-1}\}$ が，以下の条件を満たすとき，ナッシュ均衡と呼

ぶ.

$$f_i(s_i, s_{-i}) \geq f_i(t, s_{-i}) \quad \forall t \in S, \forall i \in N$$

s_{-i} とは，自分以外のプレイヤーの戦略を指しています．

　先ほどあなたは，どちらの戦略をとると回答しましたか？　実はこのゲームでどちらの戦略をとるかについて，黙秘と回答する人も少なくありません．なぜなら，相手も黙秘をすれば2人の利得を足すと10点になるからです．自分が黙秘をとり，相手のBが自白をとった場合と，その反対のケースでは，互いの利得を合計すると0点です．そして，自分Aも相手Bも戦略2をとるとどちらもマイナス8となる結果，2人の利得の合計はマイナス16となります．この回答には，次の**第12講**で掘り下げる利他主義の種が埋め込まれていると考えることができます．2人合計の利得を最大にするためには，「黙秘」戦略をとったほうが良い．さらに，相手も同じように考えて，「黙秘」戦略をとるはずだ……と互いを信じていれば，2人の囚人の戦略は(黙秘, 黙秘)となります．悪人のストーリーですが，互いを信じ合うのはちょっとロマンティック♡ですね．

　黙秘を選ぶことにも合理性があります．それは2人を社会としたとき，2人にとっての社会全体にとってパレート効率性の意味で「黙秘」戦略がより望ましい戦略だからなのです．パレート効率性は，ゲームの結果として得られる利得の組をもたらす戦略の組を比較・評価するための概念です．

　表11-2中の(5, 5)という結果は(−8, −8)より明らかに望ましいので，(s_1, s_2)＝(自白, 自白) から (s_1, s_2)＝(黙秘, 黙秘) という戦略のペアに移行すれば，社会状態としてパレート改善します（**第10講**の**補論**を参照のこと）．ミクロ経済学の試験でナッシュ均衡をたずねると授業に出ていなかった人が，(5, 5) のパレート効率性を満たすマトリックスを選んで，「お互いの合計点が最も高く，お互いに幸せになるから，きっと相手もこれを選ぶ」と書いているのをよく見かけます．愛されて育った人に違いありません．『LIAR GAME』の「なお」みたいな人ですね．試験においては×を付けざるを得ませんが，著者は心の中では花丸を付けています．

　定義の表現はまどろっこしいですが，パレート最適な戦略よりより良い結果をもたらす戦略がないということです.

　囚人のジレンマゲームは，スプラッター系ホラー映画「ソウ（SAW）」を彷彿とさせる，恐ろしいものでもありえます. 以下は，ウィリアム・バウンドストーン（Poundstone, W.）の著書『囚人のジレンマ』からの抜粋で，グレグリー・ストック（Stock, G.）の『質問の本』にある例です.

　マッドサイエンティストによって，あなたと心から愛し合っている恋人が別の部屋に閉じ込められていて，傍らにはボタンがある. どちらかが60分経過する前にボタンを押さなければ，2人とも殺される. また，どちらか先にボタンを押したほうは，相手を助けることはできるが，自分はただちに殺される. 2人とも同時にボタンを押した場合は，2人とも助かる. あなたなら，どうするだろうか？

　純粋に自分はどうなってもいいから相手を助けようと思うならば，ボタンを押すしかありません. ボタンを押さなければ2人とも殺されてしまいますでは一体，「いつどのタイミングで」ボタンを押すことがベストな戦略なのでしょうか？ 答えは，「最後の瞬間で（なるべく同時に）押すべき」です. 相手が自分と同じぐらい思慮深くあってほしいですね. このゲームの別のバージョンは以下のようになります.

あなたと心から憎み合っている敵が別の部屋にいて，傍らにはボタンがある．60分間互いに何もしなければ互いに助かる．しかし，どちらか先にボタンを押せば，相手はただちに死亡し，自分は助かる．2人とも同時にボタンを押した場合は，2人とも死ぬ．

この場合はただちに押すことになり，どちらも死亡するでしょう．このボタンが核兵器のボタンだとしたらどうなるでしょう？ この深刻なジレンマは，実際に1949年にソビエト連邦（現在のロシアです）が原子爆弾の核爆発実験を成功させ，ソビエトもアメリカと同様に核兵器を持ったことで始まりました．この時代には，明日には核兵器が爆発して死亡するのではないか，という恐怖が世界を覆っていました．このジレンマについてフォン・ノイマンとジョン・ナッシュは，「一日も早く核兵器を利用して小さめの戦争を起こして勝利し，大きな核戦争（違うゲームですね）を避ける」べきと回答しています．

11.2　MinMax 解

■ ケーキ問題

有名なゲーム理論の問題を紹介しましょう．家の中で，兄と弟が1つのケーキを目の前にしています．お母さんは切り分けナイフを持っています．

> お兄ちゃん「母さん，ぼくはもう大きいんだから弟よりたくさん食べたい！」
> 弟くん「ママー，僕，大きいの欲しい!! 大きいの！」
> お兄ちゃんと弟「ケーキ！ ケーキ！ ケーキ！」
> お母さん「あー，うるさい！ よし，お兄ちゃんが好きなように切りなさい．
> 　　　　　だけど，切ったケーキを選ぶのは弟だよ！」

お兄ちゃんのあらゆるケーキの切り方に対して，弟がとってくる戦略は「大きいほうを取る」となります．お兄ちゃんにとって最も不満足な結果をもたらす切り方（戦略）は，うっかり大小があるように切ってしまい，弟に

大きなほうを取られてしまうことであり，ケーキを可能な限り同じくらいに切るというのがベストな戦略です．このように最悪の結果を最小にするように戦略をとる原理は，MaxMin（マキシミン）原理と呼ばれています．一方，弟は，考えうるあらゆるお兄ちゃんの戦略に対して自分の利益を最大化するようにするのですが，現実的に得ることができるのは最小値です．このような解を MinMax（ミンマックス）解といいます．MaxMin と MinMax が同一となる場合を鞍点といいます．鞍点があるときは，その点が，合理的なプレイヤーによって選ばれるゲームの解となります．また，このゲームは，じゃんけんゲームのように同時手番ゲームではなく逐次手番ゲームといいます．先手・後手を変えて戦略を宣言するようにシナリオを書き直してみても同じになります．お兄ちゃんがケーキを切る前のシーンに皆さんの脳内のテープを巻き戻してください．

> お母さん「あー，うるさい！　お兄ちゃんが好きなように切り分けなさい．だ
> 　　　　　けど，好きなほうを弟に選んでもらいなさい」
> 弟くん「兄ちゃんがどんな風に切ってもおっきいほうを取るからね」
> お兄ちゃん「しょうがないな……きっかり半分に切ってやるぞ」

　弟の戦略の宣言がお母さんの言葉より後であっても，このケーキ問題の結果は変わらないことが確認できました．

お兄ちゃんが分けて弟がとる

　これに対して，○×ゲームのように，先手のみに勝つチャンスがあり，後手のプレイヤーは良くても引き分けになるゲームもあります．

11.3　アクセルロッドの実験とオウム返し戦略

■ フラッド=ドレッシャーの実験

　囚人のジレンマゲームを考案したノイマンとナッシュは，アメリカ合衆国が第二次世界大戦のための戦略を研究するために設立したランド研究所に在籍していました．ナッシュ均衡戦略が本当にとられるかどうか，研究所にいたフラッドとドレッシャーは疑問に思い，友人 JW と AA によって実験をしてみました（表 11-3）．

　均衡がわかりにくいように，2 人のマトリックスは右左が入れ替わっており，また点数も対称的ではありません．戦略 1 と戦略 2 の結果得られる報酬の大きさも対称的ではありません．しかし，AA は JW の戦略がどちらであっても，裏切るほうが良いか，ましな結果になり，JW も AA の戦略がどちらであっても，裏切るほうが良いか，ましな結果となります．つまりナッシュ均衡は〇が付いている（裏切る，裏切る）によってもたらされます．この表の利得はセントなので 1 ドル＝100 円であれば 1 円です．ゲームは 100 回繰り返され，結果は毎回フィードバックされました．記録された 2 人のコメントによると，AA はナッシュ均衡戦略から始めましたが，JW が協調戦略を続けることで協調に持ち込みました．一度は（協調，協調）がうまくいったところからまた AA が離脱したときは，JW は裏切るに転じ，再びまた協調に持っていくという戦略をとりました．結果的に（AA の戦略，JW の戦

表 11-3　**フラッド=ドレッシャーの実験**

	JW の戦略 2・協調する	JW の戦略 1・裏切る
AA の戦略 1・協調する	1/2　　　　　1	−1　　　　　2
AA の戦略 2・裏切る	1　　　　　−1	0　　　　　1/2

略）＝（協調する，協調する）が 100 回中 68 回となったのです．この結果は
ナッシュ均衡が生活における直感と必ずしも合致しないことを示唆していま
す．また，このゲームではプレイヤーは固定なので 2 人が互いに 1 回ずつの
利得を最大にしようとせず，100 回のプレイの間で利得を最大にしようとし
ました．AA は 99 回目に先手を打ち裏切りました．100 回目はもちろんナッ
シュ均衡で終わりました．

　1 回限りの囚人のジレンマゲームと繰り返し囚人のジレンマゲームは全く異
なります．毎日同じ生産者の直売所で買い物をするケースを考えましょう．
商品の品質について売り手（生産者）が嘘をついている（裏切っている）可能
性はいつでもあります．しかし消費者は一度でも裏切られたことがわかれば，
その商品を二度と購入しないでしょうから，売り手は消費者をだますことは
ありません．したがって消費者は安心して「購入する」という選択をするこ
とができます．

■ アクセルロッドの実験とオウム返し戦略

　アクセルロッド（Axelrod, R. M.）は，囚人のジレンマゲームをコンピュー
ターのトーナメント戦において，100 回以上の有限回繰り返しゲームとして
行いました（Axelrod & Hamilton（1981））．その際，事前に著名な理論家から
戦略を募り，アナトール・ラパポート（Rapoport, A.）が考案した戦略があり，
最も高い総合得点を挙げました．それは，「オウム返し戦略（応報戦略（tit-for-
tat strategy））」と呼ばれるものです．

　1 回限りの囚人のジレンマゲームにおいて，互いが合理的であれば，（裏
切る，裏切る）が均衡解ですから，基本的な戦略として「ずっと裏切る」と
いう戦略を考えることができます．しかし，100 回均衡解を繰り返すと，利
得の合計はとても小さくなります．逆に，「最初から最後まで協力する」と
いう戦略も考えられます．運が良く相手も協力に回ってくれるならば長期的
に利得を最大にすることができますが，相手がずっと裏切り続けるならば最
も低い得点に終わります．ほかにも毎回アットランダムに戦略を繰り出す
「でたらめ戦略」があります．でたらめ戦略は 50％の確率で協調となりまし
た．しかし，上記の 3 つは，相手がどうするかということを無視した戦略で

す．フィードバックがあるときには，相手に合わせることでもっと高い得点を狙えます．相手のしたことをまねるのが「オウム返し戦略」です．

オウム返し戦略は，最初は「協力する」から始め，相手がとった戦略をそのまま次の期にとるというものです．また，自分からは裏切らない「上品な戦略」という条件があるため相手が協力している間はずっと協力をし，相手が裏切ったら自分も裏切ります．この戦略の応用として，相手が裏切ったときに，ただちに自分も裏切りに転じないで，1回のときには協力して様子を見る（猶予を与える）という2分の1オウム返し戦略もできれば，相手が裏切ったら2回裏切って制裁を加える連続オウム返し戦略（いわゆる倍返しだ！ってやつ）もできます．自分が裏切っているのに協調する対戦相手はお人好しか合理的でない間抜けかもしれませんが，2分の1オウム返し戦略では相手が自分に損になる戦略をわざわざ採用しながら，「協調したほうが得になるよ」と伝えていることになり，やんわりした「脅し」と考えることもできます．戦略にメッセージ性を持たせるための行為を含んでいるとすると，オウム返し戦略はまさしく戦略的だといえます．

アクセルロッドは，第2回目の実験では第1回目に「オウム返し」が最も高い得点を挙げたことを伝えたうえで，それを超える戦略を集めました．62個もの戦略が集められたのに，またしても「オウム返し」が勝利し，戦略の頑健性を示す結果となったのです．ただし「オウム返し」戦略はいつでも最強ではないことがわかっています．例えば相手が裏切られても協調してくる場合に，自分が毎回裏切れば毎回高い得点を得られるのですが，「オウム返し」戦略では相手が協調してきたら自分も協調するため，裏切って高い得点を得るチャンスをとることができません．その意味では合理性に欠けるのです．

ではどのように「オウム返し」戦略が生き延びるのでしょう？ アクセルロッドの第3回目の実験では，コンピューターを用いて，様々な戦略のうち，どれが淘汰されてどれが生き残るのかをシミュレーションしました．1回ごとに得られた得点に応じてプレイヤーが増減するように設定します．すると「でたらめ戦略」のようなものはすぐに消えていき，毎回裏切りをするような戦略をとるプレイヤーはあるところまで増えていきます．ところが，オウ

ム返し戦略がいつも裏切りをとるプレイヤーに当たると，「裏切る」戦略を
とるため，得点が裏切るプレイヤーと同じになり増殖率が等しくなります．
たまたまオウム返しをするプレイヤー同士が対戦し，（黙秘，黙秘）をとると，
互いに着実に増殖します．こうして長期的にオウム返し戦略をとるプレイ
ヤーが増えていくことがわかりました[1]．

■ 有限繰り返しゲーム

　繰り返しゲーム全体では 100 回であれば，（協調，協調，…，裏切り，裏
切り，…）などと 100 回の選択を 1 つの戦略と考えることができます．オウ
ム返し戦略は，この 100 回の中に現れるパターンととらえられます．100 回
繰り返す囚人のジレンマ 1 回分をゲーム全体の「成分ゲーム」といい，毎回
の意思決定は「行動」と呼ばれます．そして，例えば次が m 回目だとして，
$m-1$ 回目までの相手の行動と自分の行動は履歴です．m 回目以降の行動は，
履歴に関係なく選ぶことができるという仮定があるので，一度裏切っても協
調戦略に戻ってくることができます．これは極めて重要な点です．

　アクセルロッドの実験では，はじめから成分ゲームの回数は 100 回とわ
かっていたので，有限繰り返しゲームということができます．有限回繰り返
しゲームではナッシュ均衡が実現することが理論的に導かれています
（Osborne & Rubinstein（1994））．このことを簡単に理解しましょう．100 回の
ゲームの最終回には必ず裏切ることが予想されるので，（裏切り，裏切り）
となります．このゲームを後ろ向き帰納法で解いていくと，最終回が（裏切
り，裏切り）ならば，その前も（裏切り，裏切り）となるはずであり，そう
であれば，その前にも裏切るはずだ，となって一回目から裏切ることになる
ことは容易に想像できます．これは，このゲームを同時手番の展開形ゲーム
として描くことで明らかになります．ただし教室の実験では，たとえ 10 回
の繰り返しゲームであっても協調しようとする人が多くみられます（**第 12**

1　筆者は東京大学の人工物工学研究所に在籍したことがあり，そのときに進化論的なシミュレー
　ションの論文を知ることになりました（Ueda, Kito & Fujii（2006））．それは，餌を短期間で見つ
　けることができる個体とそうでない個体が存在するときに，はじめは前者が増殖していくのです
　が，周りの餌を食べきってしまうために，ある条件下では死滅してしまい，餌を見つけることが
　遅い個体も最終的に増えてくるという結果となっています．進化論ゲームでは戦略が生き残って
　いくという考え方が用いられています．

11.4 クールノー競争 ------------------------ ：複占における同時手番数量調整モデル

■ 寡占企業の利益最大化問題

ミクロ経済学で習った寡占の理論を思い出してみましょう．寡占市場とは，有数の企業でマーケットのほとんどを生産しており，競争相手が限定されているような市場です．例えば日本のビールはアサヒ，キリン，サントリー，サッポロの4社のシェアが大きく，アサヒとキリンは，常にしのぎを削る戦いを繰り広げています．少数の企業により市場が占有されている寡占企業は価格などにおいてカルテルを結んで結託すれば（カルテルは独占禁止法で禁じられています），独占者のようにふるまうことができます．

2社寡占すなわち複占企業のゲームとして生産行動を考察しましょう．複占同士が競合する場合には，非協力ゲームととらえて，利益最大化問題を解くことができます．この場合も同時手番ゲームと逐次手番ゲームがあります．また利益最大化を目標とした基本的な戦略として数量調節と価格調節があります．

数量調整では，相手企業が決めた生産量に対して自分はこうするべき，という最適戦略をすべての数量の可能性に対して用意することになり，この関係は反応曲線として描かれます．両社は互いに相手の戦略に対して自社の利益が最大になるように反応曲線で数量を調整していきます．その結果，均衡に達するということになります．同時手番数量調整は，クールノー競争と呼ばれます[2]．

これに対し，逐次手番の数量調整はシュタッケルベルグ競争と呼ばれます．A社が先手，B社が後手とすると，B社は，A社の生産数量に対して最適反応をすると決めていますが，A社もB社がA社の生産量への最適反応をとることを知っているので，それを考慮して先手のA社が生産量を決める結果，

2　複占企業によるクールノー競争による利益最大化問題の具体的な例については，ミクロ経済学の教科書を参考にしてください．

クールノー競争のときよりも A 社は多く生産することになります.

11.5　フォークの定理と限定合理性モデル……

■ ベルトラン競争

　寡占企業の利益にとって最も厳しい競争は，同時手番価格設定競争で，ベルトラン競争と呼ばれます．この競争は，牛丼など商品の同質性が高いものを売る市場において起きました．A 社と B 社は価格を戦略とし，同時手番で価格を付けます．すなわち，同質な財・サービスにおいてもしも 1 円でも A 社の商品が安いのであれば A 社がすべての需要を吸収し，B 社は何も売ることができません．B 社の商品が 1 円でも安ければ B 社がすべての需要を吸収することになります．A 社と B 社が価格競争を続ける結果，結果的に両社とも限界費用（Marginal Cost, MC）となるまで価格を下げることになり，あたかも完全競争的な状態に帰結します．企業は生産者余剰を得ることができません．

　逐次手番価格競争では，どんどんと値下げされる過程が続いて一度均衡に到達しますが，例えば原材料などの上昇によって価格を上げざるを得ないなどの状況が発生した場合には，消費者は 2 社が同時に値上げしていく展開を見ることになります．企業間のベルトラン競争は，労働市場における採用条件の変化においても観察することができます．

■ カルテルによる提携（coalition）

　ベルトラン競争において値下げ競争が起きてしまうと，利益ゼロへの階段を下る競争となるため，それを避けるために寡占企業には価格協定を結ぶインセンティブが生まれます．2 社が独占者のように行動すれば，数量を限定することで価格を高止まりさせたまま生産することができ，互いに生産者余剰を得ることができるからです．この目的で結託することがカルテルです．カルテルを結ぶということは，ナッシュ均衡点から移行してプレイヤー間で提携（coalition）を形成したということを意味します．

生産数量を互いに制限する提携を結んだとしましょう。ところが結託後に自分だけ生産数量を増やすことで、結託したときよりも、自分だけ利益を増やすことができます。しかもカルテルは独占禁止法で禁じられていますので、カルテルを抜けたからといって第三者から罰せられることはありません。カルテルを結んでからすぐに抜けるのが最適戦略となります。このとき競争相手は低い価格の下で決定分の数量を生産するので利益が減ります。その後、対抗して相手も生産数量を増やしてくると市場の価格はもっと下がってしまい、再び両者とも利益獲得の機会を失います。

■ フォークの定理

プレイヤーはカルテルを続けることで収入や利益を維持することができますが、それは有限回または無限回の繰り返し囚人のジレンマゲームです。繰り返しゲームにおいて、各プレイヤーの行動が、（協調、協調）となれば、成分ゲームの結果がパレート効率性を満たす結果となります。これが続くことはフォーク（民間伝承）の定理と呼ばれます。フォークの定理が成立するためには、互いに遠い将来の利益を大きく割り引かないという条件が必要になります。

カルテルからの逸脱はどちらかのプレイヤーに独占者となる力ができたとき（つまり拮抗していた力に不均衡が生じたとき）、または経営が苦しくなったときなどにも起こりえます。通常、相手がカルテルを維持している間は自分もカルテルを維持し続けますが、ある時点で、どちらかが裏切ってカルテルから抜けるというトリガー戦略（もう後戻りできない引き金を引くという意味です）がとられます。将来の不確実性が高まった結果、将来の利益を大きく割り引く場合には、トリガーを早く引くことになり、フォークの定理は崩れてしまいます。

そもそもフォークの定理がなぜ成立し、観察されるのかについては合理的な理解が難しく、多くの理論家が頭を悩ませてきました。そして限定合理性という一つの考え方に帰着したのです。

■ 限定合理性モデルと計算コスト

Simon（1955, 1982）は経済学における合理性の仮定が，現実の企業行動を説明できないとして，限定合理性という概念を打ち出しました[3]．プレイヤーはある程度合理的だが，完全に合理的ではないという考え方です．

Smale（1980），過去の記憶に限界がある仮定を取り入れ，プレイヤーが過去のペイオフのある種の平均のみを記憶に残すことができ，少なくとも漸近的には「良い戦略」（パレート効率性，安定性，およびナッシュ均衡である場合の戦略のクラス）を用いることによって，（協調，協調）が得られると主張しました[4]．また Kreps et al.（1982）は，有限回繰り返し囚人のジレンマゲームにおいて，相手が履歴にかかわらずオウム返し戦略をとってくると思っているときに（協調，協調）が続くモデルを示しました．それは Andreoni & Miller（1993）の実験において確認されています．

アリエル・ルービンスタインは，Rubinstein（1986）や Abreu & Rubinstein（1988）において，計算のコストについて考慮した限定合理性の理論を提示し，最終的に無限繰り返し非協力ゲームにおける（協調，協調）の出現を説明しました[5]．無限回繰り返し非協力ゲームについて，1 つのゲームが含む行動の組や結果の組を考慮すると，戦略の数 2 つとプレイヤーの人数 2 人によって 1 回で 4 通りの利得の可能性があり，初回には 4 個の利得の可能性が，繰り返す回数が 2 回であるだけで 16 個の可能性になり，4 の n 乗なので 10 回有限回でも 1,048,576 もあります．100 回分の行動計画を前もって立てるようにいわれたら，相手の 100 回分の行動計画に対して履歴も含めて考えることになり，天文学的な組合せの中から選ぶことになります．したがって，行

3　Simon（1955）*"A Behavioral Model of Rational Choice"* は「企業の理論における最近の発展は，この経済人のモデルが，組織にとっての理論を構築するための適切な基盤を提供するかどうかに関して大きな疑問を投げかけている」として，グループの選好や意思決定について合理性を一定程度弱めたモデルを提示しており，タイトル通り行動経済学の先がけといえます．

4　スメイルの文章が個人的にぐっときたので紹介します．「私たちの計画には常に明日があり，それは今日と同じくらい重要です．また，歴史には，始まりがありますが，終わりはありません．（この論文で仮定する）意思決定は，約束や拘束力のある合意によるものではなく，エージェントの過去の行動の効果に基づいています．ただし，プレイヤー同士のコミュニケーションは排除されません．」なんだか哲学者みたい．ちょっとロマンティックに感じます．

5　Rubinstein（1986）では，ムーアマシンと呼ばれる一種の有限オートマトン（自動計算器のことです）を使用して，スーパーゲームという繰り返しゲームをプレイするという想定から帰結を得ています．

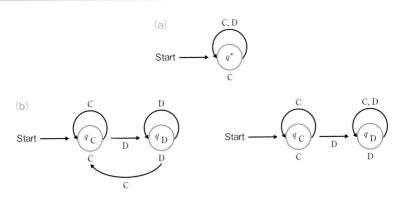

（出所）　Rubinstein（1986），p.88, 89.

図 11-1　オートマトンの遷移図

動の結果の状態数が少ないほうが楽になります．100回繰り返す部分ゲーム
において，オウム返し戦略が最も優れた戦略といえるかどうか，考えてみま
しょう．相手の戦略に合わせて自分も戦略を変えるので，計算のコストが多
くなります．ルービンスタインは，オートマトンの遷移図を描いています．
ダイアグラムの頂点は状態に対応しており，状態の1つが開始点として示さ
れています．状態 q を状態 q^* に接続するアーチ上の文字 C（または D）は，
マシンが状態 q にあり，他のプレイヤーの動き C（協調）（または D（裏切り））
が観察されると，マシンの状態が q^* に変更されることを意味します．状態
q の円の下の文字は，状態 q でのマシンの I 関数の値を示します．今，初期
の戦略が C で，状態が q しかないときには，常に C を再生します（図11-1
(a)）．
　図11-1(b)のように状態が2個あるときの「オウム返し戦略」は，相手が
戦略を C から D に変えると，（図のうち下に D がある→）状態が隣の円に移
ります．そこで D をプレイするので，それを確認することでぐるりと回り
ます．そこから C の協調にまた移行するのです．また，相手が C をプレイ
している間は自分も C をプレイするトリガー戦略は協調（C）に戻らないの
で，右側の図のようになります．トリガー戦略のほうが，2つのサークルを

行ったり来たりしないので，計算のコストは小さくなります．1回の計算の
コストがたとえ非常に小さくても，100回繰り返すのであればじわじわと効
いてきますね．

　履歴についてそんなに悩むかな……と思ったあなた，誰かと結婚すると
思ってください．結婚とは未来永劫一緒にいること．そして，裏切れば大変
なことになります．相手が裏切ってきたときには，しっぺ返し戦略が問題を
さらに複雑にします．もう互いに裏切ったことがあるのだから，また裏切る
かもしれないのです．

　同じように100回トータルでの合計点で考えると，しっぺ返しと比較して，
相手の戦略にかかわらず，常に協調するほうが合計の利得が高くなる可能性
があります．もちろん，裏切られたときにはダメージは大きいですが，ずっ
と協調していれば，相手が協調しさえすれば高い得点が得られます．

　Rubinstain（1986）の考え方をさらに進めたゲーム理論の大家，ビンモア
（Binmore, K. G.）とサミュエルソンは，進化的安定戦略として状態数が少な
いものが採用されていくという条件を付けることによって，（協調，協調）
が無限回繰り返しゲームによって選ばれることを示しました．ルービンスタ
インもしっぺ返し戦略の問題として，状態が変化することによる行動の「調
整コスト」が大きいことを示唆しています．これによって，フォークの定理
すなわち（協調，協調）が，理論的な脆弱性にもかかわらず観察される謎は
一件落着となりました．永遠に続く結婚というゲームでは，結婚式にお金を
かけて派手に結婚したほうが，調整のコストが高まり（協調，協調）が続き
そうです．ちなみに結婚と離婚にほとんどお金がかからないペルーでは，人
生で3, 4回結婚するのが普通だそうです．

コラム　恋愛と結婚

　無限回繰り返しの非協力ゲームのエッセンスは恋愛または結婚に置き換えることが
できると思います．永遠の協調とは，恋人同士の間で夢見る「永遠の愛」に近いで
しょう．しかし裏切りがないとは限りません．そんなとき，オウム返し戦略は有効の
ように見えます．しかしながら，片方が「裏切り」に対して，「裏切り」で応酬をし，
そのことがトリガー戦略になってしまうと，その後の幸福はありません．そのような
ときも互いに相手を許して（協調，協調）に戻れば幸福度は増すかもしれません．
　LINEの履歴は友情や恋愛を一変させました．記憶は自分に都合よく作り変えられ

ますが LINE の履歴には客観性があり，忘却できないからです．相手が裏切ったとき
にも，それ以前の LINE を見なおして，協調のままでいれば，いずれまた幸せになれ
るかもしれませんね．またはそのゲームを放棄して，ほかのゲームに参加したほうが
いいかもしれません．さらには協調に転じたと見せかけて，ゲームを続けて相手に制
裁をすることもできるでしょう．
　恋愛と結婚をゲーム理論として叙述したとき，どんな違いがあるのでしょうか．こ
れは是非読者の皆さんで考えてみてください．

■ Active Learning

《アクセルロッドの囚人のジレンマ繰り返しゲームをしてみよう》・・・・・・・・・・・・・・

[1]　同じ相手（隣の席の人）を対象として，結果のフィードバックなしで24
　　　回の繰り返し囚人のジレンマゲームをします．利得表は表11-2 を用います．
　　　戦略を1回目から24回目まで書いておきます．そして後で相手と24回戦略
　　　を照らし合わせてみましょう．

[2]　同じ相手を対象として，毎回結果のフィードバックをします．戦略を1回
　　　目から書いたら見せ合います．24回目まで行います．

[3]　同じ相手を対象として，毎回結果のフィードバックをします．戦略を1回
　　　目から書いたら見せ合います．ただし繰り返しは，24面体サイコロによっ
　　　て何回目までが有効になると決められており，告げられていません（サイコ
　　　ロの目が12 ならば，12回目までが有効です）．突然，今回が最終回です，
　　　と告げられます．これは無限回繰り返しゲームです．

　　　⇒　さらに，24回の戦略を決める前に，どうするか相手と話をする時間
　　　　　を作ることもできます．「協力するよ」というメッセージを出して，裏
　　　　　切ることもできます．

第12講
利他主義を測る

■従来の規範経済学では経済主体の合理性と同時に利己主義を仮定します．自分の効用最大化だけ，自社の利益最大化だけ考えていても，外部性がなければ市場は資源をうまく配分してくれるという考え方からです．利他主義とは，およそ合理的な経済主体からはかけ離れた考え方でした．この講では，利他主義を発見するきっかけとなったゲームを紹介します．それを理解するための理論も簡単に解説します．

12.1 逐次手番ゲームの理論と展開形ゲームツリー

■ 環境を守るためのゲーム

環境経済学について扱った**第10講**で，コモンズの悲劇を取り上げました．例えば漁場で起きてきそうな問題について昔話風に考えてみましょう．

ある漁場では1年魚を捕るのを控えれば，来年も漁業をすることができます．その地域にはハヤトとタカシという2人の漁師がいて，ただ一艘の船を2人で利用しています．2人は1か月おきに1人ずつ海に出ます．漁の解禁初日，タカシは漁に出ました．海は豊作でしたが，ハヤトが翌月捕獲に来たときに十分な魚を捕るためにと，捕獲しすぎないようにしました．ハヤトもまた，捕りすぎないようにすることで，2か月後の魚が増えるようにしました．2人ともお互いのためを思い，魚を適量捕りながら，幸せに暮らしました．海洋資源である魚が守られたため，魚は年々増えていき，2人の子供たちも漁師となって豊かな暮らしをすることができました．

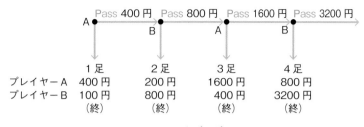

図 12-1 **ムカデ・ゲーム**

2人の漁師が行ったのは"善意のバケツゲーム"です。これを続けるためには、強欲にならず、他人のために自分の利益を少し犠牲にする必要があり、他人を信頼する必要があります。どちらかの気持ちや経済的状況に変化があり、タカシかハヤトが海の魚を捕り切ってしまえば、このゲームは終わってしまいます。

この状況を表すゲームは、ムカデ・ゲームと呼ばれています。Mckelvey & Palfrey（1993）の数値例で説明します（図12-1）。ムカデ・ゲームは、初めにプレイヤー A が 100 円をもらいます。プレイヤー A は先手で、P（Pass）と T（Take）という2つの選択肢があります。P という選択肢は常にもらった原資を相手方に渡すことで、相手のペイオフを2倍にできるというものです。

プレイヤー A が P（Pass）という選択肢を選び、400 円をプレイヤー B に渡せば、プレイヤー B はそれを 800 円にすることができます。その一方でプレイヤー A は 200 円しか得られません。意思決定の手番にきたプレイヤー B が Pass を選び 800 円をプレイヤー A に渡せば、プレイヤー A は 1600 円を手にすることができます。もしもプレイヤー B が Take を選べば、彼が 800 円を手にして、プレイヤー A は 200 円をもらいゲームは終わりです。両方のプレイヤーが Pass を続けることで、ゲームの形は、図12-1 のムカデの足のような形状になるので、ムカデ・ゲームと呼ばれます。ムカデ・ゲームは先手・後手のある逐次手番ゲームであり、展開形ゲームとして表現されます。なお、特殊な情報構造の例を除いて、展開形ゲームは同時決定型のゲームとしても表現することが可能です。

■ 展開形ゲーム

　ムカデ・ゲームのように先手・後手があるゲームはマトリックスで描くのではなく，展開形ゲームとして描かれます．展開形ゲームでは，n 人のプレイヤーによって，意思決定の手番が各プレイヤーに属する情報集合に分割されます．

　展開形ゲームは，ゲームの構造を示すゲームの木（Game Tree）として表現されます．ゲームの木とは，ゲームが始まり終点までの可能性を選択肢によって広がる枝（エッジ，Edge）として書いたものです．ゲームが木で描ける場合とは木の根（Root）と呼ばれるそこに向かう枝がない場合です．ゲームの始めの分岐点をノード（Node）といい，そこからこれ以上分岐点がない終点（頂点，Vertices）を目指して順番にプレイヤーがプレイしていきます．終点以外の分岐点は意思決定ノードです．意思決定ノードは図 12-2 において $N = \{a, b, c, d, e, f, g\}$ であり，終点の集合は $V = \{v, k, m, n, q, r, s, t\}$ となります．各終点の（　）の中にある得点は，3 人のプレイヤーの利得を表しています．

　手番の集合全体は，それぞれのプレイヤーの手番に分けることができます．これをプレイヤー分割 $P = [P_1, P_2, \cdots P_n]$ といいます．

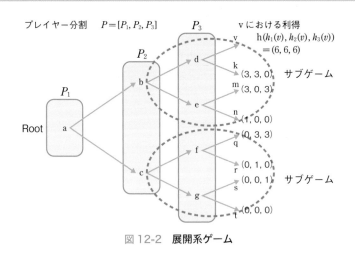

図 12-2　展開系ゲーム

n 人プレイヤーで展開ゲームをする場合，プレイヤー i にとっての戦略集合を $s_i \in S_i$ として，n 人による戦略の組（戦略プロファイル）$(s_1, s_2, \cdots s_n)$ ができます．木の根（Root）を持っているプレイヤーが戦略を選択することでゲームは終点 v に至るまで続きます．つまり戦略プロファイル $(s_1, s_2, \cdots s_n)$ によって，それぞれ唯一の（ユニークな）終点 v を決めることでゲームの結果，すなわち全プレイヤーの利得のベクトル $h(v) = (h_1(v), h_2(v), \cdots h_n(v))$ が決まります．プレイヤーにとっての利得 $h_i(v)$ は，そのプレイヤーの効用関数 $u_i(s_1, s_2, \cdots s_n) = h_i(v)$ と読み替えることができます．このとき，効用水準が自分の戦略だけでなく，他の全プレイヤーの戦略にも依存して決まることを確認できます．ノードとは意思決定の分岐点ですが，これをよりわかりやすく，手番と表現します．

《定義》 ゲームの木 T は次の条件を満たすとき，n 人プレイヤーゲームと呼ばれる．

(1) どの終点でない手番も正確に 1 人のプレイヤーによって「所有される」

(2) 終点（頂点）v においては，n 次元の利得ベクトル

$$h(v) = (h_1(v), h_2(v), \cdots h_n(v))$$

が割り当てられている（n 人が意思決定をし最後には全員の利得が決まる）．

また，ゲームの開始からある手番までをパス（経路）または履歴と呼びます．選択を行うことができるプレイヤーはゲームの木の根に立っていて，その状態ではゲームを「持っている」ことになります．終点（頂点）は誰にも持たれません．

図 12-2 はプレイヤー 1，2，3 による 3 人ゲームです．プレイヤー 1 は手番 a を持っており，例えば枝（ab）を選びます．次にプレイヤー 2 は手番 b を持ったとします．プレイヤー 2 が枝（bd）を選ぶと，プレイヤー 3 へと手番が移ります．プレイヤー 3 が枝（dv）を選ぶと，意思決定のパスは a → b → d → v となり，利得 $(6, 6, 6)$ が決まります．

逐次手番ゲームでは，例えば情報が公開されるオークションのように，他

のプレイヤーがどのような戦略（オークションであれば入札）をとったのかについて履歴を観察できるケースがあります．ムカデ・ゲームでは，相手がPass してくれたのか，Take したのかははっきりしているので，履歴がわかります．つまり，すべての情報集合が単一（singleton）です．このようなケースは完全情報ゲームとなります．

　各手番から終点への対応を叙述するものは，以下の定義を満たすとき戦略となります．展開形ゲームにおけるあるプレイヤーにとっての戦略は，彼が自分の各情報集合の下で（自分が知っていることに基づいて）行おうとする選択のことです．

> 《定義》 N がプレイヤー P に所有される手番であり，N が P にとっての
> 情報集合に分割できるとする．そのとき N から終点 V への関数 $s : N \to$
> V を戦略という．

　完全情報ゲームにおいて，ゲーム全体の意思決定の（行動の）計画を立てることを「純戦略」といいます．これは，プレイヤーがゲームが始まる前にすべての手番に到達した場合（その手番における情報集合の下で）どのような局所的戦略をとるのかを完璧に決めておくことを意味します．このとき結果的に到達しない手番における局所的戦略について決めておくことも重要なのです．

　現実に私たちが純戦略を持つとはどんなケースでしょうか？ 経済的なゲームでは，ある企業が別の企業を買収するか，というゲームが該当します．例えば，被買収企業の株式を取得することで買収しようとするとき，先手プレイヤー（買収側）は，被買収企業の株価がいくらまでならば買収するかを決め，買収価格を提示します．このとき，後手のプレイヤー（被買収企業）は，買収価格がいくら以上であれば受け入れ，そうでなければ受け入れないという選択があり，それも事前に決めておくことが純戦略となります．就職活動ならば，一次面接で初任給を聞いて，二次面接を受けるかを決め，二次面接で勤務地が家から近いなら就職し，そうでないなら就職しないなどをあらかじめ決めておく場合などです．

　ゲームの解は，以下のケースにおいてはナッシュ均衡として理解されます．

ナッシュ均衡においてはほかの誰かが戦略を変えない限り，自分を含む誰もが戦略を変えることで利得を改善できません．

《定義：ナッシュ均衡解》　n 人プレイヤーの展開ゲームにおいて，戦略プロファイル $(s_1, s_2^*, \cdots s_n^*)$ は，各プレイヤーについて

$$u_i(s_1^*, \cdots, s_{i-1}^*, s_i^*, s_{i+1}^* \cdots s_n^*) = \max_{s_i \in S_i}(s_1^*, \cdots, s_{i-1}^*, s_i^*, s_{i+1}^* \cdots s_n^*)$$

を満たすとき，ナッシュ均衡解（または均衡解）と呼ばれる．

完全情報ゲームにおいて，すべての逐次手番ゲームはナッシュ均衡解を持つことが Kuhn（1950）により証明されています．

■ 不完全情報下の展開形ゲームにおける戦略

逐次手番ゲームであっても，他のプレイヤーがどのような戦略をとったのかを観察できないまま自分の戦略を決めなければならないときは，不完全情報下のゲームとなります．

例えば，図 12-2 のゲームにおける 3 人のプレイヤーを，今の自分，5 年後の自分，10 年後の自分，のように考えれば，1 人のゲームとしてとらえることができ，他のプレイヤーが何を選択したのかわかっているので情報集合は単一です．しかし他人とゲームをするときは，自分以外のプレイヤーがどの選択をするのかわかりません．したがって，これから述べる情報構造を考える必要があるのです．不完全情報のゲームでは情報構造についてのきちんとした定義が必要になります．

また不完全情報ゲームにおいては，サブゲームという概念が重要になります．展開形ゲームにおいて，分岐点と終点の枝の部分集合が根を持つ木になっていて，独立した展開形ゲームとして描くことができるときに，その部分集合をサブゲームといいます．サブゲームにも終点があり，情報構造があります．すなわちゲームの木とプレイヤー分割，情報集合と利得関数で表現できることが特徴です．先手のプレイヤーが初めの手順でどの選択肢を選んでも，その後のプレイヤーによる一連の意思決定がゲームの構造を満たしていることをサブゲームパーフェクトといいます．

《定義》 ゲームの木において，手番の集合 $I=\{N_1, \cdots, N_l\}$ は，以下の 1
〜 3 を満たせば，プレイヤー $P=\{1, \cdots, i, \cdots, n\}$ の情報集合と呼ばれる．

1. すべての I の手番が終点ではなくプレイヤー P に属する．

2. どの I の手番をとってみても，ほかの手番の I に関連付けられない．
   すなわち，もしも N_i と N_j が I の手番ならば，N_i は N_j の先祖でも子
   孫[1] でもない．

3. I のすべての手番はプレイヤー P にとって「同じ意味」(equivalent)
   を持つ．

《3. の定義》 プレイヤー P にとって所有されるゲームの木が同じ意味
であるとは，

1. N_i と N_j から始まる，同じ k 個の端 (edge) があり，

2. $(e_1^1, e_2^1 \cdots e_n^1)$，$(e_1^2, e_2^2 \cdots e_n^2)$ によって与えられる各プレイヤー i
   についての N_i と N_j の端 e_i^1，e_i^2 はプレイヤー i にとって同じ意味
   である．すなわち $e_i^1 \approx e_i^2$．

　ゲームの木が同じ意味を持つことを補足すると，まず手番（情報集合）に
属する選択肢の数が同じであり，各手番 N_i から始まる k の端 (edge)（e_1^i, e_2^i,
$\cdots e_k^i$) を $(e_1^j, e_2^j, \cdots e_k^j)$ とによって再配置できることを意味します．このと
き "同じ意味" というのは，同じくらい重要ということであって，同じ結果
をもたらすというわけではないことに注意してください．

　2 番目の条件の意味は，プレイヤー P が自分の手番になったとき，そこま
でのゲームの履歴がわからず，自分の選択肢については理解しているのです
が，自分が図 12-3 の N_1 と N_2 のどの手番に来ているのかがわからないこと
を指します．しかも，どちらの手番においても同じ数の戦略があることをプ
レイヤーが知っていることを意味します．例えば，自分がプレイヤー 3 で，
プレイヤー 2 は親友だと考えてください．私（プレイヤー 3）はバレンタイ
ンデーにチョコレートをあげるか迷っています．プレイヤー 2 とプレイヤー
1 は近所に住んでいて，当日 2 人が一緒に登校したため，プレイヤー 2 が

1　先祖と子孫とは，ある手番 a から別の手番 b に向かうパスがあれば a は b の先祖であり，b は
　a の子孫である．

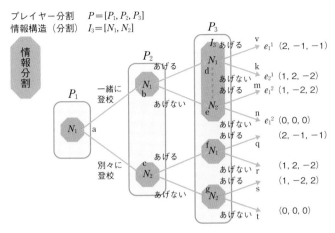

プレイヤー分割　$P = [P_1, P_2, P_3]$
情報構造（分割）　$I_3 = [N_1, N_2]$

図12-3　プレイヤー分割と情報分割

チョコレートをすでにあげたかあげなかったのかがわからないケースは，情報集合 I_3 のグレーの部分となり，このとき，プレイヤー3の情報集合 I_3 は，終点に向かう2つの端 N_1 と N_2 を含んでいます．プレイヤー2がプレイヤー1より後から学校に来てチョコレートを渡しているのを見た場合がfに到達していること（プレイヤー2がチョコレートをあげなかった場合はgです）になります．（プレイヤー1の戦略は，プレイヤー2と一緒に学校に行く，一緒に学校に行かない，の2つでした．そのことはプレイヤー3にもわかります．）図12-3では右上に向かう矢印が"あげる"，左下に向かう矢印が"あげない"です．

　プレイヤー2はプレイヤー3に対して自分が先手となっていることが確実なので情報集合の要素は1つしかありません．一方，プレイヤー3はdかeに到達したとき自分が情報集合の中のどの手番にいるのか識別できません．プレイヤー2が「チョコをあげる」「あげない」のどちらの選択肢をとっていたのかということと，プレイヤー3が選ぶ「あげる」「あげない」の選択との組合せは，$2 \times 2 = 4$ 個となり，それに対応する結果を考えなければなりません．つまり，プレイヤー3にとって，bから始まるサブゲームは，cから始まるサブゲームと違う意味を持ちます．プレイヤー3にとって，プレイ

ヤー1がプレイヤー2と一緒に学校に来た時点で，同時手番ゲームとなります．2人ともチョコレートをあげると，2人の友情は壊れプレイヤー1をめぐり戦うことになり2人とも損をします．またどちらもあげない場合は，2人の友情は続き，損をしません．

とはいえプレイヤー3だけ，プレイヤー2だけがチョコレートをあげると，それぞれがプレイヤー1に告白できて付き合える可能性があります．したがって，ナッシュ均衡は，（あげる，あげる）となってしまいます．

この例ではプレイヤー2がプレイヤー1より後で登校し，堂々と目の前でプレイヤー1にチョコを渡すとしても，プレイヤー3はチョコレートをあげなければ失恋は決定です．プレイヤー2もプレイヤー3がどのみちチョコレートをあげると考えて（次の節で説明する後ろ向き帰納法によって）チョコをあげます．このゲームは，bから始まるサブゲームにもcから始まるサブゲームにもナッシュ均衡があるので，サブゲーム完全均衡といいます（Selten (1975)）．

12.2 後ろ向き帰納法

■ 後ろ向きに計画を立てる

逐次手番の展開形ゲームでは，後ろ向き帰納法（バックワード・インダクション）という，一番後ろの手番から問題を解いて今とるべき戦略を決めます．オセロやチェスのように逐次手番で展開形ゲームとして表現できるゲームなどでも，相手がどこに石を置くか，何手か先まで考えて自分の手を決めます．後ろ向き帰納法について，2人の会話から理解しましょう．

さとこ「あたしねえ，25歳までには運命の人に出会うの」

Q太朗「なんで25歳って決めてるの？」

さとこ「60歳ぐらいで初孫が欲しいの．自分の子供が30歳で孫を産むとすると，あたしが30歳で子供を産んでおかないとだめじゃん．」

Q太朗「そしたら29歳までに結婚すればいいんじゃない？」

さとこ「えっ，でも結婚してから3年は2人で楽しみたいし」

Q太朗「うんうん，わかるわかる．俺も〜」

さとこ「だから27歳で結婚するの．そしてそのためには25歳までに運命の人に出会うの♡」

　さとこは1人で人生計画を立てるために後ろ向き帰納法を利用しています．

　さて，例えば「この相手とは結婚はしない（できない）と確信した」という理由で，今は好きな恋人と別れてしまうことがあります．これも最終手番から問題を解いているためです．純粋に今を生きることは意外と難しく，私たちはほとんど未来を生きているのです．

■ サブゲーム完全均衡戦略

　ムカデ・ゲームにおけるサブゲーム完全均衡戦略は，自分に手番が回ってきたとき Pass しないで Take することです．サブゲーム完全均衡は，相手の戦略にかかわらず，自分の戦略を決めることを意味しています．ところが利他的な行為が行われるとき，（例えば相手は利他的だろうという）自分の戦略が相手の戦略に依存して決まるのであれば，そのゲームはサブゲーム完全均衡とはいえず，均衡から逸脱することになります．

　利他性を試される現実的な場面に似ているのが，他人の努力にただ乗り行為をするかどうかの意思決定です．コンピューターを利用するとき，ウイルス対策ソフトを導入するのは当たり前，と考える人は多いと思います．この戦略は，他人がどのような戦略をとるかにかかわらず，とるべき戦略を考えていることになります．しかし，自分以外の人がほとんどウイルス対策をしているのであれば，自分はコストをかけて対策しなくてもウイルスに感染することはないから，今はソフトを買わないという考え方もあります．その戦略は，完全均衡戦略ではありません．なぜならば，ほかの人がウイルス対策ソフトを導入しないならば自分はウイルス対策をするからです．新型コロナウイルスに対する対処としてマスクをつけるかどうか，ということと同じです．煩わしいけれどもマスクをするのは自分のためだけではなく他人のためだからです．

Mckelvey & Palfrey（1993）は，ムカデ・ゲームが最初の Take で終わることを，"囚人のジレンマのナッシュ均衡よりももっと簡単で明白な最悪なナッシュ均衡"と表現しています．そして彼らはムカデ・ゲームを利得からの効用関数についての不完全情報のゲームととらえ直すことでモデルを再定義し，相手のプレイヤーの中に，たとえ一部であっても確実に，無条件でPass の戦略をとる人たちが存在するというビリーフ（信念）を持つことが，初期段階でプレイヤーが利他的な戦略をとる鍵となることを明らかにしました．相手が Pass を無条件で選んでくれるならば，安心して自分も Pass を選び，ある時点で Take を選ぶという純戦略を立てることができます．しかも相手が純粋に利他的ならば，最終的に自分が Take しても相手を喜ばすことになりますね！

■ 限定合理性による解釈

ムカデ・ゲームの足が伸びる理由を，利他性ではなく限定合理性による考え方で説明できるとする見方もあります．限定合理性とは，ハーバート・サイモン（Simon, H. A.）によって導入された考え方で，私たちは機械のように一瞬で計算を完全に行うことができないので，能力の限界の下での戦略をとると考えます（Simon, 1947）．限定合理性の考えは Rubinstein & Dalgaard（1998）により従来の経済学の仮定を緩めることにより発展しました．

将棋やチェスなどにおいて，膨大な量の手（戦略）の結果を計算して記憶し，最善な戦略を選ぶことは名人でなければできません．そこで，プレイヤーは今立っている手番から K 手先という有限の少ない手だけにフォーカスして，最適化戦略ではなく，最大化戦略をとるという方法を採用していると考えるのです．ただし K が 1 手先では勝てません．Rubinstein & Dalgaard（1998）でも「各手番における戦略を，その次の手番までのことだけによって決めるケースは，短視眼的（myopic，計画性がなく，その場その場の気分で決めるような）な個人のようになってしまう」と書いています．行き当たりばったりの戦略ではどんなゲームでも勝つことは難しいですね．

効率的市場仮説（**第 7 講**）において，インサイダーしか知りえないニュースまでもがすぐに価格に取り込まれるストロングフォームの効率的市場にお

いては，ニュースが公に公表されたときには，誰も市場で勝つことはできないはずです．しかし，相手が合理的でなければ，自分がニュースを知った段階で動くことで一定の利益を得ることができるでしょう．「提灯買い」という表現は，誰かが「このニュースは買いだ！」とネットに書き込んだときに，便乗して購入するという戦略ですし，そうやって市場をあおった本人がある程度価格が上がったところで売りに出すことが多いのですが，こうしたゲームでは，プレイヤーが他のプレイヤーをどの程度の知的レベルだと認識しているのか，を知ることが重要です．それを明らかにしたのが，レベルK理論でした（**第7講**を参照）．Kawagoe & Takizawa (2009) は，Mckelvey & Palfrey (1993) のデータをこの観点から分析し直し，レベルK理論は利他性の仮定よりもプレイヤーの戦略をうまく説明できたことを示しています．

12.3　最後通牒ゲームと利他性の理論

■ 最後通牒ゲーム

　理論の均衡値からの乖離が明らかになり，利他性に注目が集まったゲームに，Stahl (1972) によってはじめて行われた最後通牒ゲーム（ultimatum game）があります．名前の由来は，複数回有限ゲームとして行われたときに，必ずゲームの最初の手番で戦略を決めるプレイヤーがいて，彼が戦略を決めた後，戦略を通牒された他のプレイヤーは受け入れるしかないところからきています．各プレイヤーが相手の戦略に対して何らかの対抗的な戦略をとることができるときは，複数のプレイヤーが各自の配分を決めるゲームであり，最後通牒交渉ゲーム（ultimatum bargaining game）と呼ばれます．Güth, Schmittberger & Schwarze (1982) は，被験者がゲームの構造を十分に理解できるように，2人のプレイヤーによる1回ずつの意思決定ゲーム "easy game" を考えました．体験してみましょう．

　プレイヤー2が完全合理的な主体（エコノ）であるならば，1円でも与えられるならば0円よりはましなので，プレイヤー2が1円を受け取ると考えて，自分に999円を取るのがナッシュ均衡解となります．

　Güth, Schmittberger & Schwarze（1982）では，実験者はプレイヤー21人に4〜10ドイツマルクを渡します．プレイヤー1はプレイヤー2に分け方の提案をし，プレイヤー2は受け入れるか拒絶するかを決めます．実験は2回繰り返されました．1回目は，なんと3分の1にあたる7人がプレイヤー2と50%−50%で分ける提案をし，当然受け入れられました．プレイヤー1はもらえるお金の半分を，誰だかわからないプレイヤー2にあげるという決断をしたことになります．拒否された提案は，4マルクを与えられた2人による100%−0の提案と，6マルクのうち1.2マルクを渡すという提案でした．1回目を経験した被験者による2回目では，50%−50%の提案はただ2人に減り，相手に渡す金額は全体的に減り，その結果5つの提案が拒否されています．

　Binmore, Shaked & Sutton（1985）は，Güth, Schmittberger & Schwarze（1982）のオリジナルな最後通牒ゲームを再現し，多くの被験者の50%−50%の提案を観察したのち，次のような二段階最後通牒ゲームを実行しました．第1段階では，プレイヤー1は100の報酬をもらい，プレイヤー2にどれだけ分配するかを決めます．第2段階でプレイヤー2が受理したらその分配が実行されますが，プレイヤー2が拒絶した場合はプレイヤー2が25の報酬をもらい，そのうちいくらをプレイヤー1に分配するかを決めます．このとき，第1段階でプレイヤー1が25以上分配すれば拒否されにくいことがわかります．プレイヤー1に，プレイヤー2に何%分けるかをたずねると75%

が最頻値となりました．Binmore, Shaked & Sutton（1985）はこの結果を踏まえ，大多数は公平な人だったわけではなく，ゲーム理論的な人であると主張し，最後通牒ゲームの50％－50％という回答が，簡単に思いつく焦点である可能性が高いとしています[2]．

■ 公平さを求める心

最後通牒ゲームにおける50％を他人に渡す結果をうまく説明するためには，何らかの社会的な規範の導入が必要になります．社会的規範とは，たとえ明文化されていなくても，その考え方を身に着けることにより生きやすくなるようなルールのことであり，倫理的な判断を含みます．

Kahneman, Knetsch & Thaler（1986）では，ゲームの設定により公平性（fairness）の原理が働いたものであるという仮説を立て，配分される者が提案を拒否できない場合においても配分する側が利他的か否かを2段階の実験で調べました．実験に参加している気持ちで読み進めてください．

[第1段階]　あなたは配分者（プレイヤー1）です．20ドルが与えられています．それを，クラスの不特定な誰かと分配する．(U)か(E)を選ばなければなりません．

　(U)　18ドルを自分が取り，相手（プレイヤー2）に2ドル渡す．

　(E)　半分の10ドルずつ分ける．

[第2段階]　あなたは，クラスの他の2人の学生とランダムにマッチングされます．その2人ともが(U)を選んでいたら自分は6ドル，2人は両方とも3ドルを受け取ります．もしも2人の学生の選択が(U, E)または(E, U)ならば，あなたは以下の選択肢から1つを選びます．

　(P)　第1段階で平等に割り当てた配分者に5ドルを割り当て，第1段階で不平等な配分をした学生に0ドルを配分する．自分は5ドルもらう．

2　この論文に対して，セイラーは，インストラクションに，書面による指示で「あなたが賞金を最大化するためにシンプルに決めたならば，私たちに好意を与えるでしょう」と大きな文字で書かれていたためで不適切であると主張しています．

(N) 第1段階で平等な配分をした者に0ドル，不平等な配分をした者に6ドルを配分する．自分は6ドルもらう．

同時手番ゲームとして意思決定を行い，ペアとなるプレイヤー1とプレイヤー2が第1段階で(U, U)または(E, E)のように同じ決定をしていた場合は，2人ともにそれぞれが3ドルを配分する．

第1段階では，161人の被験者のうち，122人（76%）が(E)の分け方を，24%が(U)を選ぶと回答しました．

第2段階の実験は，実質的には第1段階で不平等な決定をした配分者を1ドルのコストをかけて罰するか否かを調べており，被験者のうち88%が(P)を選びましたが，第1段階で(U)を選んだ39人のうち，31%（12人）だけが(P)を選びました．カーネマンらはこの結果によって，個人の不公平な分け方への抵抗が確認できたとし，最後通牒ゲームとその後の選択には不公平回避が働いたと考えるべきだと主張しています．

不平等回避の定義は，Fehr & Schmidt（1999）によってより明示的に行われました．不平等回避があると，相手のほうが自分よりも取り分が大きいときには平等でないため羨やましいと思う一方で，逆に自分の提案によって相手の取り分が実際に小さくなったときは，その意思決定を後悔し，不平等を回避するように分配しようとします．

ところで，先のGüth, Schmittberger & Schwarze（1982）の実験において，経験者によってもう一度20ドルを分ける最後通牒ゲームをすると，相手への分け前が減ってしまっていたのですが，こうした結果は不平等回避では説明することができません．そこで互恵性[3]という考え方に焦点があたりました．囚人のジレンマゲームにおいては，互恵性は，相手と同じ行動をとるオウム返し戦略に現れます．相手が自分を利するようにしてくれるならば，自分も相手を利するようにし，相手が自分のことだけ考えるならば自分も同じ戦略をとることを意味しています．日常生活でも互恵性によるオウム返し戦

---

3 Trivers（1971）による人間間の互恵性の定義は，生産活動を行うために特に親族の間で観察され，危険を一緒に回避する，食事を分け合う，病気になったときに助ける，情報を共有するなどの行為です．

略をとれば気楽に生きられそうです．笑顔で挨拶してくれる人には笑顔を返し，LINE の返事がかえって来ない相手には LINE しなければよいのです．

■ 互恵性とラビーンの公平性均衡

ラビーンは，「自分を助けてくれる人を助け，自分を傷つける人を傷つける」という新しい均衡概念 "公平性均衡" を導入しました（Rabin（1993））．公平性均衡の下では，各人が他人の利得を最大化するときに相互に利得が最大となり，各人が他人の利得を最小化するときには相互に最小の利得となります．囚人のジレンマにおけるナッシュ均衡は，両方のプレイヤーが相手の非協力的な行動を罰しているという意味で公平な均衡ですが，パレート効率性を満たす協力し合う均衡でも，両プレイヤーが他のプレイヤーの協力行為に報いるために互いにいくらかを犠牲にしているので，公平な均衡といえます．公平性均衡を導入すれば，ナッシュ均衡からの逸脱が理解できます．公平性均衡は自分の利得が相手より少ないことからくる妬みから自由であり，不平等回避とは異なる均衡です．

Camerer & Thaler（1995）は，Rabin（1993）の新しい均衡概念に大きく期待を寄せ，最後通牒ゲームで観察される相手に多くを渡す行為が，互恵性からくるものなのか，不平等回避なのかを明らかにするための提案をしています．配分者の選択肢が①（10−0）か（8−2）のどちらかである場合に（8−2）を選べば配分者がもっとひどい提案をしなかったことに対して，プレイヤー2は感謝とともに受け入れるでしょう．しかし，②（5−5）と（8−2）のどちらかを選ぶ場合には，プレイヤー1が公平な分け方ができたことに対してプレイヤー2が怒りを感じ，（8−2）を選んだ配分者に対して受け取りを拒否することで相手を罰する可能性があります．もしも，日常生活において常に①のような提案しかされていなければ，明らかに不平等な提案でも，感謝を持って受け入れることになってしまいそうですね．

■ ビンモアの反論

ビンモア（Binmore, K. G.）は "*Fun and Games*"（1982）の第5章 "Making Deals" において，利他的に見える協力解が，交渉ゲームのナッシュ交渉解と

して，互いのリスク態度によって"利己的"に決まることを示しています．例えば，ジョンがマグカップを 2 ドル以上で売りたいと思っており，メアリーが 3 ドル以下なら買いたいと思っているならば「1 ドルの余剰を売り手と買い手で分ける」ゲームの交渉解があります．中間の価格で合意すれば売買が成立し 1 ドルを分け合いますが，合意に至らなければ互いに何も得られません．この状況は最後通牒ゲームと同じです．

　交渉ゲームにおいて，各プレイヤーが利用可能な戦略集合からどれを利用するかについて，ゲームをプレイする前に拘束力のある契約をすることができると仮定すると，達成できる利得の領域 X は，純戦略および純戦略の混合戦略（戦略のペアがもたらす結果の期待値となります）によって定義できます．各プレイヤーにとっての交渉解による配分 x は，交渉が合意に至らないときの解 d よりも大きいか少なくとも同じであれば，"個人的に合理的"であるといえます．ジョンとメアリーにとって，交渉利得領域 X の中の x にはパレート効率的な解 x が存在すると仮定します（x をその解以外のあらゆる解 y と比較すると，両者にとって，x は y と同じくらい良い配分か同じであり，少なくともどちらかのプレイヤーにとっては，厳密に良い）．

　ジョンもメアリーも，交渉が決裂すると $d=0$ ですから合意するほうが良く，交渉解を z で表現すると，少なくともどちらかのプレイヤーにとって z という結果を生じる契約を提案するインセンティブがあります．

　ナッシュ交渉問題は，交渉が合意に至らないときの解を d として①集合 X が凸集合である，②X は閉集合であり上限がある，③自由処分（free disposal）することが可能である，の 3 つを満たす実行可能集合上に (X, d) と表現できます．交渉問題の集合を $\mathcal{B}$ と表現します．すると合理的なプレイヤーが合意に達する交渉解 $F(X, d)$ が，集合 X に含まれる関数 $f: \mathcal{B} \to R^2$ として表されます．

　ジョンもメアリーもエコノであり利己的だとします（2 人はメルカリの取引相手としましょう）．このとき，2 人の効用に同一のリスク回避度を仮定すると余剰の取り分の提案が半分ずつになりますが，ジョンがメアリーよりリスク回避である（例えば $\gamma=1/2$, $\delta=2/3$）ならば，取引不成立とならないように，ジョンは自分の取り分を少なくすることが導かれます．

今，取引が M で可能であったとし，M からの効用が $X=u(M)$ であるとし，交渉解が $s=G(X,d)$ で表されるとします．M は交渉がうまくいったときのジョンおよびメアリーの取り分であり，d は交渉が決裂したときの取り分で，この例では双方とも 0 です．ジョン（プレイヤー 1，配分者）の取り分が z であるとき，メアリー（プレイヤー 2，反応者）の取り分は $1-z$ なので，それぞれの効用を $v_1(z)=z^\gamma$ および $v_1(z)=(1-z)^\delta$ と仮定します．γ および δ は 2 人がリスク回避的であるとき 1 より小さいパラメタとなります．

2 人の交渉力を α と β で表し，$\alpha+\beta=1$ であると仮定します（囚人のジレンマゲームでは $\alpha=\beta=1$ です[4]）．2 人が α と β に応じて解く問題は

$$\max_{z\in X,\,z>0}\ (v_1(z))^\alpha (v_2(1-z))^\beta$$

と表されます．2 人の効用関数に，$v_1(z)=z^\gamma$ および $v_1(z)=(1-z)^\delta$ を代入して解くと

$$z=\frac{\gamma\alpha}{\gamma\alpha+\delta\beta} \qquad 1-z=\frac{\delta\beta}{\gamma\alpha+\delta\beta}$$

となります[5]．$\alpha=1$，$\beta=0$，すなわちメアリーに交渉力がないときの配分点は $s(\gamma/\gamma+\delta,0)$ となります．逆にジョンに交渉力がなく $\alpha=0$ のときは $\beta=1$ の配分点は $t(0,\delta/\gamma+\delta)$ となります．互いにいくらかは交渉力があり，かつ 2 人ともリスク回避的であるとすると，（最適でない解も含む）2 人の解集合は，r と t の内分点で作る点すべての集合となり，交渉力についての制約条件 $s=\alpha r+\beta t$ を満たすものが最適解となります．そして 2 人の交渉力が等しく $\alpha=\beta$ ならば分け方はリスク回避度のみに依存し，$z:1-z=\gamma:\delta$ となりますから，リスク回避度が大きい人は，拒絶されないように少ない提示をすることがわかります（互いがリスク愛好の場合にはコイントスで勝ったほ

4　囚人のジレンマにおいて，2 人の力は同じだったことを思い出してください．しかし有名な"男女の戦いゲーム（battle of sex）"においては必ずしも α が β と同じではないことは容易に予想がつきます．男女の戦いゲームはデートをどこにするかについて 2 人の合意が得られないというプロットで描かれるゲームです．戦略は男性がより効用を感じる「ボクシングを観る」と女性が効用を感じる「オペラを観る」であり，2 人の戦略がそろえば，そろわないよりましな利得となります．

5　一般化ナッシュ交渉解（Generalized Nash bargaining solution）で，交渉合意時の解は一般化ナッシュプロダクト（Nash Product）と呼ばれます．

うが，全部取ることに合意するでしょう）．

　筆者が最後通牒ゲームを東北学院大学で教室においてゲーミングとして
行ったとき，「1000 円のうち相手に 600 円渡す」と回答した女子学生が「相
手に拒絶されるかもしれないから，明らかに拒絶されない金額にした」と理
由を回答してくれました．"リスク回避的であれば利他的に見える"回答が
実際に得られたわけです．

■ 独裁者ゲーム

　最後通牒ゲームは，相手の提案を受け入れる，受け入れないという第 2 プ
レイヤーの意思決定を考慮に入れて，第 1 プレイヤーが提案をしますから，
第 1 プレイヤーの提案には交渉の要素やリスク回避の要素が入っています．
これに対して，純粋に利他性を測るものが独裁者ゲーム（独裁者ゲーム）です．
独裁者ゲームでは第 2 プレイヤーは第 1 プレイヤーの決定を拒否することは
できません．Forsythe et al.（1994）は，Kahneman, Knetsch & Thaler（1986）
による最初の独裁者ゲームを単純化して，第 1 プレイヤーが第 2 プレイヤー
に 10 ドルのうちいくらかを相手に分配する簡単な問題を考案しました．第
1 プレイヤー（配分者）は自分と，第 2 プレイヤー（受容者）の報酬を一方的
に配分し，第 2 プレイヤーはどのような分割であっても，拒否はできません．
エコノであれば，第 2 プレイヤーに何も報酬を分配しないはずですが，再び
そうではないことが示されました（図 12-4）．とはいえ実際に金銭の報酬が
支払われるゲームだけを比較してみると，独裁者ゲーム (a) の結果のヒスト
グラムは左側に寄っているのに対して，独裁者ゲーム (c) の結果は，金銭報
酬がない (d) とほとんど変わりません．最後通牒ゲームにおける意思決定は，
利他性ではなく交渉によるところが大きいことがわかります．

■ 独裁者の配分を大きくするのは何か

　Engel（2011）は，1994 年から 2009 年の 129 研究より 20813 の実験データ
を用いて，独裁者の配分を大きくする要因のメタ実証研究を行い，以下の結
果を得ています．

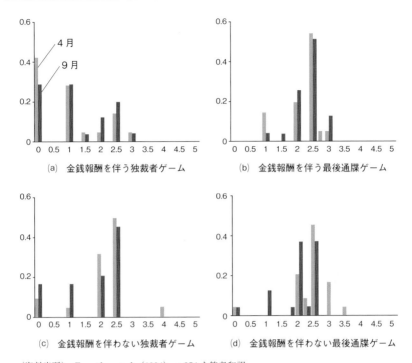

(a)　金銭報酬を伴う独裁者ゲーム　　　　(b)　金銭報酬を伴う最後通牒ゲーム

(c)　金銭報酬を伴わない独裁者ゲーム　　(d)　金銭報酬を伴わない最後通牒ゲーム

（資料出所）　Forsythe, et al.（1994），p.354 を筆者和訳.
（注）　ヒストグラムは 4 月と 9 月の実験結果．独裁者によるドルの提示額ごとの人数を示す.

図12-4　Forsythe et al.（1994）の実験結果

(1)　独裁者は平均して報酬の 28％を受容者に配分する，ただし 36％は受
　　容者に何も配分しない．独裁者の 17％が受容者に 50％を（平等に）配
　　分する．独裁者の 5％は受容者にすべて配分する.
(2)　ゲームを繰り返すと配分は減る[6].
(3)　配分する金額（steak）が大きいと配分する割合は減る.

6　Neugebauer et al.（2008）は，タカ=ハトゲームを用いて，個人の行動に利他的な行動は少なく，
　利己的に行動するという結果を得ています.

⑷　誰が配分したかわかるようにする（Social control）とゼロ分配は減るが少なく配分する．

⑸　独裁者に，お金を配分して幸せかどうかをたずねると配分が増え，20％の独裁者はすべて配分する．

⑹　独裁者は受容者が増えるほど1人当たりに多く配分する．

⑺　受容者にあらかじめお金が配分されて豊かになっていると配分は減る．

⑻　本当のお金を配分するときは全く配分しない人が減り，全て配分する人が増えるためより多く配分する．

⑼　社会的に遠くにいる人により多く配分する．

⑽　稼いだお金だとより少なく配分する．

⑾　結果の不確実性は配分に影響しない[7]．

⑿　女性は男性より多く配分するわけではない．

⒀　年齢が高い人は多く配分する．

■ 女性は男性よりも利他的か

　女性の意思決定や性質が男性と異なっていることに関して，例えば女性は男性よりも時間選好率が低いことや，リスク回避的であることには一定のコンセンサスが得られています．しかし利他性について，独裁者ゲームのメタ分析では女性が多く配分するという結果は得られていません．ジェンダーによる意思決定の違いについてのメタサーベイである Croson & Gneezy（2009）は，女性が男性よりも利他的かどうかについて見解が一致していなものの，女性は不平等さを回避する傾向が強く，利他性の程度が男性に比べて実験の設定に影響されやすいことを結論付けています．

7　Krawczyk & Lec（2010）では独裁者の配分結果が受容者と逆になるような場合があるくじを導入しても利他的な行動を観察しています．

《寄付行為はなぜ行われるのか考察してみましょう》・・・・・・・・・・・・・・・・・・・・・・・・・・・

　災害に遭った人への募金や，飼い主がいなくなった犬の殺処分を減らすボランティア活動や寄付とみなせるクラウドファンディングが多数存在します．無記名であっても寄付行為を行うのはなぜなのか，学んだことに照らして考察しましょう．

《独裁者の配分が大きくなる理由を考察してみましょう》・・・・・・・・・・・・・・・・・・・・・

　Engel（2011）の独裁者の配分を大きくする理由の(2)〜(13)について，なぜそうなるのか話し合ってみましょう．

第13講
社会選択の理論
：学校選択制の実験経済学
による検証

■今までの意思決定理論は，自分が決めたことが主に自分だけに返ってきました
が，私たちがグループとして決断することや，選挙など，社会の構成員全
員で1つだけの社会状態を決めなければならないことは多々あります．一体
どのようなプロセスを用いれば，誰もが納得する社会状態を決めることがで
きるのでしょう？ これを明らかにする社会選択の理論を通じて，制度設計
について考えましょう．

13.1 社会選択の理論とパレート効率性‑‑‑‑‑‑‑

■ 投票のパラドックス

　社会状態を選択するプロセスにおいて，最も慣れ親しんだものは多数決原
理です[1]．多数決原理は民主的に社会の状態を選ぶための一つの手法なので，
皆さんも信頼を置いているのではないでしょうか．ところが多数決原理に
よって矛盾した選択がなされることがあり，投票のパラドックスと呼ばれま
す．

　ある町の議会が5人の人民党員，4人の公民党員，3人の平和党員からな
るとします．議会で，予算を何に使うかについて「子育て・教育（Education,
以下 E）」「高齢者の医療（Medical, 以下 M）」「農業の育成（Agriculture, 以下
A）」の3つの優先順位を決定します．優先順位を決めるため，2つの選択肢

1　多数決原理以外のプロセスには全員一致という方法があります．全員一致は，米国の陪審員制
　度で有罪か無罪かを決めるときや，取締役会の議決などで行われます．この場合は意見が全員一
　致するまで話し合う方法がとられます．

ずつ多数決で決めていくことにします.

	人民党（5人）	公民党（4人）	平和党（3人）
第1優先事項	農業A	教育E	医療M
第2優先事項	教育E	医療M	農業A
第3優先事項	医療M	農業A	教育E

まずAとEについてどちらを優先させるべきかについて全員で多数決を
とります. AをEよりも上位の優先順位としているのは人民党5人と平和
党の3人です. それに対してAをEよりも下の優先順位としているのは,
公民党4人のみです. ということは, A>Eですね. 次に, EとMについて
多数決をとるとEをMよりも上の優先順位としているのは, 人民党5人＋
公民党4人の9人で, EをMより下に考えているのは平和党の3人ですの
で, E>Mとなります. ここで, 社会選択の選好についても推移性が成立す
ると仮定すると,

$$A{>}E,\ E{>}M\ \Longrightarrow\ A{>}M$$

となりますね. ところが, AとMのどちらが重要かについて多数決をとる
と, Aが優先と回答するのは人民党の5人だけであり, 公民党と平和党は
Mが優先と回答します. したがって, M>Aとなり矛盾します. 行動経済
学的な視点がなくても矛盾した結果を得るということは, 多数決原理が万能
ではないことを示しています[2].

　他の決め方もあります. 例えば人民党の人数が一番多いので, 人民党の優
先順位をすべて通すというものです. これは結果的に独裁者がいるケースに
近くなってしまい, 直感で「良いシステムだ」と感じることが難しくなりま
すね. では, 直感的に良い社会選択とはどのようなものでしょうか？

■ 望ましくない社会選択のルールを考える

　直感的に望ましい社会選択のルールを考えるために, 逆のケース, 「こん

2　このことはフランスの数学者ドジソンと哲学者コンドルセによって, 1785年に発見されたもの
　です.

な社会選択は嫌だ！」という例を考えてみましょう．ここでは個人 a, b, c の 3 人で構成されている社会を想定します．

1．独裁者がいる

　ある主体の選好が常に社会選択 (s) となっていれば，彼は独裁者（Dictator）です．下の図では，b と c は選好が一致しているのに a^D の選好通りに社会状態が選ばれています．

$$\begin{array}{cccc} a^D & b & c & s \end{array}$$
$$\begin{pmatrix} x & y & y \\ y & z & z \\ z & x & x \end{pmatrix} = \begin{pmatrix} x \\ y \\ z \end{pmatrix}$$

　例えば就職して 3 人でランチに行くときに，毎日上司の食べたいものを食べなければならないのは嫌ですよね．これを裏返すと，社会の構成員全体の好み（選好）をある程度反映する社会選択が望ましいと考えられます．

2．個人の選好と関係なく社会選択が決まっている

$$\begin{array}{cccc} a & b & c & s \end{array}$$
$$\begin{pmatrix} x & x & x \\ y & z & z \\ z & y & y \end{pmatrix} = \begin{pmatrix} y \\ z \\ x \end{pmatrix}$$

　個人 a, b, c とも x という状態を第一に望んでいるのに，x が 3 番目になっています．こんなの誰も望んでいないはずですが，大人の世界では時々起きてしまいます．例えば「付き合い残業をする」が y，「仕事を早く終わらせて定時で帰宅する」が x です．または「本当は誰も行きたくない飲み会が催されて仕方なく参加する」という y もあります．またクリスマスイブの 12 月 24 日に大学で講義があるときに，x は「休講にする」，z が「講義を自宅学習とレポート提出に換える」，y が「普通に講義がある」なども考えられます．
　こんな腑に落ちないルールを裏返すと，メンバーの選好のうち同じ部分が

あれば，その選好については社会選択として採用されることで，全員の効用が上がることがわかります．これをパレート原理といいます．パレート原理があるときには全員が良いと思ったものは社会状態として残されます．このような社会選択は以下のようになります．

$$\begin{matrix} a & b & c & & s \\ \begin{pmatrix} x & x & x \\ y & z & z \\ z & y & y \end{pmatrix} & & & = & \begin{pmatrix} x \\ ? \\ ? \end{pmatrix} \end{matrix}$$

3．関係のない選択肢が社会選択に影響する

　3人の選好が一致する部分はパレート原理を優先し，それで決まらない部分は，アルファベット順 $x>y>z$ に決まるというルールを考えましょう．社会人のランチでは意見調整に時間がかかるため，全員が同じ店（例えばそば屋 z，イタリアン y）に行きたいと意見が一致した日はその店（例ではそば屋）z に行くが，意見が一致しなかった場合は社員食堂 x に行くようなルールを作ると，z, y, x への 3 つの社会状態への選好関係は同じまま，新しいギリシャ料理店 w が現れて c が w に行こうと言い出し，意見が一致しなくなることによって，本来一番行きたくない社員食堂 x に行くことになってしまいます．これは独立性を満たさない社会選択の例となっています．

$$\begin{matrix} a & b & c & & s \\ \begin{pmatrix} z & z & z \\ y & y & y \\ x & x & x \end{pmatrix} & & & = & \begin{pmatrix} z \\ y \\ x \end{pmatrix} \end{matrix} \implies \begin{matrix} a & b & c & & s \\ \begin{pmatrix} z & z & w \\ y & w & z \\ w & y & y \\ x & x & x \end{pmatrix} & & & = & \begin{pmatrix} x \\ z \\ w \\ y \end{pmatrix} \end{matrix}$$

　x, y, z への選好は個人の $z>y>x$ で w が入っていても変化していないのですが，w が入ったことで，社会の選好が $x>y$ に変化してしまっています．こんな社会選択は直感に合いません．これは x, y, z についての選択がそれらと関係ない w から独立でないためであり，したがって，関係のない選択肢

w からの独立性が満たされている必要があることがわかります.

　以上の考察から，望ましい社会選択のルールとして，①独裁者がいない（民主制の公理），②パレート原理を満たす，③関係のない選択肢からの独立性を満たしている，を仮定することは妥当だと考えられます．このほかにも，社会選択においても，反射性，完備性および推移性といった，選好関係についての合理性を示す仮定が満たす条件をクリアしていることが必要とされます.

13.2　アローの定理---------------------------------

■ 独裁者がいないと決まらない

　複数の個人の選好を選択範囲として，何らかのシステムによって選ばれた社会的な選好（優先順位）を 1 つとするとき，個人の選好と社会的な選好の対応を，社会的選択関数といいます．ケネス・アローは，「3 つ以上の社会状態があり，合理的な選好を持つ 3 人以上の選好の異なるメンバーが社会を構成しているとき，弱選好の公理，独立性の公理，民主制の公理，パレート原理を満たしながら，すべての個人の選好に沿うような，個人の選好を集計する社会選択関数は存在しない」という一般（不）可能性定理を証明しました．数理的な証明は専門的なミクロ経済学の本[3] にありますので参考にしてください．ここでは，もっともらしい上記の条件のうち，一体どの条件を緩めればましなのかを考えてみてください.

13.3　マッチングの理論と実験------------------

■ 社会状態を決めるマッチング理論

　選挙によって自分たちの地区の代表者を選ぶこと，裁判員制度によって判

---

[3]　奥野正寛・鈴村興太郎『ミクロ経済学II』（岩波書店，1988）などを参考にしてください.

決を決めることなどは，社会選択の一つです．企業の取締役会は会社の制度設計を行いますから社会選択の場所です．学級委員を選出したり，学園祭で催し物を決めたりするのは学校の中の社会選択です．

社会選択の中で，結婚，就職や学校選択など，人的資源の相互選択のシステムを当事者間のゲームとして叙述する「マッチング理論」という分野があります．マッチング理論は，1つの市場全体をデザインするマーケットデザインという分野を生み出しました．本書では，学校選択に関しての議論に的を絞ります[4]．メカニズムデザインでは特定のプレイヤーへのインセンティブにフォーカスするのですが，マーケットデザインでは，市場全体のプレイヤーが相互に影響を与え合う結果をも考慮して市場の制度設計をします．

大学入試であれば，生徒が大学を選んで受験し，大学は受けてきた生徒から学位授与の方針（修了要件，ディプロマポリシー（DP））に合う生徒を選びます．生徒は2つの大学には行けませんから，多対1のマッチングとなります．どの大学もディプロマポリシーに合った生徒を採用したいと考えています（たいていは優秀な生徒です）．また，生徒にとって大学選びは，4年間の学びと就職先を決める重要な選択です．

マッチングメカニズムは，AAA（Apply, Admit, Accept）メカニズムと呼ばれ，日本語に直すと「受験，入学許可，入学申請」の手続きのことです．現実的な問題として，大学側に立つと，受験をしてきた生徒に入学許可をしたとしても，実際に生徒が入学申請をしてくるかどうかが読めないので[5]，対抗策として補欠合格を多めに出すことが考えられます．一方，生徒側に立つと，第1志望に合格しない可能性を考慮して，複数受験する，あるいは第2志望を受験する，というオプションが浮上します．お互いの出方を探りあうことになるのです．このような問題はイエール大学の医学部において，大学と生徒の両側マッチング問題（Two Sided Matching Problems）として認識されていました（両側とは，大学，生徒両方からの選好または優先順位があるという意味

---

4 本格的な学校選択理論については安田洋祐『学校選択制のデザイン——ゲーム理論アプローチ』（NTT出版，2010）を，またマーケットデザイン全体については，坂井豊貴『マーケットデザイン——最先端の実用的な経済学』（筑摩書房，2013）240頁をご覧ください．
5 大学は，1次の入試と2次の入試の受験者の質を比較して，1次で不合格を出しすぎたことが判明することもあれば，その逆の1次で合格を出しすぎて2次で受験してきた人の枠がない，ということも起き得ます．

です．これに対して，例えば生徒からの選好だけがマッチングを決める場合は，片側マッチング問題といいます）．

　この問題に対して一つの明快な回答を与えたのが，ゲール＝シャープレイ（Gale & Shapley）による 1962 年の "*College admissions and the stability of marriage*" という論文でした．そこで提案されていたのが，受入保留方式（Deffered Acceptance（DA）アルゴリズム．以下，DA 方式）です（これはゲール＝シャープレイのメカニズムともいわれています）．大学と生徒のマッチングにおいては，大学側からの申し込みアルゴリズムと生徒からの申し込みアルゴリズムがあり，それぞれ大学にとって最適な college-proposing stable matching アルゴリズム（CPSM 方式）と，生徒にとって最適な student-proposing stable matching アルゴリズム（SPSM 方式）があります．

13.4　基本的なマッチングのアルゴリズム[6]----

■ ゲール＝シャープレイの DA 方式

　DA 方式は大学入学選抜のほか，結婚市場や労働市場におけるマッチングにも適用できます．DA 方式では，リクエストされた側が，リクエストを受け入れるか否かは全員の結果が決まるまでわかりません．生徒は入学したい大学について選好を持っており（表 13-1 右側），大学も生徒に対してディプロマポリシーに基づく選好を持っています（表 13-1 左側）．生徒も大学も互いへの選好が強選好で表せるとき，DA 方式によってマッチング（均衡）が必ず決定することを導きます．

【ケース 1】　3 人の高校生，亮 R，俊 S，達也 T が 3 つの大学 A，B，C を選ぶ．各大学の定員はそれぞれスポーツ推薦（野球部）の推薦枠の定員 1 人ずつ．大学は補欠合格を出すことはできない．

6　この節は，Abdulkadiroğlu（2013）に大きく依存しています．

表 13-1

大学の選好	生徒 R	生徒 S	生徒 T
大学 A	3	1	2
大学 B	1	2	3
大学 C	1	2	3

生徒の選好	大学 A	大学 B	大学 C
生徒 R	1	2	3
生徒 S	3	1	2
生徒 T	1	2	3

Step1：生徒はそれぞれの第1志望の大学を受験する．

生徒 R と生徒 T が大学 A，生徒 S は大学 B を受験する．

Step2：各大学は複数の生徒が来たら上位の生徒を一時的に保留し，下位の生徒に不合格の通知を出す．

　・大学 A は第2順位の生徒 T を保留し，生徒 R に不合格を出す．

　・大学 B は第2順位の生徒 S が受けてきたので，保留する．

A	B	C
R ✘	S	
T		

Step3：第1志望を落第した生徒は第2志望の大学を受験する．

　・生徒 R は第2志望の大学 B を受ける．

Step4：大学はより高い順位の生徒が第2志望で受けてきたら，最初のステップで保留してある生徒と比較し，上位の生徒を残し，下位の生徒を不合格とする．

　・大学 B は R への選好が1位なので受け入れ，S を不合格にする．

A	B	C
T	S ✘	
	R	

　・S はまだ定員が埋まっていなかった第2志望の大学 C を受ける．

A	B	C
T	R	S

Step5：すべての大学の定員が埋まったのでマッチングは終了．

・（　）内の数字は相手の順位．

A(2)	B(1)	C(2)
T(1)	R(2)	S(2)

　行列の第1列を生徒，第2列を大学として $m_{DA} = \begin{pmatrix} R & S & T \\ B & C & A \end{pmatrix}$ のように
ベクトル表示します．このマッチングは，生徒側からの申し込みによって
おり，生徒にとって最適なマッチングです．このケースでは大学側から申
し込んでも同じ結果になりますが，一般的には異なる結果となることもあ
ります．

■ 正直が一番：耐戦略性

　DA方式では受験生にとっては第1志望から第3志望まで，いわば総当た
り戦的に受験することが可能であり，合格した大学は受け入れてもらえた大
学の中では希望順位が一番上の大学で，それはどの生徒についてもいえるこ
とです．大学からみても受験してきた生徒の中では最も上位の順位の人を合
格させているのでこのマッチングの結果は生徒にとって退学と再受験を促さ
ない，すなわち逸脱するインセンティブがないという意味で安定性を持ちま
す．DA方式は安定的なマッチングの中で最も望ましいことが証明されてい
ます（Roth & Sotomayor（1990））．安定性を持つときには，自分が割り当てら
れた大学よりも選好の上位の大学には自分よりも優先順位が低い生徒はいま
せん，これは大学に入学した生徒が，正当な羨望（後述）を持つことがない，
ことを意味します．

　DA方式ではプレイヤーは正直に自分の選好を表明すればよく，自分の選
好を偽る必要がありません．このことを耐戦略性があるといいます．この証
明は Roth & Sotomayor（1990）の定理として知られています．

■ 学校選択（スクールチョイス）問題

　Abdulkadiroğlu & Sönmez（2003）は，学校選択問題といわれる，公立高校と生徒の間のマッチングについての初めての学術的な研究です．先に事例を見た大学と生徒のマッチングである大学入学選抜問題（college admission problem）と，高校と生徒のマッチング問題である学校選択問題（school choice problem）では，解くべき問題が大きく異なります．大学では生徒に対して，ディプロマポリシーによって選好を持つことができます．また先ほどの例にはありませんでしたが，大学はディプロマポリシーに合致しない生徒は，定員に空きがあっても不合格とすることができます．これに対して，公立高校は生徒への選好を持つことができず，生徒への優先順位が公的機関によって外生的に与えられるので，両側ではなく一方的なマッチングとなります．生徒側は，入りたくないと考えている学校に入ることがなく，学校側も入学資格のない学生を受け入れていないという個々の合理性（individual rationality）が満たされるマッチングである必要があります．また，生徒が入学したいと思う候補の中にある高校の定員に空きがあるのに割り当てられないということがないという意味の効率性を満たす必要があります．

■ ボストンメカニズム

　1999年から2005年まではボストン市の学校選択方式（ボストンメカニズム，以下，ボストン方式）は，当時，フロリダ州やミネアポリスにおいて用いられていた一般的な方法でした．この方式は，これから述べるようにDA方式が満たしている耐戦略性などの好ましい性質を満たしていません．そのため制度設計の観点からの理論的な研究とそれに基づく実証・実験研究がなされ，最終的に2005年にボストン市がそれらを考慮して制度を改革しました．

　生徒および親は入学についての優先順位（priority）を学校に提出します．その優先順位に基づいて中央集権的に地方自治体が割り当てを決めます．優先順位を決める内容には，学区（学校からの近さ）や兄弟の有無，のちに述べるアファーマティブアクションがあります．これを反映してボストン方式はプライオリティマッチング方式と呼ばれています．日本においても公立の学校選択制度は一部の小・中学生について存在しています．

ボストン方式は，受験してきた生徒により定員が埋まった場合，DA方式のように暫定的に入学を保留するのではなく，そのステップにおいて合格が決定します．このようなとき，どんなことが起きるのかを考えるために，Ergin & Sönmez（2006）に基づいて，高校の野球部に入りたい生徒と高校のマッチングが，ボストン方式で決まる架空のケースを考察します．高校は生徒への選好は順位はありませんが，優遇する制度（特待生など）があります．先ほどの選好表は両側マッチングの例でしたが，ここからは生徒側からの片側マッチングを考えます．高校は生徒の属性によって優先順位が与えられます．

【ケース2】 3人の生徒，亮R，俊S，達也Tが3つの高校A，B，Cを選ぶ．各高校のスポーツ推薦（野球部）の定員はそれぞれ1人ずつ．高校は補欠合格を出すことはできない．受験日は同一であり，受験してきた生徒から1人を選んで合格通知を出す．

表13-2

高校の優先順位	生徒R キャッチャー	生徒S ピッチャー	生徒T ピッチャー
高校A（ピッチャー優遇）		優遇	優遇
高校B（キャッチャー優遇）	優遇		
高校C			

生徒の選好	高校A	高校B	高校C
生徒R	1	2	3
生徒S	3	1	2
生徒T	1	2	3

最初の受験者で合格者が決まってしまうボストン方式の下では全員が戦略を立てることになります．例えば生徒Rはキャッチャーなので，一番行きたい高校Aを志願すると，ピッチャーの特待制度がある高校Aを，ピッチャーの生徒Sまたは生徒Tが志願していた場合には入学できません．そのため，第1志望を受けないという戦略を考えるでしょう．野球推薦を受けようとしている3人の受験生の頭の中を覗いてみます．お互いに過去の交流試合などで出会っていますが，同じ中学には通っていません．

亮R「A高に入りたいな．だけどA高はピッチャーを欲しがっていて特待制度

もあるし，きっと俊 S か達也 T のどちらかが A 高を受けるに違いない．
俺はキャッチャーを欲しがっている第 2 志望の B 高を受けよう」

俊 S「B 高に入りたいけど B 高はキャッチャーを欲しがっている．仕方ない．
第 2 志望の C 高に志願しよう」

達也 T「A 高に入りたいけど俊 S も A 高を受けてくるだろう．どっちかは受
からない．亮 R はキャッチャーだから B 高を受けるだろう．浪人し
て親に迷惑はかけられないもんな…．野球ができればいい．安パイで
C 高を受けよう」

Step1：亮 R は第 2 志望の B 高を，俊 S は第 2 志望の C 高を，達也 T は
第 3 志望の C 高に志願する．

Step2：高校は志願者が集まり，定員を満たしたらその生徒を合格とする．
　　　・B 高は生徒 R に合格通知を出す．
　　　・C 高は生徒 2 人が受験してきたが，くじによって生徒 S を不合
格とする．
　　　・A 高は誰も受験してこなかったので，再度募集をかける．

A	B	C
	R	T
		S ✖

Step3：不合格となった生徒 S は，第 3 志望の A 高に志願し，A 高は生
徒 S を合格にする．すべての高校の定員が満たされたのでマッ
チングは終了．

A(2)	B(1)	C(3)
S(3)	R(2)	T(3)

$$m_{BOSTON} = \begin{pmatrix} R & S & T \\ B & A & C \end{pmatrix}$$

今回は生徒全員が自分の志望する学校を受けていません．正直に選好を表明していないので，ボストン方式には耐戦略性がないことがわかります．第3志望の学校に入った達也Tは第1志望の高校Aを受験していたら合格していたので，高校Aが志願者を再募集していると知ったときひどく後悔したでしょう．この納得のいかない気持ちが正当な羨望です．正当な羨望があるとき，本当の優先順位を持っている学生が希望する学校に行くことができないことになります．このような不公平が起きないことが公立の学校選択においては大切です．学校選択問題においては，個々の合理性を満たし，かつ先に述べた誰も不当な羨望を持たないマッチングは安定的です．ボストン方式の耐戦略性のなさは，他のプレイヤーの戦略を考慮に入れるゲームの要素によるものです．

■ トップ・トレーディングサイクル（TTC：Top Trading Cycle）

　Abdulkadiroğlu & Sönmez（2003）では，DA方式よりも効率的で，すべてのメカニズムの中で厚生が高まる，トップ・トレーディングサイクル・メカニズム（TTC方式）が提案されました．これは効率的交換メカニズム（Efficient Transfer Mechanism, ETM）[7] とも呼ばれます．アルゴリズムは以下の通りです．

　すべての生徒は最も入学したい学校を指し，すべての学校は最も優先度の高い生徒を指します．学校と生徒が互いに指さし合えば，その学校の座席が割り当てられ，その学校の座席数は1つ減ります．

　最初から互いを指さし合わないとき，例えば生徒1が最も入りたい学校1を指し，学校1は最も入学してもらいたい生徒2を指すと1つのサイクルとなります．サイクルができたら，その中で生徒から学校に「→」を向けて学校の席を割り当てます．その後，生徒の中で席を交換することで互いの厚生が改善する場合には，交換をします．席が割り当てられなかった学校と生徒で再び指さしと交換を繰り返していき，学校の席がなくなったら終了です．

　TTCメカニズムは高校の学校選択制を改善するためにAbdulkadiroğlu &

7　Abdulkadiroğlu & Sönmez（2003）には，生徒寮の割り当てなどで用いられていたとあります．

表 13-3（表 13-1 再掲）

大学の選好	生徒 R	生徒 S	生徒 T	生徒の選好	大学 A	大学 B	大学 C
大学 A	3	1	2	生徒 R	1	2	3
大学 B	1	2	3	生徒 S	3	1	2
大学 C	1	2	3	生徒 T	1	2	3

Sönmez（2003）により提案されたものですが，本書では DA 方式と比較するため，大学の事例で説明します（表 13-3 参照）．

　亮 R→大学 A→俊 S→大学 B→亮 R，これで 1 サイクルになりました．

　俊 S には大学 B，亮 R には大学 A が割り当てられます．この場合，生徒から見てそれぞれ 1 位の大学なので，交換はありません．次のステップでは，大学 C のみに定員があり，生徒は達也 T のみが残っています．互いの優先順位と選好リストに互いが存在しますから，達也 T は大学 C に割り当てられます．一般的には TTC 方式では一度サイクル内でマッチした学校の間で互いの生徒を交換したほうが厚生が高まる，つまり順位がよくなるときは交換をします（このケースではこれ以上交換はできません）．

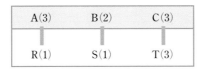

　学校の定員が埋まったのでマッチングは終了です．TTC 方式では DA 方式やボストン方式とは異なるマッチングが得られました．

　DA 方式も TTC 方式もボストン方式と異なり耐戦略性を満たすのですが，DA 方式はパレート効率性を満たさない場合があります．一方，TTC 方式はより望ましい結果となるよう交換を繰り返すことで，これ以上交換すると誰かを犠牲にするというところまで交換されることにより，最も高いパレート効率性を満たします．しかしながら正当な羨望を持つ生徒が存在する結果となることもあるため安定性を満たさないことが証明されており，どちらを優

先させるべきなのかについては，行政がどちらを優先させたいと考えるかに依存します．ボストン市では 2005 年にプライオリティマッチング方式から学校選択制度を DA 方式に近い制度（SPDA メカニズム（方式），Student-Proposing Deferred Acceptance Mechanism）に変更しました．SPDA 方式では，より多くの生徒が第一志望の学校に割り当てられることが予想されるため，TTC 方式が SPDA 方式をパレート効率性において大きく上回ることはないと考えられます[8]．その経緯と理由は Abdulkadiroğlu et al.（2008）によると，TTC 方式を親と子供に理解してもらうことが難しいうえ，透明性が低いことが挙げられています．それに対して耐戦略性があるシステムでは親に正直に入りたい学校の順位を申告するように提案するだけでよい，そして教育委員会側もどのような学校が好まれるのかについての情報を集めることができるため，例えば学区の変更の影響を予測できることが挙げられています．

さらに同論文では，実際に受験で用いられたフィールドデータにより，異なるマッチングのアルゴリズムの結果について，効率性や正当な羨望についての分析結果を紹介しながらも，分析されているフィールドデータが，すでに生徒が戦略的に選好を偽った結果得られたかもしれない高校への順位となっているため（丁寧にその限界を取り払うような工夫を施しても）分析に限界がある，と言及しています．いよいよ，実験経済学の必要性が明らかになってきました．

■ 理論と現実のはざま

2002 年から 2003 年のニューヨーク市では，学校選択において生徒は高校の 500 を超えるプログラムに 5 つまで申し込むことができました．申請書をもらった高校はプログラムの特性から合格通知または補欠通知を出します．合格した生徒は進学するかどうかを決め，合格しなかった生徒は，他の高校への申請書を出すプロセスを繰り返します．複数のオファーがある生徒も存在しました．このプロセスでは，半分の生徒が選択した大学に割り当てられ

8　大学（college）の集合 C と生徒の集合 S による，あるマッチングの結果 $m_\mu = \mu(C, S)$ が，他のマッチングの結果 $m_\rho = \rho(C, S)$ よりも，すべてのプレイヤーにとって同じくらい好ましいか厳密に好ましく，少なくとも 1 人のプレイヤーにとっては厳密に好ましくなる場合は m_μ は m_ρ をパレート支配するといいます．

ず，さらに生徒側の申込みに耐戦略性がないばかりか，高校側に定員を偽る
インセンティブある点にも問題がありました．そこでニューヨーク市は，ア
ブドゥルカディログル（Abdulkadiroğlu, A.）とロス（Roth, A. E.）にアドバイス
を求め，2003 年に SOSM メカニズム（方式）（Student-Optimal Stable Maching
Mechanism）が採択されました．2005 年にはボストン市においても採択され
ています．

　さらに，Roth（1982）は，本来安定したメカニズムがあったとしても，あ
る受験者が選好リストを変更すると変わってしまうことを示しています．ま
た全員が正直に選好を報告していないのであれば，ある受験者が真の選好
（入りたい大学ランキング）を正直に報告することが，他の受験者が報告して
いる選好順序に対する最良反応とならない場合があることを論じています．
Sönmez（1997, 1999）も学校が合格の定員を過少に申告することによる利益
を論じています．現実的に定員を減らし競争率を高めると魅力的な学校であ
ることのシグナルとなるため，ある程度合格人数を少なく報告して補欠合格
を出すインセンティブがあります．学校側からの DA 方式を使った CPSM
方式では生徒から見て好ましくない性質があります．DA 方式と少し異なる
SOSM 方式だけが，耐戦略性を満たし，正当な羨望がなく，無駄がないマッ
チングを提供できます（Kestem（2010））．

　SOSM 方式は以下の通りです．SOSM 方式は DA 方式と異なり，学校に
定員を超える生徒が申請してきたとき最下位のランクの生徒のみを拒否し，
それ以外を全員保留します．そして他の学校から同様の手順により拒否され

表 13-4

	Boston	TTC (ETM)	SPDA	SOSM
耐戦略性	×	○	○	○
パレート効率性	×	○	△	○
安定性 (生徒最適安定性)	×	×	○	○

た生徒と一緒に選考します.

　生徒は一番進学したい高校に入学を申請します.各高校は優先順位が一番下の生徒にのみ不合格通知を出します.DA方式の場合には一番の優先順位の生徒を残して全員を断るのですが,ここからの手順が異なっています.この後,拒否された生徒は次に進学したい高校に入学を申請します.さらに各学校は,これらの生徒と前のステップにおいて一時的に保留にされた生徒を一緒に考慮し,定員と優先順位を考えたときに一番下のランクの生徒を拒否し,残りの生徒を一時的に保留にします(このステップで拒否されなかった生徒は,後の手順で保留される可能性が残っています).

　これを繰り返して,学校の定員が埋まり全員の生徒が入ってもよいと考える高校に入ったら終わりです.

　SOSM方式には,直感的に,耐戦略性を理解しない生徒が少し存在しても大きく社会全体の厚生を損なわないという特徴があります.ただし,SOSM方式がパレート効率性を満たすのは,大学側に同順位の生徒がいない場合だけであることが,Kesten(2010)によって証明されています.

　学校選択がメカニズムデザインというよりマーケットデザインであることを示す論文があります.Kojima & Pathak(2009)は,大学選択において定員の供給側である大学は(選好を偽ったり事前の調整をしたりすることで)定員を操作可能であるものの,市場が十分に厚みがあるとき(学校および生徒の両方にとって十分な選択肢がある),他の人が選好を正直に表明しているときに,自分の選好について嘘をつくインセンティブを持つプレイヤーの存在による影響が均衡においてはゼロに近づくことを明らかにしました.

　ところで小島武仁によると,日本においては自治体で行っている認可保育のマッチング制度は逐次独裁者法(Serial Dictatorship)という制度があり,これはSOSM方式の制度において,保育園側の待機児童へのランキングが共通という特殊ケースとなっているそうです.

■ アファーマティブアクション
　公共性が高い学校選択には,アファーマティブアクションによる制約という

問題があります．多種多様な人が共同体を作っている米国では，学内の生徒の多様化のために，他の生徒よりも学力や通学距離が長く，兄弟が入学していないなど条件が劣っていても，マイノリティの人種の生徒を一定人数は優先的に入学させるべきという制度があり，フロリダ州をはじめとする多くの大学で採用されています．アファーマティブアクションを満たすマッチングは，type-specific quota（性別，人種などによる特殊な定員）を満たす条件下選択（controlled choice）と呼ばれる問題となります．この場合にも，DA 方式は耐戦略性を満たすこと，ほかの方式をパレート支配することが証明されています（Abdulkadiroğlu & Sönmez（2003））．

■ 同一の優先順位の問題

学校選択においては，たとえ耐戦略性を満たす DA 方式や TTS 方式を採択したとしても，多くの生徒の優先順位（学区，兄弟の有無，マイノリティ）が同順位となるという問題が起きます．そのとき，大学と生徒の間の DA 方式をそのまま適用することはできません．そこでボストン市では，同順位に属する生徒たちをくじによって無作為に順位付けして，選好を人工的に厳密なものに変えて，そのうえで DA 方式によるマッチングを行っていました．しかし，くじ引きを導入することで生徒から見ると不確実性が残り，マッチング後の安定性が損なわれる可能性があります．

そこで Erdil & Ergin（2008）は，くじ＋DA 方式で同順位の解消を行った場合に，安定性を損なわずに生徒間で学校を交換することによって（もともとの優先順位から見た）効率性を改善できる余地があるならば交換を繰り返し，安定性を保ったまま最終的に最も効率性の高い安定マッチングに到達する方法を提案しており，これを安定改善サイクル（stable improvement cycles）方式といいます．ところがこの方式も，受験生にとって嘘をつくインセンティブが与えられてしまうので，耐戦略性を満たしていません．

しかしながら Abdulkadiroğlu, Che & Yasuda（2009，2011）は，ボストン方式のゲーム的要素を改善することで，ボストン方式のほうがむしろ厚生の改善につながるという理論モデルを導きました．学校側にアファメーションを満たさなければならない基準が存在する場合，そのことで優先順位が下位

になってしまう生徒が，より望ましい学校に入学する可能性について，DA方式よりもボストン方式において，容易になる傾向があることを示したのです．

■ 実証研究によるメカニズムの検証とその限界

　ボストン方式は対戦略性を満たさず，生徒は選好を正直に報告すると損をしてしまう可能性が十分にあります（かといって嘘をついても戦略の結果は補償されていませんが）．にもかかわらず，Abdulkadiroğlu et al.（2008）では，ボストン方式下で，第1，第2志望ともに超過需要がある学校への選好を（おそらく）正直に提出し，第2志望にも受け入れられなかった生徒が20％ほど存在していたことを報告しています．もし超過需要がない学校を戦略的に第2志望に選んでいれば入学できたので，その行為を"ナイーブ"と叙述しています．さらに，Pathak & Sönmez（2008）は，こうしたナイーブな生徒の満足度が，戦略的に報告をする生徒によって下がることを証明しています．

　また，アファーマティブアクションを考慮した学校選択制度について通常マイノリティ保護区では，マイノリティが保護区の定員を満たすまで，学校はマイノリティ生徒に高い優先度を与えます．その後，マイノリティではない，待ち生徒の定員を満たすために，DA方式などが行われます．この方式も複数あり，Abdulkadiroğlu & Sönmez（2003），Matsubae（2011），Kojima（2012）によって提唱されている方法として，DA方式によって学校がまず一定の定員を確保する「DA-定員」があります．一方で，Hafalir, Yenmez & Yildirim（2013）によってDA方式による留保を行う方法が提唱されています．この方式を「DA-留保」と呼びます．アファーマティブアクションの問題点は，Matsubae（2011）によって指摘されているように，マイノリティを積極的に受け入れることで，アファーマティブアクションがなければ入れたはずのマジョリティは自分が入りたい学校に進学できないため，「正当な羨望」を持ち安定性が失われることにあります．

　さらにKojima（2012）ではそればかりか，本来マイノリティのための制度であるアファーマティブアクションの適用により，結果的にマイノリティが損をするというパラドキシカルな結果を導き出しています．日本にはマイノ

リティの制度がないので，スポーツ推薦についての例として説明します．

　例えばK高校野球部が優秀なピッチャーがどうしても欲しいため，スポーツ推薦制度で受験する学生の学力の点数に下駄をはかせる（ちょっと加点する）とします．すると本来入れたはずの野球部や，マジョリティーの学生が入学できないということが起きます．彼らは他の高校（I高とします）を受験するので，I高の倍率が上がってしまいます．すると他の高校に入れない学生が出てきて，本来であればK高校を受けなかった優れた選手（ピッチャーではないが有名な選手で，学力が高め）などがK高校を受けるということも起こり得ます．K高校は知名度を上げるためにその有名選手を入学させますが定員には限りがあるため，有名選手が合格した結果，K高校が本来欲しかったピッチャーが入学できず効率的な補強ができないといった事態になります．

13.5　実験経済学による実証

■ 実験による耐戦略性の検証

　Chen & Sönmez（2006）や Kawagoe, Matsubae & Takizawa（2013, 2018）では実験研究を行い，DA方式の下でも，多くの被験者が自分の選好を偽って申告していることが報告されています．

　Chen & Sönmez（2006）は初めての学校選択制についての実験です．36人の生徒と7つの学校の役割を用意し，生徒の選好をくじを与えて実験し，生徒は自分にとって高い選好の学校に入ることで，高い報酬が得られます．DA方式の下ではTTC方式の下でより，生徒はより正直に選好を表明することが確認され，また理論的にはパレート効率性においてDA方式より優れているはずのTTC方式が，DA方式より優れた結果を残さないことを発見しています．

　Chen & Sönmez（2006）が生徒が自らの選好と学区と定員（収容数）のみを知っている不完全情報下であったのに対し，Pais & Pintér（2008）は，生徒がほかの生徒の選好も知りえる完全情報下ではTTC方式がDA方式より

選好表明の正直さにおいても効率性においても優れていることを示しています．ボストン方式の事例では特に情報がメカニズムのパフォーマンスに影響することが予想されます．Featherstone & Niederle（2014）は，情報が不完全で，自分の選好や優先順位はわかるが，他人のそれについては確率分布しかわからないとき，自分が入りたい学校に入る確率についてベイズの定理を用いる結果，ボストン方式でも嘘をつくと損になることを認識して申し込むことを実験により確認し，ボストン方式のほうが，DA 方式より高い効率性をもたらす結果を得ています．

■ 東京都の学校選択の実験研究

　日本における学校選択制は，高校の受験において学区の異なる生徒をある程度受け入れることによって生徒側から見た選択肢を広げようとする目的で導入されました．1988 年の三重県に始まり，現代では多くの都道府県で採用されています．東京都の学校選択については，実験経済学者の川越敏司らによる検証的な実験が行われています（Kawagoe, Matsubae & Takizawa（2013, 2018））．特にマッチング理論の日本の東京都における制度設計への応用は，安田（2010）にわかりやすく解説されています．

　東京都の制度では，すべての生徒は自分の学区の公立高校への入学を保障されていますが，行きたい高校を選んで受験することができます（区によって制度が多少異なり，例えば品川区では生徒は品川区のどの高校も受けられるわけではなく，自分の住んでいる地域に隣接した学区域にある高校だけになっています（2019 年度調べ））．ただし高校の定員を希望者が上回った場合には，同じ学校を志望する生徒の条件に沿って優先順位が割り振られます．これらの条件が同じである場合，くじ引きが行われ，ランダムマッチングが決まります．したがって，くじ＋DA 方式で，生徒はどの学校にどれくらいの生徒が応募するかの情報を得られず，不安からより学力が低い高校を受けるなど，耐戦略性（自分の選好を偽らない）が失われる可能性があります．

　Kawagoe, Matsubae & Takizawa（2018）では DA-定員方式と DA-留保方式を実験によって比較しました．まずどちらも基本が DA 方式なので，正直に選好を表明することが支配戦略なのですが，支配戦略を採用した被験者は

60％に過ぎなかったという結果が得られました．さらに予想に反して「正当な羨望」を示す生徒の割合は，DA-定員方式よりも DA-保留方式のほうが高くなり，そこではスキップダウンと呼ばれる支配戦略からの体系的な逸脱パターンが観察されました．それにもかかわらず，DA-留保方式のほうが安定性が弱いため，実験で観察された安定マッチングのセットは，DA-保留方式よりも DA-定員方式のほうが多くなったのです．

Abdulkadiroğlu, Che & Yasuda（2015）は，耐戦略性をできるだけ崩さずに事前の効率性を改善する，シグナル付 DA（Choice-Augmented Deferred Acceptance）方式を提案しています．シグナル付 DA 方式は，選好順位の提出の他に，（1つだけ）選んだ学校に対して自分の優先順位を上げることのできる指定校オプションを加えます．各学校は，同じ優先順位に属する生徒たちの中で，より強く入学したいというシグナルを送ってきた生徒をそうでない生徒よりも優先するというものです．今までマッチングに利用してきた選好順位は，序列的な順序なので，どちらをどのくらい好きなのかはわかりません．ところが指定校オプションを付けることで，生徒から申し込みがあり，高校から見て同順位となった生徒が，当該の高校にどの程度入りたいのかという量的な選好を表明することができるため，あるマッチングの事前の（生徒の期待効用による）効率性を測定することで複数のマッチングを評価することができ，こうした点でそれまでの理論と一線を画するものとなりました[9]．

コラム　中央集権制度と学校入学制度

　昨今の日本の受験制度の現状をどのようにとらえるか小島武仁先生に伺ってみました．日本の大学において 2019 年度から定員を超えた補欠合格を与えることについて制限がかかりました．大学が補欠合格を厳密に少なくしすぎると，場合により合格を出した生徒が歩留まりせず結果的に定員割れになることもありえます．そこで大学は最も優秀で他大学でも優先順位が高い受験生を不合格にするという逆説的戦略をとる可能性があります．生徒としても本望ではない結果となるかもしれず，効率性も安定性も失われます．この結果は，全国の大学の制度が分権的となっているところからき

---

[9] このとき，どのような情報を大学が回収できるようなオプションにするのかが重要で，メッセージの次元を増やして空間を広げても，マッチングの改善につながるような情報を各生徒が提供するようなインセンティブを与えることが重要である，とのことです．この解説は安田洋祐先生に伺いました．

ています．そもそも SOSM 方式などの中央集権的なアルゴリズムベースのマッチングでは，当事者間の推定ゲームを一切する必要がなくなる利点があり，大学が正直に必要な定員を申告しておけば，あとはアルゴリズムが定員以上はマッチしないように調整してくれるため，定員を超えて補欠合格を出すインセンティブが大きく下がるのです．全国共通の試験を用いて私立大学も含めた中央集権的なマッチングが可能になれば，効率性が保証されそうです．

■ 市場の外で起きてくること

　安田（2014）は，市場の制度設計の立場から，マッチングの当事者以外の厚生を視野に入れた意見を述べています．それは，医療研修制度において，2001 年に小泉政権の下で DA 方式による制度が導入されたときに，研修医の希望する研修現場が大都会に集中してしまい，過疎地域において研修医が不足してしまう事態が生じたことは外部性であるというものです．マッチングの当事者間では効率性が改善することがいつでも是であるとは限らないというのです[10]．誤解を恐れないで書くと，現代の自由度の高い結婚制度も外部性が大きいものかもしれません．バブル時代以前の日本社会においては，結婚とそれを貫くことは男女ともに生きる義務に近い社会からの強い要請でした．男性は女性と数年関係を持ったならば必ず結婚し，女性は潔く仕事を辞めることが美徳でした．現代の結婚市場は多くの人が親の言いなりに結婚していた昔に比べると，ずっと良い市場ですが，個人の厳密な選好に基づいて，未婚や離別の人が増えて少子化につながっているならば，「全員が自分に正直に生きる」ことの外部性が生じているのかもしれません．だからといって，個人の選好が重視されないことなどおそらく誰も我慢できないでしょう（私も嫌です）．ここに社会的ジレンマがあります．

10　とはいえ，自分にとって縁もゆかりもない場所に割り当てられてしまうのは，研修医にとって苦しいと個人的には思います．かつて東ドイツなどの旧共産圏では，誰もが大学（共産党員で宗教が国家が認めたものであれば）に行くことができました．しかし学部を選ぶことはできず，過去の成績で国家により決められていました．

《マッチング問題の応用や現実を考えよう》·································

[1]　本書の例で，学校から見た優先順位が俊Sと同じ優太Yが学区に転向して
きて，R, S, T, Yのうち1人が学校に入れない例を考えます．それぞれの役割
になって，SOSM方式，ボストン方式，TTC方式，の下での戦略を考えてく
ださい．4人でグループになり，実際にマッチングしてみましょう（大学は
機械的に優先順位に対して生徒を割り当てするので，大学の決定はSの役割
の人が考えます）．同率タイについて，時間があれば，くじ方式を用いましょ
う．

[2]　自分の住んでいる学区の学校選択制度について調べて，どの方式に近いか
考えてみましょう．

■実験経済学者は，理論に基づいて，各人が嘘をつかず本当の望みを申告することがベストな戦略になるような制度を設計することを目的にしてきました．その背後には，インセンティブが私たちを強く動かすという考え方があります．しかし一方で，行動経済学は，ダン・アリエリーの言葉を借りるならば，私たちが"予想どおりに不合理"であることを明らかにしてきました．それは不合理な人たちの行動パターンを見越して，制度を設計しなければならないことを意味します．

14.1 ナッジと選択的アーキテクチャ‥‥‥‥‥

■ ナッジと認知システム

リチャード・セイラーの著作には，ナッジという言葉が並んでいます．日本語にはなじみがないのですが，「肘を軽く押す」というような意味で，意思決定をそっと促すことを意味しています．日本語だと「肩を押す」という言葉が対応しているのではないでしょうか．ナッジについて理解するには，行動経済学についての総合的な理解，とりわけ，認知システムについての理解が必要になります．私たちは日々複雑な問題に直面しているので，脳は時間やコストを節約しようとします．そのためいつも深く考えたり，すべての選択肢をくまなく検討したりしているわけではありません．ダニエル・カーネマンの著書『ファスト＆スロー』の第1章の副題が「システム1（速い思考）とシステム2（遅い思考）」[1]となっているように，私たちは2つの認知システムを使い分けています．

第1講で見たように，一つは，直感的で自動的な思考システム（システム1），もう一つは，熟慮的で合理的な思考システム（システム2）です．システム1は，速く意思決定ができるシステムで，ほとんど無意識に行うことができるシステムです．行動経済学は，上記の2つのシステムのうち，システム1がもたらすエラーを，予見できる系統的なエラーと認識して理論まで発展させたものです．

いつものカフェで飲み物をオーダーしたり，学食でメニューを決めたりするときに，新メニューがなければ熟慮する必要はありません．レストランに入って，何もメニューを見ないで，「とりあえず，ビール」と頼んでいる人はシステム1を利用しているはずです．これに対し，システム2が必要な場面にはスマートフォンやパソコンなどを購入するときがあります．いろんなオプションについて，時間をかけて検討する人が多いのではないでしょうか．

「ナッジ」とは，本来であれば「システム2」が必要な意思決定を「システム1」に近づけるように何らかの工夫をすることだといえます．2つの選択肢があるとき，左にも行けるけれども無意識に右を選んでいる……そんな作用を生むのがナッジであり，海外ではすでに様々なナッジが政策的に取り入れられて成功しています．

■ 選択的アーキテクチャ

ナッジという緩い制度設計が求めている結果を容易にするための装置を選択的アーキテクチャといいます．セイラーは「刺激反応適合性」に反する装置はうまく働かないとして事例を挙げています．こういうことについて筆者が知ったのは，NHKのピタゴラスイッチの監修者佐藤雅彦氏の著作『毎月新聞』の中です．その中には，矢印の方向が左を向いているのに「右を向け」と書いてあるとき人はどちらを優先するか，また図形が10角形なのに8角形と書いてあったらどちらを信用するか（角が多くなると文字が勝つようです）など，コピーライターとして広告に関わってきた経歴のある著者ならではの

1　カーネマンによると，これを命名したのは，心理学者のキース・スタノビッチとリチャード・ウエストなのだそうです．

"気付き"という形で事例が紹介されています．広告，特に看板広告は，選択しやすくなる良い選択的アーキテクチャに満ちています．

■ プライミング

　セイラーとサンスティーンによる『実践 行動経済学』においては，環境を守るためのナッジの例が挙げられていますが，その中に環境改善のためのマークの改善によって，環境を考慮に入れた選択がしやすくなった例が解説されています．その一つがプライミング（priming）です．

　プライミングについて，カーネマンが挙げている例はちょっと衝撃的です．これから食事ならば，今すぐこの本を閉じて食後に開けてください．

バナナ　　　げろ

　バナナが好きな人，ごめんなさい！ この2つは普段ほとんど結びつくことはありませんが，このような言葉を2つ挙げられると，バナナを食べたために気分が悪くなって吐いたということを考えるようになり，しばらくの間，バナナを見るとちょっと気分が悪くなるかもしれないのです．それは，脳が勝手にこの2つの言葉を結びつけて，ストーリーを作ったからです．これをプライミングといい，先行刺激と訳されます．その効果は行動にも及び，例えば「ダイエットするつもりはありますか？」と訊かれると，実際にダイエットしたくなる，というものです．アメリカでは有権者に「選挙に行きましょう」ではなく「選挙にいくつもりがありますか？」と前日に尋ねたことで，投票率が25％も上がったと，セイラーは報告しています．プライミングの効果は，当初は単純にこれからの行動について測定することが目的だったため，「単純測定効果」と呼ばれています．質問者はその意図を中立的にみせても，回答者がその質問に回答した結果，彼の行動に影響を与えるというものです．実際には日曜日に投票に出かけるのは，機会費用を考えると面倒くさいものです，とはいえ回答時には明日のことなので「投票に行く」と回答しやすく，そう回答すれば自分と約束したことになり意識に強く残り，約束を破りたくないので結果として投票に行く，ということになるでしょう．

　マーケティングの分野では，プライミングはよく用いられています．基礎

化粧品などであれば，「洗顔後の悩みは何ですか？」に始まり「洗顔後基礎化粧品を使ったほうがいいと思いますか？」など喚起するような簡単な質問を３つほどすることで，実際にその需要を高めてから広告に入るというものです．

さてここで次の質問について考えてみてください．

［質問］ 以下の２つの単語を使ってどんなストーリーを考えますか？

ラーメン　青い

回答　⇒　＿＿＿＿＿＿＿＿＿＿＿＿＿＿＿＿＿

「海の家でラーメンを食べる」ではなく，「青いラーメンを食べた」と考えた人はいましたか？ 青いラーメンはきっと SNS に投稿するためでしょう．そのとおり！ なんと青いラーメンは実在します[2]．

■ 社会的規範をフィードバックする

環境問題は社会的な規範および外部性という経済的な問題を多く含んでいます．Schultz et al.（2007）によると，カリフォルニア州サンマルコスにある 290 世帯を対象に行った電気利用料に関する実験において，実験前の２週間の消費量から，対象となる地域の世帯を平均以上の消費世帯と平均以下の消費世帯に分け，両方の家計に対して，消費量についてフィードバックする際に２種類の方法を試しました．一つはベースとなるフィードバックは記述統計のみであり，各世帯は，前の週に消費したエネルギー量と，同期間中の近隣の平均世帯のエネルギー消費の情報をもらいました．もう一つのフィードバックでは，ベースの情報プラス差別的情報として，当該世帯の消費が近隣を下回った場合には☺マークを，平均以上に消費した場合には☹マークを添付して，消費エネルギー量に対する承認，または不承認という差し止め

---

2 閉店に追い込まれそうなラーメン店の店主が前から作ってみたかった青いラーメンを作ったところ，たまたまインスタグラム映えするため人気が出たらしいのです．たった今，青いラーメンで検索した人がいるのではないでしょうか．もし興味をひきたいことがあったら，すべてを解説しないで自分で調べてもらう．これも選択的アーキテクチャです．

メッセージを伝達したのです．短期についても長期についても追加的な顔マークの情報を受け取ったグループでは，笑顔をもらったグループでも，そうでないグループでも計述統計のみのグループと比較して節電する効果が見られました．

■「みんなはやっているよ」

日本ではエコロジーマークなどを導入してもあまりナッジとして浸透していないのが現状です．エコロジーな活動を支持するために作られた環境のマークは多種存在していますが，その意味はあまり浸透していません．恥ずかしながら環境経済学を教えている筆者が知っているマークも，アルミ・スチール・ペット・プラなの文字が循環する矢印に囲まれている，ごみの分別時に必要な表示識別のマークばかりです．

いったいどうすれば環境問題への取組みが成果を収めるのでしょうか．それについて最近のコーポレートガバナンス・コードへの上場企業の迅速な取り組み状況や SDGs（2015 年の国連サミットで採択された「持続可能な開発のための 2030 アジェンダ」に記載された 2016 年から 2030 年までの国際目標）への取組みなどから推察すると，日本企業はコストを伴う新しい社会的目標があるとき，政府主導で新しいルールを設定して足並みをそろえるのがうまいようです．日本の企業に有効なナッジは，「みんなはやっているよ（あなたはやってないの？）」というものなのです．

そもそもナッジと規制とはどう違うのでしょうか？　どちらも，制度設計者が望むような結果をもたらすために用いられますが，意思決定者にとってナッジが促す選択肢は強制ではなく，意思決定者が「選ばなくてもよい」という点が規制と決定的に違います．したがって，政府による直接的な規制と異なり，ナッジには罰則はありません．そのためモニターも必要がなく，導入のコストが小さいというメリットがあります．

14.2 ナッジとしての制度設計------------------

■ 外部性を吸収する制度設計

　第10講でも紹介したように，セイラーはピグー税の制度設計について（10.5節）「この点についてはエコノと同意見」として評価し，ピグー税をナッジの一つであるとしています．そして国際的な環境問題である気候変動化ガスの排出を削減するための取り組みとして，一定の地域内または国内における炭素排出量削減制度であるキャップ&トレード制度（国内排出量取引制度）によって，経済的手法による外部性の内部化を行うと，インセンティブがうまく調整されることを強調しています．この制度は排出量取引制度と同じように，各経済主体に，生産などの経済活動を減らさないで費用を払って炭素量の排出権を購入することを可能にする制度ですが，「生産高を減らすか，排出権を買うか」という自由度があるのだから，強い制度設計ではなく選択的アーキテクチャの一つであるとしています[3]．

　このほかにも，産業廃棄物問題にピグー税を課すのもインセンティブの調整といえるでしょう．産業廃棄物に税金をかければ廃棄物を減らすために企業は様々な努力をします．しかし産業廃棄物を減らす努力をしないで税金をたくさん払うという選択も可能であるという意味ではナッジになるのでしょう．とはいえ脱税に対してはモニタリングと罰則規定と運用が必要ですから，

3　キャップは上限，トレードは取引であり，総量削減義務とそれを可能にする排出量取引制度，すなわち炭素排出量の上限を当該企業に割り当て，目標達成に向けて排出量の削減達成に不足した分を，削減を余分に行った企業から購入しても良い制度です．EU域内では2005年1月から始まり，現在はEU加盟27国にアイスランド，リヒテンシュタイン，ノルウェーを加えた30か国が参加しており，発電所，石油精製，製鉄，セメント，航空産業等のエネルギー多消費施設（1万以上）を対象としています．米国では2006年にカリフォルニア州で始まり，2007年頃から16州（2014年現在）の参加により始まりました．オバマ政権の元では米国連邦レベルで大気浄化法（Clean Air Act, CAA）に基づいて連邦環境保護庁（EPA）による温室効果ガス排出規制が実施されました．日本では政府の削減義務策定の流れを受けて，例えば東京都では2008年に環境確保条例が改正されました．そして，年間のエネルギー使用量（原油換算）が1,500kl以上の事業所（約1300事業所）を対象に，第1期：2010〜2014年度，第2期：2015〜2019年度（履行期限2021年9月末）とし，2002年度から2007年度までの連続3か年度平均を対象として，第1期はオフィスビル等8%，工場等6%，第2期はオフィスビル17%，工場等15%を義務としています．第2期には：「低炭素な電気事業者」から電気等を購入した場合，義務履行に利用できる仕組みの導入をしました．達成できなかったときの罰則もあります．

エコマークの設定に比べると，緩いナッジではないといえます．

　セイラーは，選択が大きなトレードオフを伴い悩ましいために，ナッジが重要性を増す場面として，①便益を（快楽）今すぐ得てそのコストを後で払う場合，②複雑であり意思決定がその後の生活や人生に関わるなど困難度が高い場合，③意思決定の頻度が低い場合，④フィードバックが得られにくい場合，があるとしています．

　①のように煙草を吸ったりアルコールを飲んだり買い物を楽しんだりと，楽しいことについてすぐに体験する一方で，そのコストを後から払う場合[4]について，自分をコントロールするためのナッジがないと，そのような悩ましい選択肢から自分を守ることができないこともあります．誰だってダイエット中でもケーキやアイスクリームなど食べたくなりますよね．

　想像してみてください．あなたはあと2キロ痩せたいと考えています．ところがコンビニに寄ったとき，ハーゲンダッツの新作をみつけて，ダイエットが成功したら食べようと思い，購入し，冷蔵庫に入れる前に一口だけテイストしよう……と思って結局すべて食べてしまいました．そして「明日こそダイエットしよう」とスプーンに誓いました．こんなふうに今すぐ得られる快楽が目の前にぶらさがってしまうと，誓いを立てても破ることになります．ダイエット問題への選択的アーキテクチャとしては，アプリを利用して食べたものを報告して指導してもらうなどフィードバック型のダイエットサービスがあります．

　また耐久財の購入は金額が大きく，ずっと使わなければならないため，選択は難しいことが多く，ナッジがあったほうが選択は楽になるでしょう．例えばパソコンはユーザーの目的に合わせて様々なスペックのものが発売されています．どれが自分に合っているかわからないので，筆者はチャットを利用して，メーカーの窓口で相談をして話し合いながら最適なオプションを決めようとしました．オプションを搭載すると高くなるからです．ところがチャットで「今これくらいの性能が普通です」という言葉に負け，予算より多くのオプションを積んでしまいました．それはよくできたナッジでした．

4　リボ払いは，より多くの金を使わせるためのナッジです．

さらに，ウェブ上の見積もり時にも驚かされた選択的アーキテクチャがあり
ました．上位オプションを選んだとたん，オプションを搭載した状態がデ
フォルトとなり，元のオプションなしに戻すと，性能がマイナスになるよう
に画面が作られていたのです．**第4講**で紹介したプロスペクト理論によると
損失は利得の2.25倍嫌ですから「オプションなし」に戻ると痛みを感じます．
さらに異なる内容のスペックのオプション同士を補完的にし，3つの選択肢
で上位オプションをすべて選ぶと初めて「TRUE PERFORMANCE」と購入
見積もり画面に表示されるのです．えっ，じゃあそのオプションを付けない
と本当の実力を発揮できないの!? それって宝の持ち腐れじゃ……となるこ
とをメーカーに期待されているのでしょう（結局予算が足りず，TRUE
PERFORMANCE を実現しないパソコンでこの本を執筆しております）．

■ ナッジを取り入れた日本の政策立案

　日本では，環境省主導で2017年4月に日本版ナッジ・ユニット（Behavioral
Sciences Team, BEST）という制度が導入され，関係府省庁や地方公共団体，
産業界や有識者等から成る産学政官民連携オールジャパンの取り組みとして
PT「プラチナ」が発足しました．環境省が経産省，内閣府や総務省を経由
して自治体や産業，各企業と連携しているのが特徴です．そのために2017
年度からは50万を超える世帯に対しエビデンス（根拠）に基づく政策立案
（Evidence-based Policy Making, EBPM）の実践のために世界最大規模の実証
（環境省ナッジ事業）が始まっています．

　ナッジを制度設計に取り入れるということは，行動科学に基づいた政策を
立案することになります．うまくできたナッジはなかなか抗えぬ力を持って
いますから，ナッジが目標とするゴールも慎重に設定する必要があるでしょ
う．さらに，過去やほかの地域でどんなことが起きたのか，類似した事例に
おけるエビデンスに基づく政策立案（EBPM）をする必要があります．この
動きを日本も取り入れようとしています．データの収集には心理学や実験経
済学で用いられているランダム化比較試験（ランダムに選んだ被験者の間で，
条件をコントロールした群とコントロールしない群における値が異なるかどうか
を見る手法．Randomized Controlled Trial, RCT）が望ましいとの見解が示され，

シカゴ大学の伊藤公一朗により行われた，京都けいはんな地域における節電を促す実験結果が紹介されています．価格インセンティブ・グループと，自発的な節約を要請するグループ（いわゆる啓蒙活動ですね）と，何もしないグループの間で節電要請は有効であるものの，すぐに慣れてしまい長続きせず，価格インセンティブによるグループの節電は一貫していたことを発見しています．しかしこうした RCT のコストは高くつくため，疑似実験や自然実験による事前の検証が適切であるという見方も示されています．疑似実験・自然実験とは，「何らかの理由で異なる取り組みの対象となっている複数のグループの間で効果の比較を行うことにより（あたかも実験が行われたような状況を取り出して）因果関係を分析している」ことであり，カリフォルニア州の 2 つの地域における電力料金制度が消費者に与える影響の分析の例が示されています（「EBPM（エビデンスに基づく政策立案）に関する有識者との意見交換会報告（議論の整理と課題等）」平成 30 年 10 月，総務省）．カリフォルニア州オレンジ郡の南と北では電力における住民の属性が，ランダム化を行ったかのように似ており，南だけで電力が上がったときに，南の住民が経済学で考えられているように限界費用ではなく平均費用に反応して電力消費を下げたことがわかりました．もしも自然実験ができる状況があれば，政策を導入するかどうかについても事前に判断ができそうです．

　また，カリフォルニア州における停電の際，（電力供給を民営化した際の集中利用により起きた）有効だったナッジが「ご近所さんはもうクーラーを止めて扇風機にしています」であったことを紹介しています．さらに，各家計に対して，ご近所さんの平均より何％多く電力を使っているかと，そのことがもたらす社会的損失についてのレポートを付けて送ったところ，10 年にわたる安定的な節電効果が得られたそうです．

　このほか日本では，地震リスクに対応した選択的アーキテクチャの模索がなされています（齊藤・中川 (2012)）．例えば齊藤・竹内 (2012) は，アイ・トラッキングの分析を利用して，人が建物内のどこを見るかを計測し，より耐震構造が強い建物を選択させるナッジについて提言しています．

　BEST の取組みは，ここ数年で急速な進展をとげました．平成 30 年からは行動経済学会とのコラボレーションにより，ベスト・ナッジ賞が設けられ，

環境のみならず，働き方改革などにおける警察の取組みなども受賞していま
す．また，新型コロナウイルス対策についても取組みを進めています．

14.3 デフォルトの力

■ オプト・インとオプト・アウト

　ナッジの中でも最も有効な方法の一つが，有効なデフォルトを設定するこ
とです．Benartzi & Thaler（2007）はアメリカの確定拠出年金制度において，
各企業がデフォルトを用意する際に，「加入する」をデフォルトにして，不
要であれば後から抜ければよいとしておく場合と，逆に「加入しない」をデ
フォルトにして，必要であれば後から入ればよいとする場合で全く異なる加
入率が得られるということを示しています[5]．デフォルトが「加入する」に
なっていれば，加入から抜ける人はほとんどいないのに対して「加入しない」
がデフォルトになっていると，加入の必要性を感じません．被雇用者にとっ
て加入がデフォルトになっているほうが親切ですね．これはオプト・インを
デフォルトにする選択的アーキテクチャです．

　オプト・インとオプト・アウトという言葉はIT業界では広く知られていま
す．メールの受信についてのデフォルト設定は，昔はオプト・アウト方式で
した．これはデフォルトが基本的にすべてのメールを受信することで，受信
拒否をしたときだけ受け取らないことができるというものです．しかし迷惑
メールの増加から，日本では2008年12月1日に施行された迷惑メール対策
関連の改正法により，広告・宣伝メールなどの送信が，それまでのオプト・
アウト方式からオプト・イン方式に変更されました．オプト・イン方式では
受信者がメールを受信するにあたり事前にその趣旨や内容を吟味でき，受信

5　また，彼らの一連の研究は，人々が給料から年金の積み立てにもっと多くの金銭をふりむけな
ければいけないと認識しているにもかかわらず，年金を現実には増やしていないというサーベイ
の結果を得ており，「来月から年金を増やす」という選択肢が有効であることを明らかにしてい
ます．これは，現在バイアス（確実な今は特別で明日とは違うと感じ先送りにプレミアムを必要
とするのです）の存在があると，今将来のために払う犠牲が大きくなってしまうため，本来重要
な年金を今増やすという意思決定ができないが，来月は将来なので，今自分が将来の自分のため
にする将来のコストは，その負担を割り引いているのです．

者が「メールを送っていいですよ」といわなければメールが届くことはありません．

■ ナッジは諸刃のやいば

　デフォルト・オプションのことを，セイラーは「義務的選択」「命令的選択」と呼んでいます．うーむ，義務や命令ってもはや選択じゃない気がする……けれども以下の例を考えてみてください．例えばコンピューターのソフトウェアの中には最初の３か月無料で，その後，１年間の自動更新という設定になっているものがあります．３か月無料は，実際にはお試しのための期間となっていますが，所有をデフォルトとするための期間といってもいいでしょう．それがウイルス対策ソフトなどであれば，その更新はありがたいですが，もしほかのより良いソフトが存在していても，そちらへの乗り換えの機会を失うことになります．さらに自動更新システムはその名のとおり，自動に永遠に続けることになりがちです．

　こういう例は最近サプリメントや化粧品の業界で当たり前になっています．初回のお試しは劇的に安いのですが，初回の申し込みをすると自動継続を申し込むことが条件となっているケースが多いのです．音楽の配信もサブスクリプションを選択する人が増えていますが，自動更新は渡るとなかなか戻れぬ川で，一度所有すると現状維持が働き，更新は生活が苦しくなり家計を見直すまで続きます．

　ナッジを用いることは，他人により良い選択を促すうえで有効です．政府でなくともクラスルームやサークル内でも有効なナッジがあるでしょう．それと同時にナッジにより気付かないうちに選択を緩く強いられているケースに気が付けば，自分にとって本当に必要なものだけを選択することができ，より良い人生を送ることができそうです．

《ナッジが使われている制度や広告を探してみよう》・・・・・・・・・・・・・・・・・・・・・・・・

　環境を守るための政府の制度設計や，企業のマーケティングにおいてナッジが用いられている例を探してみよう．

《選択的アーキテクチャを作ってみよう》・・・・・・・・・・・・・・・・・・・・・・・・・・・・・・・・

[1]　高齢ドライバーに気分よく免許を返納してもらうための選択的アーキテクチャを作ってみよう．

[2]　高齢ドライバーがいますぐ免許を返納しないことには大きな危険を伴うと自分で気が付くような選択的アーキテクチャを作ってみよう．

[3]　選挙に行きたくなる選択的アーキテクチャを作ってみよう．

第15講
実験手法と検証法

■経済学の仮説検証では回帰分析が一般的ですが，実験経済学と行動経済学では，実験のコントロール群と非コントロール群の平均値が異なるかどうかを比較するノンパラメトリック検定が一般的です．また説明変数も客観的なフィールドデータではなくアンケートによって収集しなければならないことがあります．実験経済学や行動経済学を実践し，レポートや論文を書いてみたい方のためにそれらの手法を紹介します[1]．

15.1 検定の基本----------------------------------

　経済学では，仮説を立てて変数間のモデルを検定する際，検定の対象となるデータの分布について，正規分布やガウシアン分布，指数分布などの関数系を特定することで，期待値や分散などのパラメタを推定する手法が一般的です．これをパラメトリック推定といって，そのパラメタが統計的に有意かどうかを検定により明らかにします．これに対して，実験験経済学や行動経済学においては，母集団の分布についての関数形を仮定しないで，ある仮説が正しいのかどうかについて検定を行う（仮説検定）ことが多く，これをノンパラメトリック検定といいます．ここでは，最初に仮説検定の基本を学び，次にノンパラメトリック検定について解説します．

1　なお，専門的に実験経済学や行動経済学を研究をされる方は，ピーター・モファット『経済学のための実験統計学』（勁草書房，2018）をお読みになることをお薦めします．統計ソフト Stata のプログラムも紹介されています．また統計学については蓑谷千凰彦『統計学入門 1・2』（東京図書，1994）などをお薦めします．本書の解説の統計学についての部分はこれに依っています．

■ 仮説検定とグループの作成

2つの独立した母集団から実験により標本を抽出する方法として，1人の被験者が1つだけの条件に参加するやり方と，各被験者が異なる条件下の実験（トリートメントと呼ばれます）の両方に参加するやり方があります．前者の標本は対応のないデータとなり，標本間での検定，すなわち被験者間 (between subjects) 検定を行います．後者は対応のあるデータとなり，被験者内（within subjects）検定を行います．被験者内検定では前の実験の条件設定が次のトリートメントに影響する可能性を完全に排除できないため，被験者間検定がより望ましい検定です．

実験経済学・行動経済学や心理学の実験においては，被験者間検定をするため被験者を2つに分けて，調べたい条件を課したグループ（コントロール群）の選択と，条件を課さなかったグループ（非コントロール群[2]）の選択を観察して，母集団の分布が有意に異なるか否かを調べます．そのため，グループ設計が重要なプロセスとなります．まず，2つのグループに入る被験者が同質であるほど，実験結果の違いが統制した条件によって起きるかどうかを判断しやすくなります．しかし，例えば同じ大学の同じ年齢の学生を集めたとしても，一人ひとりの経済状況，性別，出身地，学歴などの違いが実験結果に影響する可能性があります[3]．こうした属性の差の影響を回避するために，例えば同年代の比率や男女比が2つのグループに均等に入るように工夫をします（マッチング）．分析時に研究対象に影響すると思われることがらを属性として集めておき，性別のように非連続的な属性であればダミー変数として分析します．ゲーム理論の実験では，グループ内メンバーにも気を遣います．例えば利他性を検証したいときに，コントロール群と非コントロール群の片方にだけ友達がグループ内にいたのでは，純粋な利他性を測ることができません[4]．

---

2 非コントロール群のことをトリートメント群ということがあります．実験の大きな枠組みは同じだが条件を変化させた実験をトリートメントと呼びます．トリートメントは調べたい条件が増えると，条件1に対して2トリートメント，条件2に対しても2トリートメント……と2×2×……＝ とどんどん増えていきます．

3 究極的な実験としてゲノムが同一である一卵性双生児を用いた実験が心理学で用いられるのはそのためです．

4 例えば大学の野球部に属している人が集まって公共財供給実験をしたとき，暗黙の了解で多く

何らかの理由でマッチングが難しい場合や，年齢など連続的な数値となる属性がある場合には，例えば20代，30代など一定の範囲に入る被験者を1つのグループに入れて別トリートメントとして扱います．このやり方をブロックによる階層研究と呼びます．

　基本的に実験経済学では，他人に自分の意思決定を知られない状況を確保するためコンピューターによって相手をランダマイズし，意思決定を遮断するラボ（実験室）を利用します（ラボがなければ段ボールなどで仕切りを作ります）．

■ パラメタの推定とは

　観察した標本から仮説を検定するとき，標本の母集団の分布がどのようなものかを考えます．例えばあなたが足元の芝生の一部だけが濡れていることを発見したとします．このとき，遠くに見えるスプリンクラーがくるくる回転して水を撒いたのか，あるいは地面に長いスプリンクラーが等間隔に埋め込まれていて，地面に垂直に水を撒いたのか，考えをめぐらします．これが分布の形についての推定です．分布の形を推定できたら，次にどのくらいの水圧で水を撒いたのかを考えます．これがパラメタの推定です[5]．

　標本から母集団の分布を知る方法にはモーメント法と最尤法（**15.2節**）があります．k 次モーメントとは標本データの k 乗の単純平均であり

$$E(X^k) = \frac{1}{n}\sum_{i=1}^{n} X_i^k$$

となります．データ $X_1, X_2, \cdots, X_n$ が，期待値 $E(X) = \mu$ および分散 $Var(X) = \sigma^2$ を持っている母集団からのランダムな標本であるとするならば，平均 μ の推定値 $\bar{\mu}$ は1次モーメントの推定値は標本値の単純平均 $E(X) = \frac{1}{n}\sum_{i=1}^{n} X$

の公共財を供給するといった結果を得たことがあります．
5　『賭博黙示録カイジ』のパチンコ編の最終局面において，パチンコの玉が1つだけでもある穴に入れば勝てるという状況で，いくら打っても絶対に吸い込まれて行かないので，カイジは自分のパチンコをうまく打つ技能では制御できないイカサマがなされていると直感します．そしてカイジは，資金を借り続けながら勝つために自分たちが存在するビルそのものを傾けるというありえない方法を用います．このイカサマを感じたカイジはどでなくても，パチンコには確率変動があり，ある局面になると，高い確率でパチンコ玉が成功の穴に入りやすくなるという遊びが設けられています．このとき，ギャンブラーたちはパラメタを必死で推測しようとしているはずです．

であり，これを $\overline{X}$ と表現します．2 次モーメントは $E(X^2)=\frac{1}{n}\sum_{i=1}^{n}X_i^2$ となります．母集団の分散 σ^2 は 2 次モーメントと 1 次モーメントの 2 乗の差 $\sigma^2=E(X^2)-[E(X)]^2$ であるので，偏差（期待値（平均）からのちらばり）の 2 乗の単純平均です[6]．通常は，より低次のモーメントである平均値を用います．

$$\widetilde{\sigma^2}=E(X^2)=\frac{1}{n}\sum_{i=1}^{n}(X_i-\overline{X})^2$$

3 次モーメントは分布の歪み（歪度），4 次モーメントは分布のとがり具合（尖度）に対応しており，最近では，高次モーメントに現れるリスク選好と意思決定の関係が調べられています．

■ 仮説検定の基本：パラメトリック検定の考え方

仮説検定では，実験や観測データで検定により棄却したい仮説を帰無仮説 (H_0) といい，その仮説（命題）の裏となる対立仮説 (H_1) を用意します．例えば調べたい母集団の確率分布を代表する平均値など未知のパラメタが[7]理論値 θ_0 に等しいかどうかを調べる仮説検定では，帰無仮説と対立仮説は

$$H_0:\theta=\theta_0 \qquad H_1:\theta\neq\theta_0$$

となります．検定では帰無仮説が偽であるのにそれを棄却しないという過ち（第二種の過誤）よりも，帰無仮説が真であるのに対立仮説を採択するという過ち（第一種の過誤）を最重視しており，実験データにより帰無仮説が正しいとは到底いえないときにそれを棄却します．片側検定では，帰無仮説と対立仮説は，

$$H_1:\theta>\theta_0 \quad または \quad H_1:\theta<\theta_0$$

となります．θ の推定値 $\hat{\theta}$ は標本に依存する確率変数であり．何回も標本を入手することで $\hat{\theta}$ が真の値に一致していくならば，$\hat{\theta}$ は θ の不偏推定量であ

---

6 このとき，期待値および分散の推定量が，どのような確率分布に対しても求められることが便利な点です．その証明は，蓑谷 2（1994）240-242 頁を参照のこと．
7 データ検定には，2 つの群の分布系が同じかどうかを調べる検定もあります．

るとみなすことができます。これは小標本特性（定？）といってサンプル数にかかわりなく標本が繰り返し描出されるときに推定量が持つべき性質の一つです。不偏性を満たす平均 μ の推定量としては標本の単純平均 $\overline{X}$、不偏性を満たす分散 σ^2 の推定量は σ^2 ではなく自由度 $n-1$ の s^2 となることがわかっています。

$$s^2 = \frac{1}{n-1}\sum_{i=1}^{n}(X_i-\overline{X})^2$$

■ 最良線形不偏性（Best Linear Unbiased Estimator）

平均値・中央値および最頻値などの不偏推定量のうち、推定値の分散が最も小さいものを最小分散不偏推定量といい、真の値 θ に最も近いものです（有効性の基準）。母集団が正規分布であれば期待値が有効推定量です[8]。母集団の確率分布の形が未知でも、標本 $X_1, X_2, \cdots, X_n$ の線形関数 $\bar{\mu}=\sum_{i=1}^{n}w_iX_i$ が $\sum_{i=1}^{n}w_i=1$ すなわち客観的確率であるならば、期待値が母集団の μ の不偏推定量である最良線形不偏推定量（Best Linear Unbiased Estimator, BLUE）となります。さあ、これで検定の準備ができました。

■ 二 項 検 定

第3講で紹介したアジア病問題の回答において、個人がリスク下の意思決定において期待値を用いているのか否かは、二項検定で判定できます[9]。

［質問1］　アジア病問題：Tversky & Kahneman（1981）（$N=152$）

アメリカで、600人が死亡すると予測できるアジア病が発生しました。それに対して2つの選択肢があります。

① プログラムAが採用されると、200人の人が助かる。（119人）

② プログラムBが採用されると、3分の1の確率で600人が助かるが、3分の2の確率で誰も助からない。（33人）

帰無仮説 H_0：個人はリスク下の意思決定に期待値を用いている。

8　証明は例えば、簑谷1（1994）25頁9-260を参照のこと。
9　この説明はモファット（2018）を用いて筆者計算。

対立仮説 H_1：個人はリスク下の意思決定に期待値を用いていない.

　帰無仮説が正しいとき，152 人のうち 50%，すなわち 76 人が①を，76 人が②を選択するはずです. しかし現実には 152 人のうち 78%，すなわち 119 人がプログラム A を選びました. 帰無仮説が真ならば，

$$P(N_① \geq 119) = \sum_{n=1}^{152} \frac{119!}{152!(152-119)!}(0.5^{152})$$

の値を求めます. 0.001 より小さいので 1% 水準で帰無仮説を棄却できます.

■ パラメトリック検定における区間推定

　実験で集めた標本平均は，母集団平均にどの程度近いのでしょうか？ 母集団の確率分布が正規分布で近似できるときには，パラメトリック検定における区間推定をすれば，観測値の平均値 θ が母集団の正規分布の平均値 μ からどれだけずれているのかを調べることが可能です.

　標本平均 $\overline{X}$ が母集団の平均 μ を体現しているならば，標本数が大きくなるにつれて $\overline{X} - \mu$ は 0 に近づきますが，その一方で分散は大きくなるため，母集団の分散を標本数で除した大きさで平均を割った値

$$z = \frac{\overline{X} - \mu}{\sqrt{\dfrac{\sigma^2}{n}}}$$

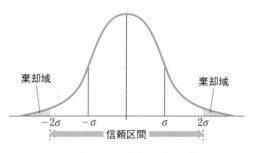

図 15-1　正規分布の区間推定

をとると，その平均が 0，分散が 1 になります．この手続きを基準化といいます．$N=1$ のとき $z=(\bar{X}-\mu)/\sigma$ となり「平均からの乖離が標準偏差 σ の何倍に入るか」を示しています．帰無仮説が棄却できない釣り鐘の内部の区間を信頼区間といいます．「確率」の定義から確率密度関数が作る釣り鐘の面積は 1 です．確率密度関数が正規分布 $N(0,1)$ のとき平均から標準偏差の 2 倍の距離離れている -2σ から 2σ までの釣り鐘の外側の面積が，例えば 0.05 以下ならば，有意水準 5% で帰無仮説を棄却できるとします．

　一般的に母集団に正規分布を仮定でき，観察された事象がグループ内の p パーセントに起きてきたとき，データ総数 N のうち「はい，いいえ」の問題に「はい」と回答した人数を m であったとし，有意水準を α とすると，

$$\frac{m}{N}-z\left(\frac{\alpha}{2}\right)\sqrt{\frac{p(1-p)}{N}} \leq \quad p \quad \leq \frac{m}{N}+z\left(\frac{\alpha}{2}\right)\sqrt{\frac{p(1-p)}{N}} \qquad (15.1)$$

の信頼区間に p が入っていれば，帰無仮説を棄却できないとします．

■ t 検 定

　「ある条件下のグループでコントロール群と非コントロール群の意思決定と，条件がないグループの意思決定による母集団の平均が有意に異なる」という仮説を検証したいと考えます．そのとき標本数 N により標本が従っていると仮定すべき分布は異なります．N が 30 を超えていれば大標本とみなすことができ，μ は中心極限定理により正規分布に従っているとして区間推定を行います（p 検定）．母分散 σ^2 がわからなくても大標本では s^2 により推定することができます．ただし，何らかの理由で（脳神経経済学の実現のように 1 人当たりの謝礼金が 5 万円にもなるなど）N が小さい場合，ステューデントの t 分布に従うことがわかっています．確率変数 T が自由度 k のステューデントの t 分布に従うとき，T の確率密度関数は

$$f(t)=\frac{\Gamma[(k+1)/2]}{\sqrt{\pi k}\,\Gamma(k/2)}\cdot\frac{1}{[(t^2/k)+1]^{(k+1)/2}} \quad (-\infty<t<\infty)$$

で与えられます．このとき $k>1$ について $E(t)=0$，$k>2$ について $\mathrm{var}(t)=k/(k-2)$ であるガンマ関数は

$$\Gamma(n) = \int_0^\infty x^{n-1} e^{-x} \quad (n > 0)$$

と表されます. t分布は自由度 k が大きくなるにつれ正規分布に近づきます.

スチューデントの t 分布を利用した t 検定を行います.

被験者間検定では,対応がない場合の検定グループ1とグループ2の期待値が同じになるか否かについて,以下のように t 検定をします. 標本サイズ n_1 のグループ1の標本平均を $\overline{X_1}$,母集団の平均を μ_1 と置き,同様に標本サイズ n_2 のグループ2の標本平均を $\overline{X_2}$ し,母集団の平均を μ_2 と置くと,検定統計量 t は自由度 n_1+n_2-2 の t 分布に従います. 標本平均と母集団の差を2つの標本をプールした不偏分散で除した検定統計量 t に,帰無仮説 $\mu_1=\mu_2$ を代入した

$$t = \frac{\overline{X_1} - \overline{X_2}}{\sqrt{s^2 \left(\frac{1}{n_1} + \frac{1}{n_2} \right)}}$$

により検定します. s^2 は1群目の不偏分散 $s_1{}^2$ と2群目の不偏分散 $s_2{}^2$ をプールした分散なので

$$s^2 = \frac{(n_1-1)s_1{}^2 + (n_2-1)s_2{}^2}{n_1+n_2-2}$$

によって計算できます.

以下の事例を考えてみましょう.

[質問2] アジア病問題 $(N=155)$

アメリカで,600人が死亡すると予想できるアジア病が発生しました. それに対して2つの選択肢があります.

① プログラムCが採用されると400人が死亡する.（36人）

② プログラムDが採用されると3分の1の確率で誰も死なないが,3分の2の確率で600人が死ぬ.（119人）

質問2では23%しかCを選んでいません. 明らかに有意な差がありそうですが,一応,対応する質問1でのAの回答78%と有意に異なるかを t 検定により確認します. 帰無仮説は「質問1と質問2における①の選択比率が

等しい」です．2つの標本の分散が有意に異ならないことを等分散の検定により確認できたとし，tを求めます．望ましい有意水準を1%とすれば，データの合計が152と155，自由度を考慮し分布表の$t_{155+152-2}(0.01)$を用いて，両側検定であることに注意をすると，$t=2.566$となります．1%有意水準で棄却できました．この例は本来$N>30$で大標本なので正規分布を仮定した検定によりp値が0に近いことを確認できます．

　対応がある場合の2標本のt検定では「対応のあるデータの差」の平均が0という帰無仮説により検定を行います．1標本の検定となるので母平均の検定と同じ検定方法となります．

■ 検定に必要な標本数[10]

　検定に必要な標本数Nの望ましい水準は，区間検定における誤差を何%に抑えたいか，および望ましい有意水準αにより決まります．例えば誤差をEパーセントに抑えたいと考えているならば，信頼区間は（15.1）式より

$$\frac{m}{N}-z\left(\frac{\alpha}{2}\right)\sqrt{\frac{p(1-p)}{N}} \leq \quad p \quad \leq \frac{m}{N}+z\left(\frac{\alpha}{2}\right)\sqrt{\frac{p(1-p)}{N}}$$

です．誤差$E=$標本比率$p-$母比率m/Nより，誤差Eの絶対値は，

$$|E|=\left|\frac{m}{N}-p\right|$$

となります．

$$|E|<z\left(\frac{\alpha}{2}\right)\sqrt{\frac{p(1-p)}{N}}$$

なので，最大誤差は，

$$E=z\left(\frac{\alpha}{2}\right)\sqrt{\frac{p(1-p)}{N}} \quad であり，E より \quad N=\left(\frac{z\left(\frac{\alpha}{2}\right)}{E}\right)^2 p(1-p)$$

によって，すなわち実験で集めたい有効回答Nがわかります．また実際に実験をすると，体調不良などで来られない人やすべての問題に回答しない人

10　モファット（2018）にもありますが，よりわかりやすい石村（1993）110-113頁の説明に沿っています．

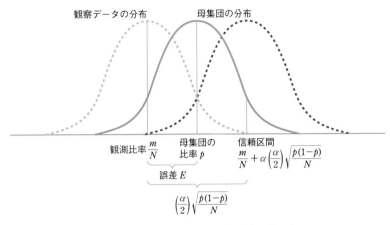

図 15-2　信頼区間と必要な標本数の考え方

が現れるので，集めたい人数 N の 1.2 倍は募集しましょう．

　モファット（2018）は，ブートストラップ法を利用して，母集団の正規性を仮定しないで母平均の区間推定をする方法を推奨しています．これは，集めたデータを数字に対応させ，乱数表を使って標本を何度も取り直す方法です．例えばコンピューターのソフトを利用して 10 万回繰り返すなどして母平均の区間推定をする方法です．

■ ノンパラメトリック検定

　パラメトリック検定では，「平均からの乖離が標準偏差 σ の何倍に入るか」によって帰無仮説を棄却できるかどうかを調べました．これは母集団の分布の形がわかっていたからこそ可能になる検定です．これに対して，母集団の分布についての関数形を仮定することができない場合には，検定のためのパラメタを計測できません．帰無仮説が棄却されるのか否かについては，コントロール群と非コントロール群で，得られたデータの平均値が有意に異なるか否かという検定を行います．これをノンパラメトリック検定といいます．

　ノンパラメトリック検定で，最もよく利用されるものが，ウィルコクソン

の順位和検定です．これについては後ほど説明します．

■ マクネマー検定

　実験経済学や行動経済学においては被験者内検定が必要なことも多く，よく利用されます．例えば，ある問題 A を与えられたときには「はい」と回答していた被験者が，例えばフレーミングが異なる問題 A′ を与えられたときには「いいえ」に変化することがあります．こうした「はい」「いいえ」の二値の問題を検定するうえでふさわしい検定の一つがマクネマー検定です[11]．以下にアレのパラドックスを再掲します．

[質問 1]　状況 A と状況 B のどちらの状況が好ましいですか？

　状況 A：1 億円が確実にもらえる．

　状況 B：100 分の 10 の確率で 5 億円がもらえる．

　　　　　または 100 分の 89 の確率で 1 億円がもらえる．

　　　　　または 100 分の 1 の確率で何ももらえない．

[質問 2]　状況 C と状況 D ではどちらの状況が好ましいですか？

　状況 C：100 分の 11 の確率で 1 億円がもらえる．

　　　　　または 100 分の 89 の確率で何ももらえない．

　状況 D：100 分の 10 の確率で 5 億円がもらえる．

　　　　　または 100 分の 90 の確率で何ももらえない．

　状況 A と B では，多くの人が A＞B より A と答え，状況 C と D では，C＜D より D であると表明するのであれば，期待効用理論では説明でません．

　例えば 60 人を対象に質問 1 と質問 2 を両方たずねたところ，期待効用理論で説明できる組合せは，A かつ C（AC と記述），または B かつ D（BD と記述）という回答が得られたときになります．教室で得られた回答が AD のほうが AC より多かったとして，パラドックスといえるほどに期待効用理論からずれているのかどうか，検定してみましょう．この検定には，理論値と

11　モファット（2018）を参照のこと．

表 15-1

選　択	C	D	計
A	20	40	60 ($AC+AD$)
B	10	50	60 ($BC+BD$)
計	30 ($AC+AB$)	90 ($AD+BD$)	120
AD と BC の 理論値 $E=\dfrac{(10+40)}{2}=25$	BC の理論値 からのずれ $\dfrac{(10-25)^2}{25}$	AD の理論値 からのずれ $\dfrac{(40-25)^2}{25}$	適合度統計量 ＝ずれの和 $\chi^2=\dfrac{15^2}{25}+\dfrac{15^2}{25}=18$

のずれを測る適合比検定というものを使うことができます. 適合比検定では理論値からのずれを検定統計量とし, ずれが大きければ帰無仮説を棄却します[12].

　今, 60 人の教室において 2 つの質問を 1 人に対して 2 回したところ, $n(AC)=20$, $n(AD)=40$, $n(BC)=10$, $n(BD)=50$ となったとします. リスク下の意思決定が期待効用理論に従うならば, 理論的には表 15-1 のグレーのアミカケ部分が同じ人数となるはずだから, 帰無仮説は $n(AD)=n(BC)$ となります. また理論値は $E=\{n(AD)+n(BC)\}/2=25$ と仮定できるので, 実測値からの乖離は $n(AD)-E$, および, $n(BC)-E$ となります. 表中 AC と BD の観察された回答者数と理論値のずれの和は, カイ二乗分布に従い, 適合度検定量は 18 であり, 自由度はこの場合 $2-1=1$ ですから, カイ二乗分布の統計表を利用して調べると, 例えば 1% 有意水準で 6.63 以上であれば「めったに起きないこと」となるため, 帰無仮説は棄却できます. この検定量はより簡単に,

$$\chi^2=\frac{\{n(AD)-n(BC)\}^2}{n(AD)+n(BC)}$$

によって計算することができます[13].

12　適合度検定については蓑谷 2 (1994) 330-335 頁などを参考にしてください.
13　導出過程は, モファット (2018) 86 頁参照.

■ 適合度検定

　適合度検定では，カイ2乗分布に従うカイ2乗統計量を検定統計量として使います．それは，①理論値からの実測値のずれを2乗したものを，理論値の値で割る，という方法で求められます．

　カイ2乗分布は，独立した n 個の確率変数を基準化した $Z_1, Z_2, \cdots, Z_n$ が互いに独立で標準正規分布 $N(\mu, \sigma^2)$ に従う確率変数であるときに，

$$\chi^2 = Z_1{}^2 + Z_2{}^2 + \cdots + Z_n{}^2$$

によって生成される自由度 k の確率分布です．自由度が1のとき，カイ2乗分布は標準正規分布に従う確率変数を2乗したものに等しくなり（$\chi^2(1) = Z_1{}^2$），自由度が2以上のときには，Γ（ガンマ）関数に基づく確率密度関数となります．X が自由度 k の X^2（カイ2乗）分布をするとき，その確率密度関数は

$$f(v) = \frac{1}{2^{k/2}\Gamma(k/2)} v^{(k/2)-1} \cdot e^{-v/2}$$

で与えられます．自由度 k が小さいときには裾が大きく広がり，標本の期待値が母集団のそれから外れやすくなります．カイ2乗分布は，2つの確率変数 X_1, X_2 がそれぞれ独立に自由度 k_1, k_2 のカイ2乗分布，に従うとき $X_1 + X_2$ が自由度 $k_1 + k_2$ のカイ2乗分布に従うという再現性があります．さらに，正規分布に従う母集団からの無作為標本である X_1, X_2 がそれぞれ独立に正規分布 $N(\mu, \sigma^2)$ に従うとき，

$$\sum_{i=1}^{k}\left(\frac{X_i - \mu}{\sigma}\right)^2$$

は自由度 k のカイ二乗分布に従います．母集団の平均値と分散を標本平均 $\overline{X}$ と不偏分散を用いて s^2 書き換えると，

$$T = \sum_{i=1}^{k}\left(\frac{X_i - \overline{X}}{\sigma}\right)^2 = \frac{(k-1)s^2}{\sigma^2} \sim \chi^2(k-1)$$

となります．したがって，これが理論値からのずれを合計した適合度検定の統計量 T です．

■ ウィルコクソンの順位和検定

第4講のセントペテルスブルグのパラドックスにおいて，くじの提示の仕方によって，留保価格が変化するかを考えましょう．コインを投げて1回表が出たら200の2倍の400円，表が出る限り200円の倍数がもらえていく n 段階まで可能性があるオリジナルのセントペテルスブルグくじ（以下，オリジナルくじ）の留保価格をたずねられたグループの留保価格の平均が520円，n 分の1の可能性で200の n 乗の結果がもらえる還元くじ（以下，還元くじ）の留保価格をたずねられたグループの平均が380円だったとします．この差が統計的に有意なのか，すなわち標本数を増やしても同じ結果が得られるのかどうかを調べるとき，ウィルコクソンの順位和検定という方法があります．この検定では，2つのデータの母集団の分布が異なる中央値を持っているかどうかを，観測値を並べたときの順位を用いて検定します．

対応がないデータの検定例を標本数9で説明します（表15-2）．オリジナルくじへの留保価格の順位の和 $W_0 = 1 + 2 + 4 + 5 = 12$ です．ほかの12という順位が得られる可能性は，$1 + 2 + 3 + 6 = 12$，$1 + 2 + 4 + 5 = 12$ があるため，2通りです．順位和の合計は，N 人のグループであれば，$N(N+1)/2$ となるので，$N = 9$ よりこの例では $9 \times 10/2 = 45$ です．12位という順位和となる確率は $2/45 = 0.044\cdots$ より4.4％であり，（オリジナルくじと還元くじのどちらが留保価格が高くなるかがわからないので）両側検定を行うと，95％水準での検定であれば $P(12 < W) = 0.044 > 0.025$ となります．順位和が12という結果は $\alpha = 0.05/2$ の分布の内側にあり，95％水準で帰無仮説を棄却することはできません．この標本結果では「セントペテルススブルグのくじの留保価格は提示の仕方で変わらない」という帰無仮説を棄却できないことがわかります．

表15-2

順 位	1	2	3	4	5	6	7	8	9
還元くじ	310	300		270	260				
オリジナルくじ			280			250	230	200	100

同一の被験者が 2 つのトリートメントに参加した場合には，対応がある
ウィルコクソンの符号付検定となります．トリートメント 1 と 2 の留保価格
の差をとり，プラスとなったときの順位を合計して検定統計量 WS とします．
母集団の平均が一致するならばプラスとマイナスの符号の数が同じなので，
WS が $N(N+1)/2$ に近づくという特徴を利用し，（2 つのトリートメントの標
本分布が同じであるという帰無仮説を）検定します[14].

　ウィルコクソンの仮説検定は，被験者の数が小さくかつ母集団の標本分布
の形がわからないときに用います．モファット（2018）は N が 10 個以上あ
れば，検定統計量が実現値からどの程度の外れているかを示す P 値が正規
分布で近似できるため，t 検定を用いるほうが良いとしています．

　これらの検定はエクセルで計算できますし，SAS，JMP などの有料のソフ
トウェアや，R という無料のプログラミングソフトもあります．経済学や心
理学ではほとんど有料の統計ソフト Stata を利用します[15].

15.2　最　尤　法

■ 説明変数が二値のときの検証

　通常の経済学の分析では，被説明変数の統計量は，取引数量と価格など連
続的に表現できるため回帰分析が用いられます．これに対して，実験経済学
では，実験で統制したある条件や属性が影響した結果，被験者がある行為を
「した」「しない」の結果を得ます．そして，実験により得られた結果が起き
てきたのは，母集団で最も確率的に起きやすいことだったから起きてきたと
考えます．標本の結果を説明しうる説明変数の複数の事象が同時に起きてく
る確率のうち，標本に近い結果に最も近くなる確率を求めます．この考え方

14　N が 10 を超えていれば分布は正規分布で近似できますが，順位にタイがあるときには正規分
　布での近似は悪くなることがわかっています．岩崎学『統計的データ解析入門──ノンパラメト
　リック法』（東京図書，2006）および，石村貞夫・石村友二郎『改訂版 すぐわかる統計解析』（東
　京図書，2019）を参照のこと．

15　プログラムの作り方や FAQ はオンラインでも公開されています．経済学者の多くは Stata を
　利用しています．ソフトを購入したときの付属のマニュアル本と Stata を利用しているコミュニ
　ティの質問を閲覧することで多くの問題は解決できます．

が最尤推定法（最尤法）です．以下，蓑谷2（1994）に沿って解説します．

　例えば10回のベルヌーイ試行（何かを行ったときに起こる結果が2つしかない試行，代表的な試行はコイン投げです）を行って6回成功した（成功回数 $x=6$）とします．成功する確率を p とします．尤度は

$$L(p) = \binom{10}{6} p^6 (1-p)^4$$

となります．この p の値を変化させていくと，ちょうどよい尤度が得られます．例えば母集団の $p=0.1$ と仮定すると $L(0.1)=0.014$ ですが，ありそうな $p=0.6$ を代入すると，$L(0.6)=0.25$ となりました．尤度比検定の検定量 $L(0.6)/L(0.1)=1.81$ は，$p=0.6$ が $p=0.1$ よりも1.8倍以上，観測結果をうまく説明することを意味します．尤度を最大にする p は試行回数を N，成功回数を x として，一般的な尤度関数

$$L(p) = \binom{N}{x} p^x (1-p)^{N-x}$$

について，N と x は観察したものなので所与として，p を動かして求めます．

　より一般的なケースでは，複数の事象が同時に起きる同時確率分布 θ によって与えられる母集団 $f(x_1 x_2, \cdots, x_n ; \theta)$ を考え[16]，θ を一定として実験によって得られた観測値 $(x_1 x_2, \cdots, x_n)$ が，θ によってどのように変化するのかを記述するものが尤度関数（Likelihood）です．$\prod$ は，f の関数内の同時に生起するすべての $(x_1 x_2, \cdots, x_n)$ の掛け算を示します．

$$L(\theta) = L(x_1 x_2, \cdots, x_n ; \theta) = \prod_{i=1}^{x} f(x_i ; \theta)$$

　この尤度関数を最大にする「最尤推定値」（maximum likelihood estimate）は，偏微分をして $\frac{\partial}{\partial \theta} L(\theta) = 0$ となる θ を求めます．

16　3回のコイン投げであれば，標本空間は $S=\{$表表表，表表裏，表裏表，表裏裏，裏表表，裏表裏，裏裏表，裏裏裏$\}$ となります．このとき，X を2回目までに表が出る回数とし，Y を2回目と3回目に裏が出る回数とします．すると，例えば2回目までに表が出る回数が1回であり，2回目以降に表が出る回数が0回である確率は，$f(1,0)=P[(X=1) \cap (Y=0)]=P(\text{表裏裏})=1/8$ となります．この考え方を推し進めると，共分散は理解しやすく，X と Y のそれぞれの平均からの乖離の方向が同じ方向なのか，違う方向なのか，関係がないのかという理解ができます．より詳しい説明については，蓑谷2（1994）の「多変数の確率分布」を参照のこと．

■ ロジットモデルを用いた環境評価

第10講で説明した仮想法を用いた環境評価においても，最尤法が用いられます．仮想法の質問形式のうち，市場での行動に近いため回答しやすい「二肢選択方式」の理論背景を与えるランダム効用モデルを用いて最尤法を解説しましょう．この部分は栗山（2011）に依っています．

例えば．谷津干潟の環境価値を測定するため，「谷津干潟では夏に発生する"あおさ"を取り除かないと水鳥が10%減ってしまいます．あおさを取り除くために x 円支払えますか？」という質問を用意します．シングル・バウンド方式では複数の x 円を用意し，各被験者に1回きりこの質問をします．

これに対してダブル・バウンド方式では $x=500$ 円に対して「払えます」「払えません」という結果を一度得た後，もう一度「払えます」と回答した人には「1000円払えますか？」とたずね，逆に「払えません」と回答した人には「300円払えますか？」とたずねます．京都大学の栗山浩一先生はご自身のウェブサイト[17]で Excel でも環境評価ができるソフトを紹介しています．

例題として，環境を改善するめに金銭的に支払える犠牲の金額（平均値）をシングルバウンド法で測定することを考えます．「あおさを取り除くために500円支払うことが<u>できる</u>」すなわち YES と回答した人は，500円分の金銭を失いますが，現状の環境水準 q^S を維持できます．NO と回答した人は改悪される環境水準 q^B を受け入れ，所得を維持します．ε_{n1} を誤差項として，YES と回答する人の効用，NO と回答する人の効用はそれぞれ，

$$\begin{array}{lll} \text{YES} & \rightarrow & u_{YES}=v(q^S, m-500)+\varepsilon_{YES} \\ \text{NO} & \rightarrow & u_{NO}=v(q^B, m)+\varepsilon_{NO} \end{array}$$

となります．YES と回答する確率とは，$u_{YES}>u_{NO}$ となる確率なので，

$$P_{YES}=P[u_{YES}>u_{NO}]=P[v(q^S, m-500)+\varepsilon_{YES}>v(q^B, m)+\varepsilon_{NO}]$$
$$=P[v(q^S, m-500)-v(q^B, m)>\varepsilon_{NO}-\varepsilon_{YES}]$$

ここで，$\Delta V=v(q^S, m-500)-v(q^B, m)$，$\varepsilon=\varepsilon_{YES}-\varepsilon_{NO}$ と置くと，

---

17 http://kkuri.eco.coocan.jp/

$$P_{YES}=P[\Delta V>-\varepsilon]=P[\varepsilon<-\Delta V]$$

となり，500円支払うと回答する可能性は，効用差が誤差項の差よりも大きいときであることがわかります．ここで設問によって x を変化させ，線形の関数を仮定すると $\Delta V=\alpha+\beta x$ と表すことができます（効用差関数には対数関数も仮定されます）．さらに母集団を想定してランダムに選んだ被験者 n 人に異なる x をたずね，n 人の効用差関数から環境を確率的に評価するので，

$$\Delta V_n=\alpha+\beta x_n \tag{15.2}$$

と表現できます．誤差項の差 $\varepsilon_n=\varepsilon_{YES,\,n}-\varepsilon_{NO,\,n}$ が，確率分布が連続で裾野広がり方が急速に減衰する分布（第一種極値分布）に従うと仮定すると，誤差項はロジスティック分布に従います．X が1円ならばほとんどの人が YES と回答しそうですが，金額が上がれば NO と回答する人が増えます．YES と回答する人が50%になる金額が環境評価額の期待値となります．

　環境評価額 (x_i) の質問に対してそれぞれ r 人の被験者を集め，NO と回答した人が，$y_i,\cdots,y_n$ 人だったとします．r 人のうちの y_i 人が YES と回答する確率を p で表すと，この事象は二項分布

$$_rC_{yi}\,p^{yi}(1-p_i)^{r-yi} \quad i=1,\cdots,a$$

に従います．再び効用差が線形の関数となると考えるならば，期待値は

$$E\left(\frac{y_i}{r}\right)=P_i=\beta_0+\beta_1 x_i$$

となります．P_i は期待値です．ここで最小二乗法を用いて推定しようとすると確率であるはずの P_i が0から1の外にはみだしやすく，かつ，$V(y_i/r)$ がたずねた WTP に依存しているので，分散の一様性も成立しません．そこで P_i をリスク比 $p_i/(1-p_i)$ に変換し，その対数をとると，定義域は0から1に入ります．これはロジスティック関数と呼ばれ，

$$\log\left(\frac{p}{1-p}\right)=\beta_0+\beta_1 x_i$$

と線形の関数で表現できるとき，誤差項の差はロジスティック分布に従いま

す．被験者 i が YES と回答する確率は，YES と回答した場合を $y=1$ とし，NO と回答した場合を $y=0$ とすると，

$$P_{YES}=P(y=1\,|\,X)=\frac{e^{v(q^S,\,m-500)}}{e^{v(q^S,\,m-500)+v(q^B,\,m)}}$$

$$=\frac{1}{1+e^{e^{v(q^S,\,m-500)-e^{v(q^S,\,m)}}}}=\frac{1}{1+e^{*\Delta V}}$$

となって，ロジスティック関数の逆関数で求められます．

環境改善のために X 円支払うことが「できる」という回答には X 円の金額だけではなく，所得や年齢，性別にも依存しうるので，考えられる様々な説明変数をとり，そのパラメタを $\beta_1,\cdots,\beta_n=\boldsymbol{\beta}$ で表します．すると，$y^*=\boldsymbol{\beta X}+\varepsilon$ より，G はロジスティック関数として，

$$P(y=1\,|\,X)=P(y^*>0\,|\,X)=P(\varepsilon>-\boldsymbol{\beta X}\,|\,X)=G(\boldsymbol{\beta X})$$

と表現できますから，被験者 i が $y=1$ か $y=0$ かは，それぞれ $[G(x_i\beta)]$ $[1-G(x_i\beta)]$ と表現できるので，確率密度関数 y は，

$$f(y\,|\,x_i\,;\,\beta)=[G(x_i\beta)]^y[1-G(x_i\beta)]^{1-y}$$

これにより，ある被験者が YES と回答しているのを観察したとき，それがどのくらいの確率で起きてくるのかがわかります．

最尤法では上の式 $f(y\,|\,x_i\,;\,\beta)$ の値が最も高くなる組合せのとき，実際に起きてきたと考えるので，f の値が最大になる β を探します．関数を対数尤度関数にすると，ある被験者が YES と回答する確率は，

$$\ell_i(\beta)=\beta\log[G(x_i\beta)]+(1-\beta)[1-G(x_i\beta)]$$

で示されます．ロジットモデルの推定とはこれを全員について合計した関数

$$\mathcal{L}(\beta)=\sum_{i=1}^{n}\ell_i(\beta)$$

を最大化させる β を求めることです．

■ 推定値の限界効果

β は y^* に対する影響を測っただけなので，確率 P に対して WTP やほかの変数 x_i がどの程度影響を与えているのかを知るには，$P(y=1 \mid X)$ を x_i で偏微分します．これにより求められる係数を限界効果といいます．

G は累積確率密度関数なので，微分すると確率密度関数 g となります．

$$\frac{\partial P(X)}{\partial x_i} = \frac{\partial G}{\partial X\beta} \frac{\partial X\beta}{\partial x_i} = \frac{\partial G}{\partial X\beta} \beta_i = \beta_i g(X\beta)$$

限界効果は求めたかった x_i が P にどのくらい影響しているかがほかの x の値（年齢や性別など）で変わってしまうというデメリットを持っています．

■ ロジットモデル vs. プロビットモデル

求めたい推定値を代表するものが中央値か平均値かについては，平均値のほうが一致性などを満たしているのですが，ロジットモデルでは中央値は，$\widetilde{\mathrm{WTP}} = \beta_0/\beta$ です．平均値はシナリオの最大提示額を P_{max} として，

$$\overline{\mathrm{WTP}} = \int_0^{P_{max}} \frac{1}{1+e^{-(\beta_0+\beta_p)}} dp$$

となります．理論的には最大提示額は ∞ でありえますが，実験においてそれをたずねていない以上，最大提示額までを積分することが適切です．

上記のモデルでは，誤差項の差（15.2）に線形モデルを仮定することで確率分布が連続で裾野広がり方が急速に減衰する分布（第一種極値分布）に従うと仮定していましたが，これが正規分布に従うと仮定するならば，プロビットモデルを利用することになります．プロビットモデルで推定した場合もその限界効果を求めて，説明変数の被説明変数への影響を論じます．

15.3 様々な選好測定法----------------------------

■ Holt & Laury (2002) によるマルチプライスリストタスク

「2分の1で得られる 2000 円のチャンスに対してあなたはいくらまで支払いますか？」この質問に対する回答は「確実性等価」と呼ばれます．リスク

選好は確実性等価をもとに，特定の形状の効用関数を仮定することによって測定されます．スタンダードとなったリスク選好法は，Holt & Laury（2002）によって開発されました．仮想現実だけでの実験や，金銭報酬が意思決定とリンクしている実験，組合せなどによって頑健性が検証された計測法で（表15-2），マルチプライスリストタスク（Multi-Price List Task，MPL法）と呼ばれます．リスクが小さいくじであるオプション A と，リスクが大きいくじであるオプション B を比較し，各くじにおいてより大きい結果が得られる確率が 10 分の 1 から始まり 1 まで増えていきます．これによりオプション B の期待値が大きくなっていきます．無限ではないリスク回避度を持つ被験者では，オプション A からオプション B に移移行する閾値が存在するので，特定の効用関数を仮定してリスク回避度を測定します．表 15-3 では $U=x^{1-\gamma}/(1-\gamma)$ を仮定したときのリスク回避度が示されています．

■ Harrison, Lau & Williams（2002）による時間選好率の測定

　Harrison, Lau & Williams（2002）は，Holt & Laury（2002）と同じように "t 期に x を受け取る" か，"t+k 期後に (1+r)x を受け取る" を比較し，金利 r の上昇とともに顕示される閾値から，最尤法により時間選好率を推定する MPL による測定法を開発しました．彼らは，デンマークでフィールド実験を行って 6 か月，12 か月，24 か月，36 か月までの質問により時間選好率を測定し，その有効性を示しました．いずれも 1 か月後と 1 か月+x か月後を比較していますので，現在バイアスは取り除かれています（したがって現在バイアスは測定できません）．

　これに対して，Andreoni & Sprenger（2012）では，実験内で予算集合における金利を変化させて，様々な凸集合の予算制約を与え，効用関数に CES（Constant Elasticity of Substitution）関数を仮定して導かれた需要から時間選好率を計測して，Harrison, Lau & Williams（2002）よりも整合的な結果を得ています．さらに時間選好率と 2 次のリスク選好を同時に測定する手法が Andersen et al.（2008）によって開発されており，Andreoni & Sprenger（2012）において，測定された時間選好率がプロスペクト理論によっても不確実性の解消への選好モデル（Preference for Resolution of Uncertainty）によって説明さ

表 15-3　リスク選好の測定

低いペイオフ金額での 10 回のくじ選択（本当の謝礼金）

オプション A	オプション B	A と B の期待値の差
1/10 の確率で $2.00,　9/10 の確率で $1.60	1/10 の確率で $3.85,　9/10 の確率で $0.10	$1.17
2/10 の確率で $2.00,　8/10 の確率で $1.60	2/10 の確率で $3.85,　8/10 の確率で $0.10	$0.83
3/10 の確率で $2.00,　7/10 の確率で $1.60	3/10 の確率で $3.85,　7/10 の確率で $0.10	$0.50
4/10 の確率で $2.00,　6/10 の確率で $1.60	4/10 の確率で $3.85,　6/10 の確率で $0.10	$0.16
5/10 の確率で $2.00,　5/10 の確率で $1.60	5/10 の確率で $3.85,　5/10 の確率で $0.10	-0.18
6/10 の確率で $2.00,　4/10 の確率で $1.60	6/10 の確率で $3.85,　4/10 の確率で $0.10	-0.51
7/10 の確率で $2.00,　3/10 の確率で $1.60	7/10 の確率で $3.85,　3/10 の確率で $0.10	-0.85
8/10 の確率で $2.00,　2/10 の確率で $1.60	8/10 の確率で $3.85,　2/10 の確率で $0.10	-1.18
9/10 の確率で $2.00,　1/10 の確率で $1.60	9/10 の確率で $3.85,　1/10 の確率で $0.10	-1.52
10/10 の確率で $2.00,　0/10 の確率で $1.60	10/10 の確率で $3.85,　0/10 の確率で $0.10	-1.85

くじの選択に基づくリスク回避度の階層分け

安全なくじを選択した回数	この式の場合のリスク回避度の範囲 $U(x)=x^{1-\gamma}/(1-\gamma)$	リスク回避度の階層分け	選択比率 低い本物の謝礼金[a]	選択比率 20X 仮想的選択	選択比率 20X 本物の謝礼金
0-1	$\gamma<-0.95$	高度にリスク愛好	0.01	0.03	0.01
2	$-0.95<\gamma<-0.49$	非常にリスク愛好	0.01	0.04	0.01
3	$-0.49<\gamma<-0.15$	リスク愛好	0.06	0.08	0.04
4	$-0.15<\gamma<0.15$	リスク中立	0.26	0.29	0.13
5	$0.15<\gamma<0.41$	わずかにリスク回避的	0.26	0.16	0.19
6	$0.41<\gamma<0.68$	リスク回避的	0.23	0.25	0.23
7	$0.68<\gamma<0.97$	非常にリスク回避的	0.13	0.09	0.22
8	$0.97<\gamma<1.37$	高度にリスク回避的	0.03	0.03	0.11
9-10	$1.37<\gamma$	無限にリスク回避的	0.01	0.03	0.06

[a] Average over first and second decisions.

（出所）　Holt & Laury（2002), p. 1645 および p. 1649 を筆者和訳.

れないことを結論付けて，「時間選好率はリスク選好ではない」としています．つまり，時間選好率とリスク選好を同時に測定するか，実験の設定でリスクを小さくしないと時間選好率を取り出すことは難しいことを意味しています．

　仮想的なアンケートではなく，実際に金銭的報酬を支払って時間選好率を測定するためには，第9講でも論じたように，ある一定の時間において，被験者に金銭的報酬を今もらうか後日もらうかという質問をします．場合に

よっては1年といった長い期間をもうけた実験が行われます。この手続きにおいて、実際に謝礼金が得られるかどうかがわからないという不確実性が時間選好率に入ってしまい、高すぎる時間選好率が測定されてしまうことは決して珍しくありません。

■ Gajdos et al.（2008）による不正確さ回避度

Gajdos et al.（2008）では、以下の方法で不正確さ回避度を測定することができることを示しました。ナイト流不確実性下での不正確さ回避の程度は、複数の色のボールが入っている箱を与えて、確率分布および確率がわからない箱から赤のボールが出たらx円もらえるくじに賭けるか、確率pが与えられているリスクの箱から赤のボールが出たらx円もらえるくじに賭けるかをたずねます。マルチプライスリストタスクのやり方で10％ごとにpを挙げていき、不正確な箱からリスクの箱へと選択が変化したらそこが閾値です。確率分布および確率がわからない箱のスタイナー点を$s(P)$とすると、そこまでどのくらい絞り込むかという不正確さ回避度εは、$\varepsilon = [s(P)-p]/s(P)$によって得られます。箱に$n$色のボールが制約がなく入る場合には$s(P)=1/n$なので、例えば3色の箱から赤が出ることと、赤が25％の確率で入っている箱に賭けることが等しいと回答した人の不正確さ回避度は$\varepsilon = (1/3-0.25)/(1/3)=0.25$となります。

■ Davis（1980）によるパーソナリティ・テスト

ゲーム理論の検証では、人々が合理的であれば得られるはずのナッシュ均衡などの帰結が得られるかどうかを観察しますが、実験結果が理論の均衡値から外れたときに、性別や年齢、性格などを調べ、どのような属性の人が理論から逸脱しやすいか、あるいは合致しやすいかなどを求めることがあります。このとき客観的に観察できない性格などの属性は、アンケートによって収集する必要があります。Davis（1980）の質問票を用いることで、ファンタジーについての項目、視点の多様性、共感的関心事項、個人的な苦痛の項目など45項目への回答より性格診断ができます（現在ではDavis（1980）を発展させ16の性格診断がなされています）。それらの結果を用いることでゲーム

の意思決定をもたらした要因についての理解の一助とすることができます．

■ 金融リテラシーの測定

Lusardi & Mitchell（2007）では，計算能力，確率や金利について個人の金融リテラシーを調べて，これらリテラシーの低い人の老後の蓄えが少ないなど，金融投資との関連性を明らかにしています．また女性の金融リテラシーの低さが株式市場への低い参加率につながっていると結論付けています．

日本の金融庁も金融リテラシーを 50 以上の問題により 2016 年と 2019 年に測定しています．都道府県別のリテラシーの結果分布もあります．金利計算に加え，インターネットバンキングの利用の仕方など実践的な問題を多く含んでいます．また，今後必要と思われる資金についての計画をたずねる一連の問題があり，Lusardi & Mitchell（2011）で分析された計画性と金融投資についての関係を明らかにしようとしています．

■ 利他主義の測定

ゲームの理論や社会的な選択において，利他的な側面が意思決定にもたらす影響は小さくありません．利他主義には，他人に信頼されているか，信頼しているか，また，他人との互恵的な関係を信じているか否かなどが影響すると考えられています．Glaeser et al.（2000）にはそれらを測定する質問群があります．日本にそぐわない内容もありますので，和田・北村（2019）では利用するとき少し内容を修正しました．

第 13 講で見たように，仮想的な独裁者ゲームを行い，全体の分配のうち相手にいくら渡すのかを見ることもできます．ただし，自分の経験に即してその結果を概観すると，仮想的な場合は 8 割以上の人が半分を相手に渡すと回答し，本当に渡さなければならない場合はそれほど多くを渡しません．この測定結果からは，仮想的な質問なのに自分に全部取ると回答するような，金銭の分配において利己的な人を測定することができます．

■ 実験ソフト zTree

多くの研究者が様々な実験ソフトを開発していますが，最も有名なものは

zTree です．世界各国の言語に対応しており，開発したチューリッヒ大学に利用を申し出て許可を受ければ誰でも無料で利用できます．汎用性が高いため，ほとんどの実験経済学者がこれを用いています．プログラミングした後，実験者の zTree と被験者の zLeaf を同じ PC 上で組み込んで動作を確認することもできます．日本語のマニュアルが飯田善郎・岩崎敦・西野成昭先生らにより執筆されています．

文 献 案 内

　ここには，本書の内容についてより深く理解したい方のために，入手可能で読みやすいものを掲げています．

行動経済学のテーマ全体に関係するもの（第1講・第14講）

● ダニエル・カーネマン『ファスト＆スロー──あなたの意思はどのように決まるか？（上）（下）』村井章子訳，早川書房，2014（文庫版）

● リチャード・セイラー，キャス・サンスティーン『実践 行動経済学』遠藤真美訳，日経 BP，2009

ミクロ経済学における意思決定理論（第3〜5講）

● 林　貴志『ミクロ経済学［増補版］』ミネルヴァ書房，2013

ファイナンス理論（第6講）

● グロービス経営大学院『新版 グロービス MBA ファイナンス』ダイヤモンド社，2009

時間選好率と心理学（第9講）

● ジョージ・エインズリー『誘惑される意思──人はなぜ自滅的行動をするのか』山形浩生訳，NTT 出版，2006

環境経済学（第10講）

● 栗山浩一・馬奈木俊介『環境経済学をつかむ［第4版］』有斐閣，2020

ゲームの理論（第11〜13講）

● 船木由喜彦『ゲーム理論講義』新世社，2012

● 安田洋祐編著『学校選択制のデザイン──ゲーム理論アプローチ』NTT 出版，2010

統計学（第 15 講）

● 石村貞夫・石村友二郎『改訂版 すぐわかる統計解析』東京図書，2019

索　引

著者紹介

和田　良子（わだ　りょうこ）

1989 年　慶應義塾大学大学院商学研究科修士課程修了

1999 年　慶應義塾大学大学院経済学研究科博士課程単位取得中退

1999 年　敬愛大学経済学部専任講師

　　　　同助教授，准教授を経て

現　　在　敬愛大学経済学部教授

　　　　2012 年より株式会社スペース　社外取締役，2014 年より社外監査役兼務

主要著書・論文

“*Experimental Analysis of Decision Making: Choice Over Time and Attitude toward Ambiguity*”（白桃書房，2007）

「リスク状況下における利他的意思決定についての実験研究」（北村智紀と共同執筆），『フィナンシャル・プランニング研究』，No. 18, pp. 56-69（2018）

「消費の異時点間代替性が環境評価に及ぼす影響──谷津干潟の事例より」，吉野直行・亀田啓悟・中東雅樹・中田真佐男（編著）『日本経済の課題と針路──経済政策の理論・実証分析』，第 9 章（慶應義塾大学出版会，2015）

“Choice with imprecise information: an experimental approach”（with Takashi Hayashi），*Theory and Decision*, No. 69, pp. 355-373（2010）

ライブラリ 経済学 15 講［APPLIED 編］ 4

実験経済学・行動経済学 15 講

2020 年 12 月 10 日Ⓒ　　　　　　　　　初 版 発 行

著 者　和 田 良 子　　　発行者　森 平 敏 孝
　　　　　　　　　　　　　印刷者　加 藤 文 男
　　　　　　　　　　　　　製本者　小 西 惠 介

【発行】　　　　　　　株式会社 **新世社**
〒151-0051　東京都渋谷区千駄ヶ谷 1 丁目 3 番 25 号
編集☎(03)5474-8818(代)　　　　サイエンスビル

【発売】　　　　　　　株式会社 **サイエンス社**
〒151-0051　東京都渋谷区千駄ヶ谷 1 丁目 3 番 25 号
営業☎(03)5474-8500(代)　　　　振替 00170-7-2387
FAX☎(03)5474-8900

印刷　加藤文明社　　　　　　製本　ブックアート
《検印省略》

サイエンス社・新世社のホームページのご案内
https://www.saiensu.co.jp
ご意見・ご要望は
shin@saiensu.co.jp まで.

ISBN978-4-88384-318-3
PRINTED IN JAPAN

ライブラリ経済学コア・テキスト&最先端 アドバンスト・コース 1

実験経済学入門

下村 研一 著
A5判／176頁／本体1,800円（税抜き）

経済学の基盤にある「需要と供給」の理論は実験的に確かめうるのであろうか．本書はその検証手法として「ダブルオークション」実験を紹介しつつ，実験経済学の基礎的な考え方を案内する．まず経済理論を確認したうえで，実験の準備と注意点を述べ，実際に行った実験の結果を検討していく．今後の経済学研究において実験経済学が果たす役割，また経済実験が持つ教育的意義がよく理解できる書．

【主要目次】

発行　新世社　　　　発売　サイエンス社